新世界　新视角　新思维

社会生态通论
（第二版）

金建方　著

南开大学出版社
天　津

图书在版编目（CIP）数据

社会生态通论 / 金建方著. -- 2版. -- 天津：南开大学出版社，2012.12
ISBN 978-7-310-04086-5

Ⅰ. ①社… Ⅱ. ①金… Ⅲ. ①社会学－研究 Ⅳ. ①C91

中国版本图书馆CIP数据核字(2012)第289343号

版权所有　侵权必究

南开大学出版社出版发行

出版人：孙克强

地址：天津市南开区卫津路94号　　邮政编码：300071
营销部电话：(022)23508339　23500755
营销部传真：(022)23508542　邮购部电话：(022)23502200

*

廊坊市安次区团结印刷有限公司印刷
全国各地新华书店经销

*

2012年12月第1版　2012年12月第1次印刷
240×170毫米　16开本　21.5印张　2插页　260千字
定价：46.00元

如遇图书印装质量问题，请与本社营销部联系调换，电话：(022)23507125

谨以此书

献给我尊敬的外祖父

金宝善　医学博士

原北京医科大学教授

原中华医学会会长

中国现代卫生防疫事业的开创者

世界卫生组织创办人

您的言传身教使我终身受益，不断开拓创新

献给我亲爱的母亲

金蕴华　博士

原国家医药管理局技术委员会常务副主任

联合国工业发展组织专家顾问

您的爱和支持永润我心，让我奋斗进取

第二版序言

去年,金建方把他的新著《社会生态通论》送给我,令我产生耳目一新的感觉。才过去短短的一年,金建方又把准备再版的《社会生态通论》打印稿送到我面前。第二版的《社会生态通论》除保留第一版的基本内容外,又增加了不少新的内容,体现了金建方对这一命题研究的不断深化与成果的积累。

金建方是我的大学同窗。作为"文革"后恢复高考第一批入学的1977级大学生,他在南开园中就表现出对经济社会发展的研究兴趣与所长。中央部委的工作经历、海外就学与工作实践,使金建方的视野更加开阔。边工作边研究,本书可以说是他的用心之作。

《社会生态通论》是一本充满创新精神的理论著作。本书涉及社会学、经济学、政治学、哲学、管理学等诸多领域,同时又紧紧围绕社会生态这一主题。本书虽然篇幅不长,但其视野开阔,既有对历史变迁纵向的思考,也有对中外发展横向的比较。再版后的《社会生态通论》又把研究重点从对基础理论的探讨和运用,转而扩展到对社会发展的重大热点和难点问题的讨论。

本书分生态体篇、生态社会篇、生态资源篇、生态经济学篇、生态货币理论篇共五篇。

在生态体篇中,作者用生态体的概念、法则、系统、规律、机制和方法,分析人类社会的构成和运行方式,力图建立一个较为完整的社会生态理论体系框架。

第二版中增加了生态社会篇。经详细分析和论证后,作者认为:人类社会又进入一个重大变革时期,产业资本对经济的主导作用正在消失,资本主义赖以建立的基础已不复存在。生产方式的根本改变将会引发生产关系的相应改变,最终导致社会制度的彻底变革。当下的重重危机表明,在世界范围内,工业文明行将结束,生态文明正在到来。作者随之进一步说明:与农业文明相适应的是"礼治社会",与工业文明相适应的是"法治社会",与生态文明相适应的是"机治社会"(Supremacy of Organicist)。机治社会是以自然规律和社会运行规律为主导,以平等竞争和自由竞争为特征,通过"激励引导"、"有序竞争"和"整体协衡"的方式,实现治理的一种经济社会运行形态。书中运用生态体理论,详细说明了"机治社会"组成的原理、基本特征和主要运行方式,从而导出了对于政府的运行机制及政策取向的论述。不同的经济社会运行状态需要不同的政府运行机制,从现代经济社会发展的要求看,我们也正处于转型升级的重要发展阶段,经济转型、社会转型、政府转型是其中的主要内容,其中政府转型是不可缺少的重要方面。打造一个服务型政府是我国政府的必然选择。如何从管制型政府向服务型政府转变?怎样建设服务型政府?不少理论与现实问题值得研究。

在生态资源篇中,作者系统地说明了生态资源与生态体和生物体之间的关系,提出了生态资源一元论和生态资源正负二分法。在第二版中,作者又增加了"生态资源战略管理"一章,从而使该问题的研究拓展到管理学领域。作者认为,生态资源战略管理包括指导原理、战略形成、战略制定、战略实施与战略控制五个部分,并进行了详细的阐述。从战略的高度分析与把握生态资源,实行系统化运作,对于政府、企业和社会其他主体来加强自身科学管理,是很有意义的。

在生态经济学篇中,作者运用系统论及其方法,区分了供给资源和需求资源,用图示描述了国民经济结构和运行流程,论述了生态价值和价值规律理论。在第二版内容里,作者又增加了有关商品价值的形成、产生和实现的内容,并强调商品价值不仅仅是价格生成机制,更主要的它是一种供给要素的再生与调节机制。这是一个动态的循环过程,由此产生了整体经济结构上的平衡作用。此外,第二版中作者还进一步扩展并深化了有关"政府与市场关系"以及"生态经济成长理论"等部分的内容。作者分析了市场资源的作用,认为促进经济成长的内在因素是"增殖性供给资源"与"增殖性需求资源",由此提出自己的经济成长公式,解释经济成长的作用方式与作用机理。

为了进一步说明价值规律对国民经济调节过程和作用原理,分析商品经济与市场经济调节机制,作者在第二版中增加了"生态货币理论篇"。提出了"赢利货币"的概念,作者区分了赢利货币的三种形态,即资本要素、投资交易、消费融资的存在形态和赢利货币按流转道路划分的四种类型。"赢利货币"充当财富增值角色,在经济体中执行资源配置职能,也是价值规律调节经济活动的直接作用介质。作者分析了各种形态的赢利货币与经济运行之间的关系,提出了基于经验数据和统计数据的"生态货币供应函数"。作者认为,治理社会主要是治理执行各种角色中的社会人,而不是简单地去治理生物人;调节货币供求关系,主要是调节处于各种形态中的角色货币,而不只是调节处于单一形态的物理货币。此外,作者还提出了生态货币的新概念,并对生态货币的要素组成做了说明,并依据生态货币理论,提出了自己的人民币国际化的选择方案。

《社会生态通论》是一部有自己鲜明特色的学术著作。视角独特新颖,行文生动流畅,论证广征博引,历史与现实相交,理论与实践结合,从而使该书成为一部展现作者创新见解,并能给人富有启迪的著作。

金雪军
2012 年 7 月 18 日

金雪军,浙江大学应用经济研究中心主任,浙江省公共政策研究院执行院长,浙江大学"求是"特聘教授、博士生导师,浙江省国际金融学会会长,国务院政府特殊津贴专家,全国百优博士论文指导教师、国家社科基金重大项目首席专家。

第一版序言一

《社会生态通论》是一本具有重要学术开拓意义的著作。该书深入浅出,行文流畅,既有深入的理论思考,也有作者自己针对现实生活的真知灼见,是一本既可供学术研究者开拓视野,也可向大众普及新知的书籍。

本书立论独特新颖,从人体生态推及社会生态,并与自然生态贯通一致,概括出所有生态体的七个运行法则。书中重点说明了"角色法则",把中国传统学说同西方现代的优胜劣汰和自由平等学说有机地统一起来,说明了相互依存和相互制约的社会组织结构是如何与充满生机活力的竞争机制相统一的。

本书考证了各种"平衡"理论,提出新的社会生态平衡规律、协衡规律和变衡规律。这对认识中国社会的生态、经济和政治的协调发展,以及世界各国社会的发展,会有较大的帮助。作者把对生态资源的研究拓展到人类社会关系领域,创造了生态资源正负二分法的方法论,对人生奋斗乃至国家管理均有一定的启示意义。作者在生态经济学说中描绘了国民经济运行流程图,构思非常新颖。书中用图示形象地说明政府与市场之间的有机整体关系,从而导出了作者关于政府和市场的论述。

书中回顾了人类社会发展史,说明社会财富的拥有与生态资源占有之间的直接关联性质。对较为稀缺资源的占有,则会导致财富的聚集和积累效应。在历史上,劳动力、土地、规模化生产能力均作为当时社会的"稀缺"资源,被特定的社会阶层占有,形成了该历史时期的主导社会形态,如奴隶社会、封建社会和工业资本主义社会等莫不如是。作者在本书结束时寓意深刻地指出:"到了信息技术快速发展的今天,通过信息的传播和积累,通过产品供应和配送服务的长期经营而逐渐拥有起来的市场资源,已经开始成为'稀缺'资源。对市场资源和其他生态资源的占有,将成为生态文明和生态主义社会的主要经济特征"。另外,作者认为,一个国家的城镇化进程应该顺其自然,提出工业化社会的特点是:集中、效率和标准化,而信息化社会的特点是:分散、活力和个性化。目前西方社会已将居民吸引到城市,而又无法为城市居民提供更多就业机会和社会福利,从而引发一系列社会问题,中国在推进城镇化过程中不可照搬西方历史上的经验。

本书摆脱了学术理论著作通常所特有的艰深模式,用较为通畅和生动的语言来说明很深奥的理论观点,有令人喜读的特色,即使那些对宏观经济理论不甚熟悉的读者,也很容易理解书中表达的理论观点。因此,本书可以说是一本不多见的,兼备学术研读和大众普及特色的好书。

冼国明

2011年1月21日

冼国明,南开大学教授、博士生导师,南开大学校长助理,南开大学泰达学院院长,南开大学跨国公司研究中心主任,国务院学位办学位评审委员会理论经济学评审组委员。

第一版序言二

金建方先生在"文革"时期的劳动中自学成才，1977年通过全国高等院校入学统一考试，进入南开大学经济系学习。毕业以后的几十年里，无论从政还是经商，他一直好学不倦，探索进取，从而使我们得见今天这部凝聚着他真知灼见的理论创新之作。

《社会生态通论》一书由生态体学说、生态资源学说和生态经济学说三部分理论组成。

生态体学说把保持机体组织的效率和活力，同时又能维护生态体内系统以及系统之间的平衡发展，有机地统一起来。作者认为，凡能够给生物提供生存环境，形成物质能源循环流动过程，按照规律运行的开放体系，均可以看成是一个"生态体"。人作为个体是"生物体"，但对于人体中的细胞、器官组织又是"生态体"。同样，人类社会组织，诸如公司、民族和国家，对其内部成员也是"生态体"。在生态体中承担特定功能的组织部分，称之为"角色"。角色之间相互依存、相互制约、相互合作、协调统一，共同维护生态体的平衡和秩序。充当角色的生物体应该适合该角色，其基本活动应该与担当的角色相一致，生物体在充当角色过程中则以竞争和优胜劣汰为主，从而高效发挥角色功能。在生态体中存在着不同的"生态体内系统",既独立运行,又彼此关联,构成了生态体整体统一的运行方式。生态体中的各组分资源,在限定条件中发挥特殊功能,保持一定比例、节奏、速率和效率,形成有序运动,具有整体性动平衡机制。作者明确指出,人类社会组织,无论公司生态体还是国家生态体,都是围绕着一个动平衡点来运行的,须兼顾到内在各方面的成员和组织系统,须不断地整合各种各样内在和外在的生态资源。随着时间和空间的推移而变化,动平衡点组成一个矢量或者曲线轨迹。生态体学说有助于科学地调节社会政治经济结构和关系,保持社会整体结构与生态资源和环境之间平衡地发展。

生态资源学说认为,一切能够被生物体的生存、繁衍和发展所利用或与之相关联的物质、能量、信息、时间、空间,都可以视为生态资源。生物体和生态体都是由生态资源构成或组成,在生态资源的交换和转换中存在、运行和发展。生态体一般均需要外在输入性的生态资源,来维持自身的运行。生态资源构成生态体,又受制于生态体,依生态体的规律而运行。人类生活在多样化的生态资源世界中。在人面前,各种形式的生态体均是以多种多样的生态资源的方式呈现出来。人的自然和社会存在受制于生态资源,没有足够的资源,人们是无法达成目标,满足需要和期望的。

作者在本书中首次提出生态资源正负二分法。正生态资源是有益于该生物体生存、发展和自我实现的资源,也是有益于生态体存在、稳定和持续发展的资源;而负生态资源是不利于生物体或生态体存在与发展的资源。书中详细介绍了有关二分法的十个基本原理。生态资源正负二分法是一个适用广泛的方法论。在人生奋斗的道路上,在管理过程中,在政治活动里,在军事斗争中,在国家对外交往以及实现国家发展的战略计划中,以及在与各种生物体和生态体相关学科的研究中均为适用。

在生态经济学说中,作者提出了供给资源和需求资源概念,用新的流程图描述了国民经济各部门、供给(生产)要素和支付能力(含收入)之间的关系,描述了产品和服务的流转过程以及货币的流转过程,提出了新的生态价值理论和价值规律。遵循和利用好价值规律,便可以解决经济总体性失衡和结构性失衡问题,保持国民经济发展与生态资源和生态环境相平衡。本书创造性地运用图形,说明政府与市场之间的有机整体关系,就改善政府决策体制,健全市场机制和执行经济干预政策三个方面分别提出创建性观点。作者提出了新的生态经济成长理论,解释了经济成长的起始点、作用方式、作用机理和作用机制。同时,还探讨国家经济体的发展和扩张问题,分析中国面临的机遇和挑战。

本书的出版表明,一个新的群体,负有社会生态责任感的民营企业家和民族企业家群体,正在登上理论创新的舞台。正像书中所言:"人类社会不仅要维持自身内部的平衡,还要保持与自然生态环境的平衡。'生态文明建设'是一条通向未来的必由之路。中华民族,特别是其中具有远见卓识的领导人和精英团队,将有可能成为这场新兴变革的主导力量之一。"

马中
2011 年 1 月 18 日

马中,中国人民大学教授、博士生导师,中国人民大学环境学院院长,北京环境与发展研究会理事长,中华人民共和国环境保护部科技委员会委员。

第二版前言

《社会生态通论》是一本学科创新、理论创新、方法创新的著作。社会生态学说属于生态学、生理学和生物学与社会科学相结合的新兴学科,可以被广泛地运用到社会学、经济学、政治学、哲学、管理学和人生学等领域中,对理论研究人员、政策制定人、政治家、领导人、公务人员、企业家、管理人员、经济和法律工作者,以及大专院校的老师和学生均适用。

本书第二版增加了第九章、第十章、第十三章和第二十章至二十三章,以及第一章第一节,第三章第四节和第十六章第三节,共七章又三节的内容。增订再版后,本书的基础理论与社会实践结合得更为密切,具有鲜明的时代特征和实践指导作用。

一、理论创新

生态学是研究生物与其环境之间的相互关系的科学,主要研究生物种群、自然资源、自然环境和自然生态系统。

社会生态学说,融合了生态学、生理学、生物学、哲学和社会科学的原理，着重研究人类社会中，人作为个体和个体之间、人类个体与各种形式的社会组织之间、社会组织与组织之间，个体和社会组织与社会整体之间，以及人类社会与自然资源和环境之间的关系。该学说带来全新的视角与思维，形成一个全新的生态社会科学研究领域。

本书作者提出"生态体"的新概念；区分了"子生态体"和"母生态体"，"稳定型生态体"和"非稳定型生态体"；发现并阐述了生态体的七个基本法则，特别是"角色法则"；说明各种生态体的体内系统；揭示了生态体自身运行的三个规律，即"平衡规律"、"协衡规律"和"变衡规律"；并且对生态体的运行机制做了具体分析，说明稳定型和非稳定型生态体在作用机制上的区别，以及生态体的运行三个规律在作用机制上的区别。作者将有关生态体的理论，直接应用到社会、经济和政治领域，认为人类社会目前已经进入后工业化时代，正逐步地向生态文明社会过渡；现行发达国家的法治社会体制也在酝酿变革，将向一个全新的社会形态演进。作者率先提出了即将来临的"机治社会"的概念，提出以生态体学说为基础的"机理论"，并较为详尽地研究了未来生态社会的治理和运行方式，为当前实施社会、经济和政治的全面改革，提供了理论指南。

作者提出了生态资源一元论世界观，解释了生态资源与生物体和生态体之间的关系；始创了生态资源正负二分法的哲学方法论；建立了生态资源战略管理学说，该学说作为一个方法论体系，可运用到企业和政府等社会组织的管理过程中。

根据生态体和生态资源基本理论，作者开展了宏观经济学研究工作，提出了生态经济学的一些基本学说，其中包括：供给和需求资源学说、商品的生态价值和生态价值规律学说、政府和市场有机关系学说、生态经济成长理论，以及比较完整的生态货币理论。在货币理论中，作者具体说明了执行资源配置职能的赢利货币及其存在形态和流转过程;提出了包括赢利货币Ⅰ、Ⅱ、Ⅲ和Ⅳ在内,新的货币供应函数;讲解了新兴的生态货币的特征与含义。

生态经济学理论采用整体结构、系统流程和角色分析的方法,注重于整体性、结构性、动态性和全息性的相互关系,与传统经济学理论着重于行为分析、效用分析、效益分析和心理分析的方法,形成了较为鲜明的区别。可以相信,随着本书英文译本的出版,生态经济学理论将在世界范围内传播,对宏观经济学产生越来越大的冲击性影响。

二、主要内容

本书共分五篇,二十三章,从概念、范畴、原理、方法、理论、学说和对策等各个方面,较为详尽地说明了社会生态的相关内容。

第一篇生态体,共八章内容,主要研究了生物体行为法则和生态体的运行法则,重点探讨了生态体的"角色法则",并就该法则在社会领域和经济领域的运用,提出若干见解和建议。在对生态体内系统进行分析介绍后,举例说明了国家生态体内系统,对中国体制创新有一定借鉴意义。生态体的运行规律和生态体作用机制是生态体学说的主要理论组成部分。书中采用图示和文字说明解释了生态体的平衡规律、协衡规律和变衡规律的作用方式,并通过流程图分析了生态体中资源运行和作用机制,找出稳定型与非稳定型生态体之间的差异之处。经济全球化进程最终将形成世界经济生态体,世界经济将从一个非稳定型生态体过渡到稳定型生态体,开始人类新的文明时期。

本书第二版增加的第二篇生态社会中,第九章回顾世界资本主义的历史,分析当代社会的基本矛盾,认为新兴的生产方式和生产关系将推动人类世界进入一个全新的社会形态之中。第十章的内容十分丰富,文字篇幅较长,是生态体基础理论与社会实践相结合的应用性学说。它时代特征鲜明,具有较大的实用价值和可操作性,能够直接被用来借鉴和参考,以推动社会、政治和经济体制的全面改革,具有一定的蓝本性作用。

本书第三篇生态资源,共三章内容,说明了生态资源与生物体和生态体之间的相互关系,提出了生态资源一元论的世界观,阐述了生态资源正负二分法的十大原理,构建了生态资源战略管理方法体系。

第四篇生态经济理论,有六章内容,是生态体和生态资源理论在宏观经济学领域的具体应用。经济资源是生态资源中的一类资源,经济体也是一种生态体。作者提出了供给资源和需求资源概念,用新的流程图描述了国民经济各部门、各有机组成部分之间的关系;描述了产品和服务的流转过程,货币的流转过程;说明了供给(生产)要素在货币收入和支付能力运行机制中的枢纽作用。当把政府部门加入到这个国民经济机制分析和流程图中,就可以用生态体和生态资源学说来解释政府与市场之间的关系,作者进而提出一系列新的建议,包括政府的经济决策过程和决策机构,健全市场机制的办法,对经济实行干预时应秉持的四项原则,以及干预的具体途径。

作者分析了市场交换关系,提出了新的生态价值理论和价值规律,第二版中又增加了价值形成和价值实现过程分析,以及价值规律的具体作用方式。遵循和利用好生态价值规律,便可以解决经济总体性失衡和结构性失衡问题,保证国民经济平稳均衡地运行。生态价值规律是生态体的运行规律在经济领域的具体实现方式。

在研究了代谢性资源与增殖性资源之间的区别后,作者提出了新的经济成长理论。认为促进经济成长的内在因素是增殖性供给资源和增殖性需求资源,并具体说明了资本要素在其中的特殊性质,由此确定了经济成长的公式,解释了经济成长的起始点、作用方式、作用机理和作用机制,以及普通商品市场和资本产品市场的相互依存,又相互制约的关系。本书作者还把生物体行为方式和生态体的运行方式结合起来,探讨国家经济体的发展和扩张问题,分析中国面临的机遇和挑战,提出新的见解和建议。

本书第二版还增加了第五篇——生态货币理论,共四章内容。鉴于当前世界各国发生的债务危机还在继续蔓延,金融危机和货币危机风险急剧上升的现实情况,作者重新探讨了货币的基本概念,认为任何货币必须同时具备尺度属性、信用属性和流通属性后,才能充当其在经济体中被赋予的角色。作者进一步的研究表明,货币除了充当一般等价物,发挥流通媒介职能外,还充当赢利载体,在经济体中执行资源配置介质的职能。赢利性货币目前共有三种不同的存在形态以及四种有区别的流通方式,它们均是价值规律调节经济活动的直接作用介质。书中提出全新的"生态货币供应函数",认为调节货币供求关系,主要是调节处于各种形态中的"角色货币",而不是延续传统办法,只调节处于单一形态的"物理货币"。作者还提出"生态货币公式",为后美元时代新型货币的发行,提供了不同的选择。

三、创新来源

本书作者于 1977 年通过全国高等院校入学考试,进入南开大学经济系学习,于 1982 年毕业,获得经济学学士学位。随后分配回到北京,在国家工商行政管理局经济合同司任职,参与并起草了国务院颁发的十六个经济合同条例。1985 年作者"停薪留职",到美国普度大学(Purdue University)攻读农业经济学研究生学位,在获得理学硕士学位后,主动放弃了博士学位攻读机会,选择从商的人生道路。

在大学期间,作者曾系统地学习了马克思主义哲学和政治经济学,完整地研读了《资本论》一至三卷,既学到了知识,也产生了一些困惑。在美国攻读研究生学位时,作者选修了各种西方数理经济学、计量经济学课程,以及数学系和统计系的课程。

马克思主义理论、西方古典和现代经济学理论、生理学、生物学、生态学以及中国传统的道家思想、儒家思想和法家思想,构成了作者思想启迪的最初来源。但创新的真正来源,还是多年来从事具体经济活动的经验积累,是通过实践体验后的思考。当作者进入"知天命"的年龄后,感觉要把这些年来的人生感悟汇总下来,准备开始人生的另一个阶段。

2010年6月间,作者在上网浏览与生态系统相关文献时,阅读了关于"生态文明"内容的新思潮,以及关于"科学发展观"、"和谐社会"、"生态文明建设"的综合性论述,认为与作者的思想相契合,于是便产生了写作本书,为社会做些贡献的想法。

中国社会自1978年开始实行改革开放政策,至今已持续了三十多年。作者有幸参与其中,目睹了改革发展的全过程。中国经济和社会的崛起,必然伴随着文化和理论的复兴。希望此书的出版,会为正在兴起的生态文明新思潮,为和谐社会的发展,为中国跻身世界之林,添一道光彩。

本书于2011年1月交稿,同年5月第一次出版,随之美国发生了占领华尔街运动。该运动迅速扩大到全美国和全世界,并从经济领域扩大到政治领域,演变成占领华盛顿运动。这个运动预示着资本主义世界的彻底变革开始了。这期间,北非和中东又掀起阿拉伯之春运动,形成街头暴力和武装冲突,多个国家政权相继被推翻。世界范围内,各种金融危机与债务危机、通胀和滞胀风险、过剩危机和货币危机频繁地出现。叶落知秋,世界性社会形态重大变革时代已经来临。

中国和美国作为世界大国,不可能置身事外,一定要有所作为。有鉴于此,本书作者依据对这两个国家的亲身了解,把对社会生态基础理论的研究迅速地拓展到对社会变革前沿的研究,从而建立"机理论"(Organicistic Theory)和有关未来生态社会的完整学说。

在此也希望,增订再版后的新书,不仅要对读者有所裨益,同时还能为社会治理形态的全面变革,做出理论与实践方面的重要贡献。

2012 年 5 月 31 日

目 录

第二版序言
第一版序言一
第一版序言二
第二版前言

第一篇　生态体

第一章　生物体和生态体 ································· (5)
　一、李儒佛游记 ····································· (6)
　二、生物体 ··· (10)
　二、生态体 ··· (11)
第二章　生物体法则 ··································· (15)
　一、需要法则 ······································· (15)
　二、活性法则 ······································· (16)
　三、竞争法则 ······································· (16)
　四、适应法则 ······································· (16)
　五、遗传与变异法则 ································· (17)

第三章　生态体法则 ·················· (18)
一、依存法则 ·················· (19)
二、制约法则 ·················· (20)
三、秩序法则 ·················· (20)
四、组合法则 ·················· (21)
五、冲突法则 ·················· (22)
六、限定法则 ·················· (23)
七、角色法则 ·················· (24)

第四章　角色法则在社会领域中的应用 ·········· (27)
一、和谐稳定与积极进取并举 ············ (27)
二、处理好角色间与角色中的关系 ·········· (28)
三、维护公平竞争机制 ·············· (30)

第五章　角色法则在经济领域的应用 ··········· (33)
一、经济角色与经济关系 ············· (33)
二、经济角色与经济运行 ············· (35)
三、主要角色将主导未来经济形态 ·········· (38)

第六章　生态体内系统 ················ (41)
一、生态体与生态系统 ·············· (41)
二、生态体内系统 ················ (42)
三、新领域和新方向 ··············· (46)

第七章　生态体运行的三个规律 ············ (49)
一、对生态平衡的探求和理解 ············ (49)
二、生态体运行的平衡规律 ············· (51)
三、生态体运行的协衡规律 ············· (55)
四、生态体运行的变衡规律 ············· (57)

第八章　生态体的运行机制 …………………………………… (61)
　　一、稳定型生态体的运行机制 ……………………………… (62)
　　二、非稳定型生态体的运行机制 …………………………… (64)
　　三、世界经济生态体的形成 ………………………………… (68)

第二篇　生态社会

第九章　新世界与新思维 ………………………………………… (75)
　　一、世界资本主义的发展历程 ……………………………… (76)
　　二、资本主义社会的内在矛盾 ……………………………… (79)
　　三、社会形态的根本变革 …………………………………… (82)
　　四、全面改革需要新思维 …………………………………… (86)
第十章　生态社会的治理与运行 ………………………………… (90)
　　一、礼治、法治与"机治" …………………………………… (91)
　　二、生态体的"机理论" ……………………………………… (97)
　　三、激励引导运行方式 ……………………………………… (102)
　　四、有序竞争运行方式 ……………………………………… (108)
　　五、整体协衡运行方式 ……………………………………… (112)

第三篇　生态资源

第十一章　生态资源 ……………………………………………… (121)
　　一、生态资源 ………………………………………………… (121)
　　二、生态资源与生态体 ……………………………………… (123)
　　三、生态资源一元论世界观 ………………………………… (125)

第十二章 生态资源正负二分法 ……………………………… (128)
- 一、客观原理 ……………………………………… (129)
- 二、判别原理 ……………………………………… (130)
- 三、认知原理 ……………………………………… (131)
- 四、度量原理 ……………………………………… (133)
- 五、主导原理 ……………………………………… (135)
- 六、差异原理 ……………………………………… (136)
- 七、转化原理 ……………………………………… (137)
- 八、限定原理 ……………………………………… (139)
- 九、互置原理 ……………………………………… (140)
- 十、积累原理 ……………………………………… (141)

第十三章 生态资源战略管理 ……………………………… (144)
- 一、指导原理 ……………………………………… (144)
- 二、战略形成 ……………………………………… (147)
- 三、战略制定 ……………………………………… (150)
- 四、战略实施 ……………………………………… (152)
- 五、战略控制 ……………………………………… (158)
- 六、案例说明 ……………………………………… (160)

第四篇 生态经济理论

第十四章 对宏观经济学理论的思考 ………………………… (169)
- 一、西方主要经济学理论 ………………………… (169)
- 二、对以往经济学理论的反思 …………………… (173)
- 三、对当代经济学理论的要求 …………………… (179)

第十五章　供给资源和需求资源 ……………………… (181)
　　一、供给资源和需求资源 ……………………………… (181)
　　二、封闭型供需资源运行机制 ………………………… (186)
　　三、开放型供需资源运行机制 ………………………… (187)
　　四、其他类型的资源运行机制 ………………………… (189)

第十六章　商品价值和价值规律 ……………………… (190)
　　一、商品(服务)的市场交换属性 ……………………… (190)
　　二、商品(服务)的价值 ………………………………… (192)
　　三、价值的形成与实现 ………………………………… (194)
　　四、生态价值规律 ……………………………………… (199)
　　五、相关的数理性研究成果 …………………………… (202)

第十七章　政府与市场的有机结合 …………………… (207)
　　一、政府与市场是一个有机整体 ……………………… (208)
　　二、发育"大脑",决策体制要创新 …………………… (211)
　　三、扶正固本,市场机制要健全 ……………………… (214)
　　四、慢动"四肢",干预措施要慎重 …………………… (217)

第十八章　生态经济成长理论 ………………………… (222)
　　一、代谢性资源和增殖性资源 ………………………… (223)
　　二、增殖性资源对经济成长的作用方式 ……………… (224)
　　三、经济成长的原生动力和作用机理 ………………… (228)

第十九章　国家经济体的发展 ………………………… (231)
　　一、国家经济体发展策略 ……………………………… (231)
　　二、发展本国经济的着力点 …………………………… (234)
　　三、以市场为导向的未来经济 ………………………… (237)

第五篇 生态货币理论

第二十章 货币的基本属性 ……………………………… (245)
　　一、货币的尺度属性 ……………………………………… (246)
　　二、货币的信用属性 ……………………………………… (248)
　　三、货币的流通属性 ……………………………………… (252)

第二十一章 货币的主要职能 …………………………… (255)
　　一、货币的流通介质职能 ………………………………… (256)
　　二、货币的资源配置介质职能 …………………………… (259)
　　三、货币的运行促进介质职能 …………………………… (267)

第二十二章 赢利货币与经济运行 ……………………… (270)
　　一、赢利货币Ⅰ和赢利货币Ⅱ与经济运行 ……………… (271)
　　二、赢利货币Ⅲ与经济运行 ……………………………… (273)
　　三、赢利货币Ⅳ与经济运行 ……………………………… (277)
　　四、赢利货币与货币发行 ………………………………… (280)

第二十三章 货币发行与全球经济 ……………………… (286)
　　一、后美元时代的客体货币 ……………………………… (287)
　　二、货币信用生态化趋势 ………………………………… (288)
　　三、货币流通网络化时代 ………………………………… (292)
　　四、生态货币在全球经济中雄起 ………………………… (293)
　　五、中国在后美元时代的选择 …………………………… (294)

名词解释 ……………………………………………………… (297)

参考文献 ……………………………………………………… (312)

第二版后记 …………………………………………………… (313)

第一篇 生・态・体

本篇内容借鉴了现代生物学、生理学和生态学的研究成果，提出"生态体"新概念，区分出生物体和生态体之间的不同行为法则和运行法则。其中，生态体的"角色法则"是一个综合性法则，可被运用到其他社会科学领域中。

在对生态体内系统进行分析和介绍后，举例说明了国家生态体内系统，对中国体制创新有一定借鉴意义。

本篇比较全面地阐述生态体运行的三个规律和生态体运行的作用机制。生态体的运行规律是生态体学说的核心理论之一，适用于国家、社会、政治、经济、管理、人生等各个研究领域。

生态体与生态学中的"生态系统"是两个相似而又不尽相同的概念。除了适用对象不同外，生态体一般具有半封闭和整体可移动或整体移动变化特征。非稳定型生态体还具有类似生物体的增殖开拓机制。生态体的这些特征，在生态体运行的三个规律和作用机制的理论表述上得到充分的体现。

生态体理论自成体系，不仅可以广泛应用到社会、政治、哲学、经济、管理等社会科学领域，而且可以反哺生态学，拓展生态学研究范围。

第一章 生物体和生态体

"生态体"是一个全新概念。它带来新的视角,引发新的思维,将对传统的哲学和社会科学产生冲击性的影响。

在美国逗留期间,我遇到一个名叫麦特(Matt)的年轻人。他身材高大,典型的欧洲血统相貌,而且刚刚获得生物化学博士学位。知悉他的专业后,我顺便请教了有关"生物体"的概念。他很耐心地介绍:"人是生物体(Organism),人体中的活细胞也是生物体。"他顺手指着窗外那棵枝繁叶茂的树讲:"树是生物体,树上的叶子,作为个体,也是生物体。"我很兴奋,他的专业知识验证了我的观点。所以我又问道:"能不能把细胞和人体,树叶和树之间的关系,看成是一种生态关系呢?"为了解释清楚,我进一步介绍自己的想法,是要用生态学和生理学的一些知识和方法,说明人和社会组织之间,以及人、社会组织与社会整体之间的有机关系。他沉吟一会儿后说:"生态学中的生态系统(Ecologic System)的概念比较接近你的想法,但是,适用的对象却不同,严格讲英文中没有这样一个词,能够表达你的思想内容。"我又问道:"能不能把该互相依存和互相制约的关系总体,起名为'生态体'(Eco-entity 或者拼造个字为 Econtity)。"他点头赞许道："只要你定义清楚，可以用新概念。"

在随后的交谈中，我表露心中的忧虑："生态体"概念是我理论的基础，由于概念太新，不易为人们所理解和接受。麦特博士建议道："你可以用生动有趣的方式，或者以讲故事的方式来说明这个概念。""讲故事，哦……"我思考着："是个好主意，既然麦特的祖先来自英国，那这个故事就从英国开始吧！"

一、李儒佛游记

英国作家斯威夫特（Jonathan Swift, 1667—1745）创作了一本经典之作《格列佛游记》（*Gullivers Travel*）。书中的主人公格列佛先生游历了小人国、大人国、无名岛和慧骃国。许多人从孩提时代就知晓这些启发人类想象力的故事。那就从格列佛先生讲起：

三百年后，格列佛的精灵转世到中国，因仰慕中华文化，研学了道教、儒教和佛教后，给自己起了个中国名字——"李儒佛"（Lee Ruver）。从此，李儒佛具有中国血统，并掌握了佛道两家的法力。

当代中国日新月异的发展令李儒佛兴奋。他也看到：整个社会处于转型过程中，各种思想活跃，对继续改革的前景和构想莫衷一是，互不相让。李儒佛觉得，凭着自己前世曾经担任过医生和船长的经历，也可以借此来帮助国人，为社会转型一起来"号号脉"和"把把舵"。但是又从何处着手呢？李儒佛回忆自己前世在无名岛上的情景：那里的人终日沉湎于思考当中，举止也变得怪异，而且失去了语言能力，要靠"拍手"来帮助交流。"用思辨推理方式不好。"李儒佛思忖到："还是要旅行，通过所见所闻来启迪思想。"他又想："旅行时身体一定要变小，不能让人看出来，这样可以得到真实情况。"

此时正值盛夏,李儒佛走进一个大型游泳场,发现里面熙熙攘攘,除了池内游动和戏水的人群,岸上还有许多人席地而坐,或躺着沐浴阳光。凭着所学的中国法力,他念着咒语,身体不停地缩小,到了凡人凭肉眼已经观察不到的境界里,然后爬到一个人的身体上,在"皮肤原野"上行走。

人的皮肤组织像编制紧密的木篱笆,外来物体很难挤进去。途中遇到一大群个头较矮的"细菌",聚在那里分享人体分泌出来的油脂和汗水,并分解出一股味道。李儒佛很好奇,停下询问。细菌们告知:它们寄生在人体上,种群很多,数量不定,随"洪水泛滥"而减少,而后又增殖起来,总共约有几千万或上亿个。李儒佛私下想:"难怪每个人都有自己的气味呢?原来是细菌在作怪!"小细菌依然热情,遥指远处"森林",介绍说:"那边驻有身材庞大的毛囊虫。"

毛囊虫喜欢生长在人的脸部和油脂分泌较多处。李儒佛穿过"森林"时,果然见到一只只毛囊虫,像大象一样庞大。它们有很多只脚,爬行速度很快,从"地下"毛囊孔中爬进爬出。李儒佛本想探头看看毛囊孔巢穴,忽然听到脑后有很大的声响,回头一看,一只巨大的毛囊虫向他扑来,于是扭头就跑,向远处山洞逃去。不知跑了多久,终于躲进"山洞"里。山洞口有强大气流进出,随着一股强进气流,李儒佛跌进这个巨大的洞里。

睁眼看去,洞里聚集着许多外来物和细菌,被密林挡住或被浓浓的液体吸附在周边。李儒佛知道,他已经进入了人的鼻腔。人的鼻腔很大也很长,腔壁由细胞排列组成,细胞身材比李儒佛略小一些,彼此依存,互相关照,非常有素养。腔道内散住着许多外来细菌,分享着鼻道分泌物,看上去已经适应这里环境了。

不知走了多久,李儒佛进入口腔。从高处观察,人的口腔比山谷中的平原还大。牙齿似一座座山峰,舌头似一个巨大的山脉。这里集聚着更多"外来移民"——细菌,黑压压一片,有千百万只。突然间一股巨大水流进入口腔,席卷而过,数十万只细菌随之被带走。水流过后,余下的细菌纷纷抢据新的位置,全然不顾失去的同胞。李儒佛有些不解,向一位名叫"寇新"的细菌打听,才了解这种事情经常发生。每次浪潮之后,领地要重新分配。李儒佛想起一位中国朋友,还是一位高级领导的家属与他讲过:每次社会浪潮来临,个人所有的房屋和财富都可能被重新分配,"社会主义改造"、"文化大革命"和现在的"城乡大拆迁"时代,莫不如是。面对眼前情况,他似乎有所领悟了。

李儒佛心情有些沉重,又从原路退回,绕道再次进入鼻腔壁内。这里是真正的人体组织,非常整齐。如果说口腔内的细菌领地像是棚户区,那这里就像新开发的商品房小区。李儒佛心情开始顺畅,与一位名叫"毕川"的鼻腔细胞攀谈起来,得知这片人体组织,由上百万细胞组成,通过整体协同,来完成保护鼻道的角色功能。细胞每时每刻都在分裂和凋亡,彼此之间关系平等,通过竞争关系完成角色功能。李儒佛对此大有心得,认为人体组织的生成与代谢办法,值得人类社会借鉴。随后,想起当年在小人国和大人国旅行时,都要拜见国王,于是又向毕川细胞打听起人体的"国王"来。毕川细胞有些困惑,实言相告,人体应该没有国王,但人体有"总部",建议去大脑和中枢神经了解情况。

与毕川细胞道别之后,沿着血管路径直奔大脑。这里的情形让李儒佛震惊。一排排大脑组织整齐罗列,上面密布血管。通过神经系统,大脑掌握人体周边环境的一切影响、声音、触觉和其他状况。李儒佛向一位叫"高畅"的脑细胞打听人体内的"国王"。高畅笑了,径直相告:"人体只有分掌不同角色职能的器官组织,以及充当该器官组织的细胞生物体,没有统管一切的'国王'。"李儒佛好奇地问道:"人体有多少个细胞?"高畅回答说:"大概有数十亿个各种各样的细胞,组成了人体。""数十亿个!"李儒佛忍不住叫起来。他万分惊讶:"人体的细胞数量比中国的人口多多了。"高畅接着又讲到:"大脑和中枢神经虽然掌管全局,掌管身体、五官和肢体的运动,但也只负责保护人体安全;处理与环境的关系;输入食物饮料和排泄,这三方面的工作。"高畅强调说:"大脑和中枢神经不管人体内组织器官和系统的运行。人体按内在的生态法则和生态规律运行。我们大脑中枢组织没有必要去干预它们,除非涉及整体安全,我们也只是通过外动方式或外部力量去干预人体的运行。"李儒佛似乎明白一些:"哦!大脑只管吃、喝、拉、撒、睡、行动和思考,不管身体内部的运行。"随后想想又问道:"你说的生态法则和规律,是不是人类社会的市场机制和价值规律?你是说人类政府只应该管公众安全、环境保护和社会福利这三方面的事,其他不要管?"高畅又笑了,回应道:"人类社会的生态法则和生态规律应该由你们去研究。我建议你去'心脏'看看,在那里可以了解更多情况。"

告别了高畅,李儒佛顺着血管而下,很快到了心脏。心脏是人体中负担最重的器官,从来不能休息,所以充当心脏器官的生物体——心脏细胞,专业素质最强。在那里,李儒佛找到了名叫"靳力"的心脏细胞,向它了解心脏工作原理。靳力讲:"心脏独立运行,不直接听命于大脑和中枢神经。"靳力补充说:"心脏虽然是人体的运行中枢,对各系统之间的平衡有一定影响力,但也必须遵照生态体规律,就像人类社会的中央银行一样。"听到此,李儒佛陷入沉思:中央银行能否像心脏一样,脱离政府而独立运行呢?

带着思考离开了心脏,李儒佛顺着巨大的主血管,来到肺脏里。这里是吸进人体所需氧气,呼出二氧化碳的主要功能器官。李儒佛找到了一个名叫"费青"的肺细胞,询问道:"肺细胞们如何能和平相处?在各自不断地分裂和繁殖过程中,维护肺组织的性状和功能不变?"费青回答说:"肺组织的存在和功能作用,主要依靠细胞之间平等、互利和有序的竞争,实现新陈代谢,保持机体的活力。"李儒佛似懂非懂,还是有些不解,遂问道:"竞争总有输赢,赢的一方就会越长越大,把其他细胞的生存空间挤占了?现在人类社会就是这样运行的!"费青听后爽声大笑,想了一下说:"也许人类社会还在进化和发育初期,不掌握保持有序竞争的方法。我们这里也有你讲的事情发生,一些细胞不顾组织法则,越生越多,形成肿瘤,有的还会癌变,扩散到全身,危及人体生命。"李儒佛终于明白了,马上回应到:"对!对!你说的完全对!人类社会不懂如何保持有序竞争,维持社会机体活力。美国2008年发生的金融危机,就是让那些金融机构或企业发育太大了,使之不能倒闭,政府不得不动用全社会的资金来救助那些本该淘汰的企业,与你说的肿瘤情况一样。""应该实现机会平等的有序竞争,反对垄断!"李儒佛思忖着,"但是,由谁来反垄断,实现有序竞争呢?许多政府机构本身就在寻求更多的权力,出租这些权力,制造新的垄断。"虽然没找到最终答案,李儒佛已经发现问题所在了,感觉非常气爽。随后,依照费青的建议,在"肺组织"的帮助下,李儒佛顺利地通过"上呼吸道",被呼出人体。

游泳场上人群已经散去一半,日头偏西,光线比较柔和。李儒佛站在地上,再次念动法咒,恢复原来身体。"此次亲身旅行收获很大",李儒佛自言自语道,"应该再读些书,开始一个思想上的新旅途!"

"李儒佛游记"的故事到此结束了。可是他探究的问题,还没有结论。如果能够了解以下概念,知道生物体、生态体、它们的法则和运行规律……,读到本书第一篇结束时,你便可获得较为完整的答案。如果再耐心读完全书,你将会进入另一个境界。

二、生物体

在人们的印象中,生物体就是植物、动物和微生物三大类生物种群中的个体生物,包括作为个体的人。这个印象是对的,但不尽然,没有涉及生物体的全部。

首先,我们要认识生物体,了解生物体(Organism)的定义:凡具有生长、发育、繁殖等能力,能通过新陈代谢作用与周围环境进行物质交换,有生命的物体,包括动物、植物、微生物,都是生物体。

人作为个体是生物体。人体中的细胞(包括血液中的红细胞和白细胞)、器官、精子和卵子也是生物体,人体组织细胞每时每刻都在分裂繁殖和凋亡。种群是生物体,作为人的群体组织、公司以及民族,也是生物体。公司、民族要生存,对外实行竞争和扩张。生物群落(在一定时间和自然区域内,相互之间有直接或间接关系的各种生物个体的总和)是生物体。国家也是生物体,这里主要是指国家作为一个整体,对外竞争、扩张、宣示或维护主权、进行战争,等等。生物体也可以是一个集合的概念,例如植物、昆虫、草食动物、肉食动物、微生物,等等。

生物体与其他生命物质和非生命物质进行交换和转换,或者相互借助和依托,实现自身的新陈代谢和繁殖生衍。

生物体依据自然生物体法则行为,是生态资源论理论体系中一个基本概念。本书将会经常使用这一概念。

二、生态体

生态体(Eco-entity)是社会生态理论的核心概念,贯穿本书始终。如果理解了这个全新概念,把握住它的法则、规律、相关理论,思想视角会随之变化,视野和洞察力将有可能发生很大改观。不妨去悉心体会。

1. 生态体概念

生态体是指在一定空间范围内,所有生命物质和非生命物质,通过能量流动和物质循环过程形成彼此关联、相互作用的统一整体。

在通行观念中,"生态"系指生物体赖以生存的一种自然环境,或者是存在于地球上的完整的自然生态体系。但经过深入研究后就会发现,凡能够给生物提供一个相对独立的生存环境,形成相对独立的物质循环流动过程,具有一定的空间范围和时间延续,按照特定法则和规律运行的开放或半封闭的体系,均可以看成是一个"生态体"。

人作为个体既是"生物体",但对于人体组织中的细胞、器官、精子、卵子、寄生细菌和寄生虫等而言,人体又是"生态体"。作为人的群体组织的公司既是"生物体",但对于在公司中的个人而言,公司却又是"生态体",公司为其员工创造了赖以生存的生态环境。国家既是"生物体",但对于在国家中生存与工作的个人、各种公司和社团组织而言,国家又是"生态体"。地球生态体是人类迄今为止发现的最大生态体,人类仍然在探索中,去发现具有生命物质存在的新星球。

2. 子生态体和母生态体

"子生态体"属于次一级的生态体,自成体系,也要与外界发生联系,依赖于外界的生态资源。母生态体是包括各个子生态体在内的,更高一级别的生态体,也须依赖于外界的生态资源。

在热带雨林中,常常可以形成一个稳定的原始生态体环境。各种生物繁殖生衍,互相制约,保持着一种和谐的生态状况。一旦气候变迁,人类或其他生物种群入侵,影响了周边的环境,诸如砍伐树木、猎杀动物,破坏了生态平衡,这种原始的生态体有可能不复存在,或通过新的资源交换方式与周边的环境融为一体,在更大的范围内实现新的生态平衡。热带雨林就是一种"子生态体",它受制于周边更大的生态体。

子生态体受制于母生态体,受母生态体的运行规律支配。这就像地球受制于太阳,作为围绕太阳旋转的众多星球中的一颗行星。地球受太阳引力的支配。太阳又受制于银河系,在银河系里按规则运行。对于庞大的银河系或更大规模的天体,地球也只像是宇宙中的一粒灰尘。所以,子生态体对母生态体而言,更像是一种生态资源,依据母生态体的规律在其中运行。

对人类生存而言,主要有三个层次的生态体:人体生态体是最基本的生态体。人类社会中的各种组织、民族、国家之类的生态体,包括全人类本身,均属于第二层次的生态体。其中可再区分出不同的子生态体和母生态体,例如相对于国家,公司就是子生态体,国家就是母生态体;相对于人类社会,国家就是子生态体,而人类社会作为整体就是母生态体。自然生态体或地球生态体是第三层次的生态体,是上述其他层次各种生态体的母生态体。本书重点研究第二层次的生态体——社会生态体。

3. 生态体平衡

生态体中的物质循环、能量流动和信息传递皆处于稳定和通畅状态时,称为生态体平衡(Eco-entity balance)。在自然生态体的食物链系统中,平衡表现为食物链的循环,例如昆虫给植物授粉,草食动物食用植物,肉食动物捕食草食动物,微生物食用粪便和分解尸体,植物吸收有机质物,等等,以及物种数量的相对稳定,等等。

生态体具有自动调节(或自我恢复)能力,以保持生态体内部相对的平衡稳定状态。但是生态体自动调节能力是有一定限度的,当外力干扰超过限度,或者由于内部机制失效,部分组织功能衰退,就会引起生态平衡破坏,表现为结构失调或结构破坏、病态症状、灾难性后果,甚至生态体的崩溃。在自然生态体中,造成生态平衡破坏的原因有新物种的入侵,大范围的疾病传播,自然灾害;也有不适当的人类活动,森林或其他植被遭到破坏,生物种群非正常灭绝,等等。在人类社会的国家生态体中,市场调节机制不健全或失灵,司法和执法机关腐败,国家机器衰败,外敌的入侵,重大政策的失误,也会造成社会生态体的平衡被破坏,引起社会动乱、政府更迭,甚至国体的崩溃。

4. 稳定型和非稳定型生态体

基于生态体之中的资源状况,生态体之外的资源条件,以及生态体的稳定性状况和生态体内在机制构造特征,又可以区分出稳定型生态体和非稳定型生态体。稳定型生态体的平衡状况较好,运行缓慢,运行周期较长。非稳定型生态体一般有较大的扩张性内动力,运行发展速度较快,失衡现象较频繁,运行周期比较短。本书第八章将具体分析稳定型生态体和非稳定型生态体的运行机制。

第二章　生物体法则

生物体法则不仅说明了人的自然生存方式,也为研究人的社会行为方式提供了基本依据。

生物体具有以下五种基本行为法则。

一、需要法则

生物体一般具备三个层次的需要。第一层次是最基本的生存需要;第二层次是相互关系的需要;第三层次是成长发展的需要。三个层次的需要可由下而上,逐层次得到满足,但遇到挫折后又可由上而下地放弃。

1. 生存需要

生物体需要通过新陈代谢来维持生命,通过繁衍后代来延续生命。占有尽可能多的生态资源是生物体生命本能的要求。

2. 关联需要

关联需要指生物体之间的相互关系、联系、对比影响的需要。包括:安全需要、归属需要、尊重需要、娱乐享受,以及其他改善性和提高性需要。生物体在生存需要得到基本满足后,就会更多地追求此类需要。

3. 发展需要

发展需要指需要得到提高和发展的内在欲望,充分发挥个人潜能、开发出新的能力,有所作为和成就,获取承认,并且自我实现。

"需要"是生物体的原动力。

二、活性法则

生物体具有生长力、自主性、能力性和应激性等生命基本特征,要求一定的自由弹性发挥空间。

活性法则表明,对人和其他生物体的使用与物理性机械的操作不一样,不可能单凭指令就能达到预期效果。应该考虑到生物体的差异性、内在能力、经验、潜能、积极性,以及欲望等因素,采取特殊的管理办法和激励措施。

三、竞争法则

生物体通过竞争分出优劣,优者胜出,劣者淘汰。优胜劣汰,适者生存是自然法则,也是生物体最基本的社会法则和游戏法则。竞争法则表明,应该以此原理,设计出适合生物体发展的机制,保持效率和活力。

四、适应法则

生物体能适应一定的环境,也能影响环境。生物体有可塑性,应该适应它所承担的角色。

鱼、鸟、昆虫,在生命的不同时期扮演不同角色,完成交配、繁殖和养育任务。生物的适应性决定生物可以被驯服和改造。

人类也一样,通过教育、培训和工作历练后,能够适应新环境和新角色,做好本职工作。人作为生物体,其思想和行为也可以被指导、纠正、培养、训练和改造。

五、遗传与变异法则

生物的亲代能产生与自己相似的后代的现象叫做遗传。遗传物质的基础是脱氧核糖核酸(DNA),亲代将自己的遗传物质DNA传递给子代,而且遗传的性状和物种保持相对的稳定性。亲代与子代之间、子代的个体之间,存在着差异,这种现象叫变异。遗传使物种得以延续,变异则使物种不断进化。遗传变异也可定义为同一基因库中,生物体之间呈现差别的定量描述。在DNA水平上的差异称"分子变异"。遗传与变异是生物界不断地普遍发生的现象,也是物种形成和生物进化的基础。

生物体在生存过程中,形成的各种本能、精神、思想与行为方式,均会延续和传承下去,绵延数代,形成一种自有的特质与特征,或者群体性的特质与特征。人类社会中风俗习惯的形成,人类思想与文化的传承,均与生物体的遗传和变异法则相关。

生物体受环境影响,在竞争中生存,经过自然性的选择和淘汰,产生了优秀思想、优良文化和特有的行为方式,再经时代变迁,不断创新与变革,将这些思想文化继承并持续发展下去。这种思想文化的传递过程,也是遗传与变异的过程。管理者应注重优秀思想品质的形成,注重人员素质的培养与保持,形成特有的整体合力,进而能够产生强大的综合竞争力。

第三章　生态体法则

"生态体法则"适用于人体、社会组织和自然界等各种层次的生态体。虽然在形式上"生态体法则"与"生物体法则"差异很大，但二者实际上却密切相关。其中生态体的"角色法则"把"生物体法则"也融合进来，说明了相互依存和相互制约的社会组织结构是如何与充满生机活力的竞争机制相统一的。

虽然生态体的主要组成部分是各种生物，但是生态体的运行法则与生物体行为法则，却是截然不同。生态体的构成部分或各组分之间，都具有相互依存和相互制约的关系；具有一定的运行秩序；能够自行组合或者再组合；在功能关系不健全或功能弱化情况下，表现为冲突特征；被整体限定在一定条件下和范围内，按特定方式运行；通过生物体之间的竞争关系，来发挥特定的角色功能作用。

以下分别阐述生态体的七个基本运行法则。

一、依存法则

在生态体中存在着自然分工和社会分工，承担分工的部分发挥特定功效，维护生态体整体正常运行。承担分工职能的这部分生物体（亦称角色生物体），必须依赖其他相对应或相关联的角色生物体，及其他一般生物体或非生物的物质而存在。主要依存的角色对象失去了，对应角色的生物体也没有存在的基础和必要了。生物界和人类社会中的共生现象只是依存法则的一个特殊表现形式。

在自然界的食物链中，植物→食草动物→食肉动物→腐生微生物→植物是一个例子。人体中各组织和器官相互关联、互相依存，诸如皮肤、毛发、肌肉、骨骼、内脏器官、大脑、神经、四肢、耳、鼻、口、眼，等等，均在发挥各自的角色功能作用，维持人体的运行。公司内部的雇主、管理人员、基层员工；国家中的政府各个职能部门，各级领导，人民团体、经济组织和普通百姓，均承担内部分工中的特定角色功能，对公司或国家的存在发挥作用。

依存法则还表现在对应的角色关系上。教师和学生、交警和司机、丈夫和妻子、领导和下属、政府和人民、生产者和消费者、供应者和需求者、服务提供者和被服务对象、医生和病人，以及工人和资本家、农民和地主、奴隶和奴隶主，等等。在这些对应的角色关系中，如果一方不存在，另一方也无法存在。正可谓是"皮之不存，毛将焉附？"所以从本质上讲，充当角色的生物体必须依赖其他角色的生物体发挥作用，保证自己存在的必要性。

依存法则说明，生态体中角色的存在具有客观合理性，角色间有很强的关联性和依赖性，往往会"牵一发而动全身"，需要通盘考虑，审慎处理角色之间的关系。

二、制约法则

充当特定角色的生物体,不仅需要依赖对应或相关联的其他角色生物体而保证自身的存在,也要对与其对应角色或关联角色的生物体发挥制约或相互制约的作用,这样才能完成其在自然界和人类分工中的特定功能。

食肉动物要捕食食草动物,凶猛的动物要统治弱小的动物,微生物寄生在其他生物体中,同时微生物又通过疾病传播来限制动物的种群数量。在人类社会组织中,上级管理下级、政府监管企业、交通警察监管司机,等等,是一种制约关系。消费者与生产者、医生与病人、律师与委托人,等等,也是一种制约和相互制约关系。

制约法则表明:相互关联,同时又相互制衡,是自然界和人类社会的生成方式和普遍运行规则。如果不加以约束,任其一方自由发展,完全凌驾其他部分,便会破坏平衡,最终毁掉生态体的存在基础。

三、秩序法则

生态体在发展过程中一定要产生秩序,并依靠制约机制和制衡的方式维护秩序,否则该生态体将无法运行,而新的有秩序的生态体将会产生。

在现行的人类社会生态体中,秩序是通过法律法规、道德规范、制度规定、表彰与处罚等方式来维护的。在人类社会组织内部,运行秩序的形成也有赖于某种制约机制与制衡关系的建立。秩序不仅仅是一种规范或规定,更多的是执行秩序的"生态体组分"内容和它的行为方式,以及相互关系和各自利益的协调。

在自然界中,当一种新物种入侵,破坏了原生态体的平衡,就会产生新的制衡角色或制衡因素,建立新的生态秩序,形成了具有新特点的生态体。例如新西兰在西方殖民者占领前后,大量森林和古老物种被毁灭,殖民者又引进了绵羊。虽然原有的生态秩序已不复存在,但森林消失后形成的草原牧场,为畜牧业提供了条件,一个新的生态环境体又在新的自然生态秩序中产生了。

秩序对生态体的运行至关重要。中国历史上五千年来的改朝换代,形成了一个又一个的社会生态体,均说明一旦王朝统治的秩序被破坏又无法修复后,新的王朝或国家就要产生,新的秩序也随之建立。人体也一样,因器官衰竭,功能组织被疾病、外力或变异细胞破坏了,承担功能角色的人体组织无法发挥作用,人体生态秩序被破坏到无法治愈和康复的状况下,人体生态体系就无法运行了,人的生命也就要终止了。公司也一样,内部秩序混乱,公司将难以运营;如果秩序无法恢复,公司则难逃倒闭命运。在人类社会生态体中,秩序是通过法律、道德、规范、制度、规定和处罚等方式来维护的。

秩序法则表明,生态体的秩序不单纯是靠某种意志强加的,还要靠生态体中各利益攸关方,在整体利益一致的格局下,通过必要整合和治理,形成较为稳定的运行方式。

四、组合法则

生态体是由生物体和非生命物质组合而成,构成了一个具有相互依存和相互制约,保持一定运行秩序关系的整体;当整体关系无法维持和延续,原生态体中的各组分就会进行再组合,进而演化和改进原有的生态体,或者重新组合成一个新生态体。

组合法则不仅适应于具有生命特征的生态体,也适用于非生命物质的宇宙发展史。

一个朝代统治者的灭亡,或者是一个时代的结束,会出现一定时期的混乱局面,造成"礼崩乐坏"和"人心不古"的状况。但经过社会各界重新组合,经过一定阶段的发展后,新的"朝代"就会出现,新的道德风尚和社会秩序必然形成。

组合法则说明,生态体的内在构成关系不是一成不变的,无论是内生性原因,还是外在力量的影响,均有可能导致再组合活动或重新组合活动,使得生态体的构成关系发生变化。

五、冲突法则

在生态体中,承担特定分工责任的角色生态体组成部分,是以相互依存、相互制约、维持秩序的关系为主导方式来运行的。但是,在角色缺失、角色重叠、角色弱化、角色衰败、角色变质的情况下,则会发生角色之间的冲突。角色之间的冲突如不尽快解决,严重情况下将造成整个生态体的崩溃。

在多数情况下,角色间的表面冲突是由承担角色功能的生物体造成的,是生物体的过错或不称职,并不能构成真正意义上的角色之间的冲突。例如,在老师与学生的教与学过程中,个别老师素质差,体罚或辱骂学生,甚至动手打人,造成师生间的对立事件,并不构成老师和学生的整体冲突,这是角色中的生物体之间的冲突,而不是严格意义的角色冲突。中国黑砖窑的老板和包工头,用限制人身自由、威逼与迫害的手段强制工人在低工资和无人身保障情况下工作,也只是个别企业和个人的行为,并不构成整体雇主或老板的角色与雇员或工人的角色之间的角色冲突。

生态体中承担分工职责的角色冲突会发生在角色缺失情况下,

例如内脏移植手术不成功病人死去,内脏器官移植后产生很大的排异性,等等。角色重叠的情况下发生冲突在日常生活中经常可以见到。如,双头连体婴儿,"文化大革命"中两个"司令部",等等。角色弱化和角色衰败造成的冲突也常见。一般情况下,发生的群体事件,如学生大罢课,工人大罢工,教师罢教,雇员集体辞职,股东或股民大量撤股或抛售,群众大规模聚众闹事或人民造反,等等,均是由承担对应角色的生物体长期不称职或不作为,而造成角色弱化或角色衰败等原因引发的。以上情况虽然与承担对应角色的个人有关系,但不排除问题长期得不到解决的体制因素。在中国历史上,官员与地方豪强勾结起来集聚财富,欺压百姓,造成了朝廷官员这个维护社会公平和正义的角色变质了。例如在官场上不送礼、送钱,不在一起声色犬马,或灯红酒绿,就变成异类。一旦此种情况蔓延开来,上下勾结,拉帮结派,朝廷与民众之间的角色激烈冲突就会开始。当角色变质、角色衰败、角色缺失的情况迟迟得不到改变,冲突越加剧烈,该封建社会生态体离崩溃和重组的时日就不远了。

冲突法则表明,要区分在运行中因角色生物体引发的冲突,以及因角色缺失、角色衰败、角色变质、角色排异和其他角色间的矛盾引发的冲突。角色中生物体的冲突属于运行中的矛盾,需要通过协调、引导和处置的方法来解决。角色间引发的冲突,属于体制性的矛盾,需要通过变革、改造和再组合的方式来解决。运行中的矛盾只是"癣疥之疾",体制性的矛盾才是"心腹之患"。

六、限定法则

生态体中的资源差异性,各组成部分的差异性,之间构成关系的特定性和功能性,均会使生态体作为一个整体具有限定性质。生态体的限定性也体现在空间与时间上的限定,还体现于不同的运行表征,特殊的性质,以及特定的范围等方面。

在生态体中,由于内在资源不同,生态体具有普遍的差异性。例如生物种群和群落的差异,以及地理、气候、环境等差异因素。国家生态体中的生产力发展水平、社会阶级组成和历史人文因素,等等。

每个人的个体、每个家庭、每个公司、每个国家都有特定的生态资源,所构成的生态体均不尽相同,其运行被限定在一个明确的空间范围内,其内在运行方式也有所不同。

限定法则说明,生态体的运行表象和特征与其内部结构及成分相关联,不能简单模仿其他生态体的成功外表和模式,要深究内在原因,从机理上导出有益于自身,而可用来借鉴的经验。个人的行为方式和国家的运行方式,均有自身的内在原因和历史渊源,即使要改变,也须按自有构成去调整或重建,并且往往要沿袭自身特有的历史轨迹。在此基础上,才有可能开拓全新局面。切不可照搬或照抄。

七、角色法则

角色法则可表述为:因自然分工或社会分工形成了在生态体中承担特定功能的组织部分,称之为"角色"。角色之间的关系以相互依存、相互制约、相互合作、协调统一为主,共同维护生态体的平衡和秩序。充当角色的生物体应该适合该角色,其基本功利活动应该与担当的角色相一致,生物体在充当角色过程中则以竞争和优胜劣汰为主,从而高效发挥角色功能。

角色可以是社会组织内部分工中的工作职务或工作岗位,也可以是社会分工中的一种或一类工作,也可以是一个大类的集合概念。

生物体与角色之间的关系是:生物体应适合角色,而角色因生物体而发挥作用；生物体的功利活动，通过竞争的激发和优胜劣汰的选择，就可以高效达到角色的功能作用，与生态体的目标相一致。

角色是自然分工、社会分工、组织分工、家庭分工的产物。一个角色可以由不同的人来轮换承担。角色中的人与率性而为的自然人不一样，自然人不在其位可以不谋其政，但角色中的人在其位就得谋其政。角色中的人被赋予责任和使命。

角色之间的关系往往表现为上下垂直的领导指挥关系，例如军队中的司令员，军、师、团、营、连、排、班各级领导和战士，以及参谋长、干事、司务长等职务；又例如，公司中的董事长、总经理、总监、经理、主管、员工等。但是，角色之间的关系也经常表现为横向关系，例如丈夫和妻子、供应者和需求者、生产者和消费者，等等。在一定意义上讲，角色也是维护组织运行，发挥特定功效作用的职位或岗位。

角色法则是一个综合性法则，是一个结合了不同生物体行为方式和生态体运行方式的法则，构成了生态体理论基础之一，在实践当中可以被广泛地应用。

一个生物体可以同时承担多个角色，并在不同角色中转换。例如一个人，在家里是父亲角色或丈夫角色，出门开车是司机角色，到单位后是经理角色，出门旅行是游客角色，到医院又是病人角色，等等。每个人扮演不同角色，就要遵守该角色规则和职业伦理道德，以及相关的法律和制度规范、享有权利、承担责任。而一个角色又需要众多生物体去竞争，选择最适合的，淘汰不适合的，例如对经理职务的竞聘、考核、奖励、处罚、除名等。

老师和学生是两个不同的角色，相互依存又相互制约。老师对学生是教书育人，学生对老师是尊师受教。学生只是一个角色，充当学生的是具有生物体特征的自然人；老师也是一个角色，由那些具有不同执教能力的人来承担老师的工作。在学生角色之中，例如一个教室内 40 个学生之间,是按生物体法则来竞争的,胜出的学生获得"优"或"良"的成绩,"败"出的学生获得"中"或"差"的成绩。好学生进入重点中学,又进入名牌大学。差一些的学生进入一般的大学,再差的学生则无法考进大学。老师角色中的生物体人也是同样面临竞争的压力,好的老师评为一级、特级或正教授,等等,差的老师被淘汰出局,退出教师队伍。老师和学生之间的关系、学生和学生之间的关系、老师和老师之间的关系是角色法则应用实例之一。

在自然界中,生态体通过草地、树林、动物等生物形态来实行物质交换和循环,各种生物形态和其特定的功能结构形成了"角色"间的关系。但在"角色"之中,例如处于同一空间的植物之间,为争夺阳光、水分和土壤肥料展开激烈的竞争。食草动物之间为争夺草场、水源也要竞争。食肉动物之间为获得猎物也要厮杀争斗。同样的情况还表现在公母动物交配上,公兽之间的竞争或母兽之间的竞争,等等。

自然生态体的运行,处于缓慢而渐进的过程中。当你坐在后院中,看着多年来依然如故的草地,眺望远山上的树林,可曾细想过,草地上的草已经更换过许多代了,草之间竞相生存,今日之草早非昔日之草;山上的树林也在变化,病树和老树前头,万树郁郁葱葱,正在纷纷竞春呢?

角色法则是一个大法则,它把相互依存和相互制约的社会组织结构,与充满生机活力的竞争机制统一起来;把生物体法则与生态体法则统一起来。有了角色法则,我们就可以比较容易地解释很多社会现象,并在此基础上,构架起较为完整的社会生态新思维。

第四章　角色法则在社会领域中的应用

　　角色法则是一个用途广泛的理论工具。它不仅提供了新的视角去观察社会，也提供了新的思维方式去诠释社会的治理办法，引导人们依据自然规律和社会规律来行为。

一、和谐稳定与积极进取并举

　　中国历史上自汉武帝以来，儒家思想一直居正统地位，这对稳定社会发挥了很多作用。儒家的礼治思想，明确界定了君臣、父子、兄弟、夫妇角色关系，用礼、义、廉、耻、忠、孝、仁、爱的道德伦理教化民众，克服了严刑峻法的不足。儒家思想与生态体法则中的依存法则、制约法则和秩序法则的精神相仿，也符合角色法则中关于"角色之间关系以相互依存、相互制约、相互合作、协调统一为主，共同维护生态体的平衡秩序"的原则。但是，儒家思想忽略了人和国家不仅作为生态体，也是生物体的特性，忽略了充当角色的生物体仍需要遵循生物体法则行事，忽略了现实社会中与孔、孟同时代的诸侯列国，要进行生存竞争，要去开疆辟土和增殖子民，要在优胜劣汰的斗争中求存活的客观需要。这是儒家思想在战国和秦朝时期不受重视,在清朝末年和民国时期,在中国饱受列强欺凌的情况下,又被学子们抛弃的主要原因。

商鞅变法一方面剥夺了旧贵族特权,以法治国,设立县、乡、邑体制,树立了秦王的权威和新的秩序;同时,又废井田、开阡陌,承认地主和自耕农土地私有权;鼓励军功,按军爵位受封土地;鼓励农耕,规定生产粮食和布帛多的,可免除本人劳役和赋税。变法激发了民众生产和从军的积极性,为秦国的强盛和统一王朝的建立,奠定了物质和体制上的基础。

到了近代,西方社会的物竞天择思想经过翻译介绍到中国,同时还引进了社会竞争机制,对中国经济的发展产生了很大影响。目前中国社会应该设计出更多的机制,让角色中的生物体展开充分的竞争,按生物体的需要法则、活性法则和适应法则,去鼓励人们追求功利,给人们发挥自主性和能动性提供更大的自由空间,让民众在从事私人功利活动中,高效达成其所承担的角色作用,完成社会发展的目标。

二、处理好角色间与角色中的关系

依据角色法则,角色间应该是相互依存、相互制约、平衡协调的关系。例如:雇主和雇员,工人和"资本家"、农民和地主、开发商和房产主、学生和老师等。如果我们逆向运用角色法则,去鼓动工人大罢工;发动农民斗地主,分浮财;鼓励开发商去占民房,抢土地;支持学生批斗老师;支持群众揪斗领导干部;社会将呈现出"十月革命"、"土地革命"和"文化大革命"时的社会动荡状况。当然,社会动荡有的具有正面进步意义,有的具有反面破坏意义。天才的革命家知道怎样发动民众,制造动乱后颠覆旧政权。角色法则的逆向运用,从反面证明了角色间的关系应该如何处理。

　　角色中生物体之间的关系也非常重要,处理不当会窒息生态体自身的活力,危及整体运行。中国社会在1956年"社会主义改造"之后,又在1957年发动"反右"运动,于1958年大搞"人民公社"和"大跃进",并在农、工、商、文、教、卫生等行业,全面实现了"社会主义计划经济体制"。在计划经济体制中,农民参加农业生产集体劳动,按出勤的劳力领取"工分"后再换口粮;工人在工厂劳动,按评级后的工资待遇每月领工资;干部和知识分子,均按各自的级别获得固定收入,人们不必去考虑如何竞争的问题。这个"计划经济体制"运行到1978年时,达到了"崩溃的边缘",不得不开始漫长的经济体制改革,至今已持续了三十几年。实行同样经济体制的苏联,在1991年彻底解体,分离出若干国家,分别开始了各自的经济和社会体制改革。前苏联共产党也由此沦为在野党。

　　凡经历过计划经济时代的人均了解,当时的政府,用以管理国民经济的机构非常庞大,体制也很完备,且十分严密,可以说是"角色"齐备了。但是,在计划经济体制中,并没有处理好角色中的人和企业的关系,没有能利用好市场机制,也没有设计出一个成功的优胜劣汰竞争机制,去调动作为生物体的人和企业的积极性。历史的教训值得借鉴。决策者应注意:不仅要处理好角色之间的关系,更主要的是处理好角色中的生物体之间的关系。

　　一个小故事引人深思。中国北方地区有个农民,又称"老乡",赶着一头毛驴驮着重物上山坡。快到山顶了,毛驴不肯走了。于是,老乡就用鞭子赶,毛驴不动。老乡又用缰绳牵,毛驴还是不动。最后,老乡想了个办法,用一把青草逗着喂驴,毛驴为了吃到青草,随着老乡上了山顶。故事中用鞭子赶毛驴代表威权和处罚方式,用缰绳牵毛驴代表用文化和道德方式,用一把青草逗着喂驴代表了市场和利益方式。

在人民公社时期的中国农民,用政治批斗和处罚,用政治说教和表彰,都不能让农民产生劳动的积极性。到了分田到户的大包干时期,农民从事生产劳动的积极性完全被调动起来,农业产量大幅攀升,各种食物供给非常丰富。同样的情况也发生在国有工业和商业企业股份化改造之后。经过改造或私有化的企业,大多数均由亏损转为赢利。事实证明,越能融合生物本性,越接近客观规律和自然生态规律的体制,越具有生命力。

三、维护公平竞争机制

人和企业作为生物体,适用于需要法则。为了生存需要、发展需要和自我实现需要,生物体具有内在的冲动,尽可能地占有生态资源,占有财富,不停地扩大和发展。马克思把它称之为"资本的贪婪本性"。事实上"贪婪"源自于生物体本性。在自然界中,生物都是具有扩大繁殖的倾向,但出于生态体内平衡的要求,这种扩大行为受到抑制。

中国历史上,因豪强聚集财富而去巧取豪夺,百姓受欺压被迫流离失所,由此引发社会动乱,最终改朝换代的例子不胜枚举:从秦代末年的陈胜、吴广,西汉末年的赤眉、绿林,东汉末年的黄巾起义,直到清末的太平天国运动。豪强坐大后会危害市场的公平竞争机制,进而危害社会。豪强一般均与官吏勾结在一起,可谓黑白两道通吃。重庆市于2009年的打黑运动,揪出了许多恶霸,像肉霸、鱼霸、车霸、沙霸、房霸,等等。这些人不仅手段恶劣,后果更恶劣。此种情况在全国各地均有存在,在许多地方甚至很严重。中国历代主政者均在不同程度上采取抑制豪强政策,反对土地过度集中。美国历史上,联邦调查局的打黑行动和联邦立法司法机构的反垄断行动,旨在保护市场和社会竞争机制通畅运行,给每个公民提供了均等的竞争机会。

中国要借鉴历史经验和国外的经验,在推进城镇化进程中不能贸然采取土地兼并政策。农业生产在效率,不在规模。特别在信息化和生物技术快速发展的今日社会中,西方的农场规模化经济将可能发生变化。中国不必照搬西方的模式。

竞争造成优胜劣汰,强者更强,弱者更弱。但作为控制"生态体"运行的政府,则应该维持"生态体"秩序,一方面抑制垄断的过度发展,保护平等竞争机制,另一方面又要救助被竞争淘汰下来的失业人员,保护弱势群体,想方设法地帮助他们获得竞争能力,给他们提供新的竞争机会,例如免费培训和免费学习等。

抑制豪强不等于劫富济贫。对取得合法合理收入的富人不但不能抑制,还要保护。美国前总统里根在回忆录中谈到他个人收入曾经达到了每挣 1 美元就要交 0.90 美元以上"累进税"的状况,在此制度下富人没有工作和奋斗的动力。里根总统认为,历史上每一个国家兴旺时,虽然税率低,但税收额大;而国家接近灭亡时,税率非常高,税收总额却很低。中国历史上也有"苛政猛于虎"的故事,不应该把富人吓走。可以设计出一个更合理的机制,例如允许富人把收入和财产在免税的情况下,放入一个自主管理的社会公益基金中,用于办学,使贫困家庭的子女能够改变命运,获得公平竞争的机会;用于奖励,使学者们、使新技术发明者们获得研究经费和工作动力。作为基金所有人和管理人的捐献者可以指定继承人和管理人,允许他们的子孙后代,作为管理人而获得工资报酬。当然,富人子孙支取工资还得照常纳税。这种办法可以让富人们根留本国,惠及子孙和国人,同时也可以让他们不必把资金全放到企业的扩张上去,给其他中小企业多留一些机会,维持市场公平竞争的机制。

　　破除行业和区域垄断,保护中小企业,帮助弱者,扶持新生事物,建立起在平等基础上的公平竞争机制,应该是执政的一项主要的政策,也应该是一项长期的政策。维护公平竞争是实现社会稳定和发展的前提与保障。

第五章　角色法则在经济领域的应用

　　对经济角色的分析,有助于理解复杂的经济往来关系,观察出经济体的内在联系和发展趋势。

　　经济角色与一般的社会角色有所区别。经济角色之间,主要表现为一种平行与对等的契约关系和交换关系。在经济角色之间,也充满了激烈的竞争关系。依据角色法则,把握住经济角色之间相互依存、相互制约、相互合作的关系,同时也处理好生物体在充当经济角色时的彼此竞争、优胜劣汰、高效发挥角色功能的关系,就可以比较容易地协调好经济运行,预测到未来的经济走向,探索出新的经济形态。

　　一、经济角色与经济关系

　　经济领域主要是以市场关系为主。生产者与消费者、服务提供者与消费者,是两组常见的角色对应关系。他们之间是本着平等互利、有价等偿的原则,实行商品(服务)与货币的交换。生产者是一个集合概念的角色，又可以具体地再区分出不同种类商品的不同生产者。服务提供者也如此，可以细分出交通服务、运输服务、医疗服务、旅游服务、金融类等各种服务。消费者也是集合概念，可以再细分。

作为充当商品生产者角色的企业，比如生产电冰箱的厂家有海尔、海信、西门子、LG、GE、Whirlpool，等等，他们彼此竞争，竞相提供高质量的产品和服务，提供有竞争力的价格，吸引消费者前去购买。在卖方市场情况下，消费者之间也相互竞争，出更高的价格把产品买下来。例如古董和二手货市场的拍卖性竞标。

在商品经营中，生产者和消费者的概念更多地放在生产供给与消费需求的范围内。消费者必须具有足够的支付能力才能进入商品市场。有支付能力的商品消费需要又称为"需求"，消费者在市场上购买和支付的行为角色又被称为"需求方"。市场上进行交易的另一方，又称为"供给方"，可以是商家或者是厂家。供给方在交易前，拥有被交易商品的所有权或支配权。交易完成后，商品的所有权或支配权转移到消费者手中。在当今社会中，"厂家"也不完全是产品真正的生产者，特别是在"贴牌生产"比较发达的时代，例如著名的戴尔电脑、惠普电脑、苹果手机等产品，均是由中国的"代工"企业组装的。

从较为抽象的经济学概念上，我们分出如表 5-1 所示的八个大类市场及其对应的角色关系。

表 5-1 所示的上市场机制中的角色关系非常明显。一般而言，卖方出让产品、服务、劳动力、技术、信息、能源和房屋，获得买方支付的货币资金。但资本市场有些例外，投资人和借贷人放出去的就是货币资金。投资资本的价格，是资本投资回报的利润（亏损）和溢价（损价）部分。投资资本撤出方式多样化，可能会有第三方来接手，以高出或低于原投资数额的价格来买走。此种由第三方支付的方式很多，例如医疗服务行业由保险公司付费，信息行业由广告公司付费，

等等。借贷资本比较容易理解,借贷资本的价格是利息率,贷款或债券要定期支付利息,到期后还要归还本金。房地产市场与普通商品市场不同,房地产具有投资性产品的特征,也受投资市场规律的支配。

表 5-1　八大类市场及其对应角色关系

市场＼角色	卖方角色　　买方角色
商品服务市场	商品供给方←→商品需求方 服务提供方←→服务需求方
资本市场	资本投资方←→公司或项目方 资本借贷方←→受贷方
人力资源市场	人力资源供给方←→人力资源需求方
大宗商品交易市场	农矿产品供给方←→农矿产品需求方
技术市场	技术出让方←→技术受让方
信息市场	信息供给方←→信息受用方
能源市场	能源供给方←→能源需求方
房屋地产市场	房屋售卖人←→房屋购买人 房屋出租人←→房屋承租人 土地出让人←→土地购买人 土地出租人←→土地承租人

二、经济角色与经济运行

1. 经济角色与经济运行机制

经济角色是经济生态体结构中,各功能性组成部分的具体表现方式。经济运行的客观规律,必须通过经济角色而发生作用。供给角色与需求角色之间的关系,往往体现出一种均衡对等关系。不同商品和服务的供应者,形成了不同的供应角色;而不同的需求者,又构成了与不同商品和服务的供应者相对应的需求角色。

商品交换实际上是角色之间的交换。即是供应者和需求者之间的交换,也是不同的供给角色与供给(生产)要素角色之间的交换。供给(生产)要素主要是指用于生产和服务过程中,所需投入的基本要素,包括劳动力、管理、技术、信息、土地和资本。供给(生产)要素在国民经济各部门中的配置和组合状况,形成了不同的产出能力,会导致国民经济结构性变化,造成国民经济结构上的平衡或失衡。供给(生产)要素在收入上的差别,也会造成支付能力(购买力)上的变化,从而引发需求结构的变化,最终体现在整体经济结构上失衡或平衡,也体现在经济总量上的失衡或平衡。

在自然生态体中,草地、森林、昆虫、食草动物、食肉动物、微生物等,均作为自然生态体的功能性组成部分发挥作用。如果一个生物种群因失去天敌而过度繁殖,就会造成生态失衡,例如蝗虫灾害。同样,在经济体中,一个生产部门的垄断或政策失调,造成了产品价格大幅攀升,便会冲击该经济体的其他部分,引发连锁性失衡反应。例如山西煤矿民营企业被迫退出生产,造成煤炭价格居高不下,引发电力企业亏损,电力供应紧张,迫使电价上扬,加剧了经济整体性通货膨胀。一个生产部门的过度投资,造成供应产能长期过剩,该生产部门的产品价格会不断下滑,形成全行业亏损或生产长期不振,如中国钢铁行业和化工行业的现状。所以,"经济角色间"的关系,直接与经济总量和经济结构的均衡相关联。

在"经济角色中",不同生产者或供应者之间如果缺乏竞争,导致效率低下,该国生产者便会在全球经济体范围内落后,就像生物种群退化后消失一样,最终也会被淘汰。前苏联的国有企业,在20世纪的90年代曾经历了这一过程。中国东北三省的国有企业,也经历大规模裁员和倒闭风潮。所以,"经济角色中"的关系,直接与行业整体效率相关联,也与供给(生产)要素与其他资源的配置相关联。

传统的劳动价值理论重视"经济角色中"关系的分析。把不同生产厂家用于生产同一种商品的"劳动",假定为在同一技术条件下,同样熟练程度的社会平均劳动。用该种抽象的劳动时间支出,来测定或计算商品的价值。而生态价值理论除关注"经济角色中"关系外,还关注"经济角色间"关系的分析,认为生态资源(包含各种生产要素)的有限性,生态资源在国民经济各部门中的合理分配,保持国民经济运行在结构上平衡,在总量上也平衡,同样是商品价值决定的基础,是商品价值规律作用的范围和作用的结果。对此,本书第十六章将做详细的说明。

2. 处理好经济角色关系

政府应该通过健全的机制和完整配套的经济政策,处理好"经济角色间"和"经济角色中"的关系。

市场经济最讲依法办事,最讲究职业伦理道德。作为市场经济生态体的监护人和协调人的政府,应该秉公执法,实现社会的公平正义。在这方面,发达国家好一些,发展中国家仍需着力改进。例如中国房屋土地上的"强买"情况就非常严重。城市居民和农村居民与开发单位之间很难遵循"平等互利,公平自愿,等价有偿"的法律原则实行交换。开发商往往与地方政府的某些部门和某些个人进行利益交易,又会通过各种渠道把"利益"输送到法院,再由法院无视国家法律强行介入,迫使城市居民把自己的房产以低于市场的价格,甚至无偿地转让给开发单位;强迫农村居民把宅基地和承包田低价或无偿地转让出去,硬行判决居民几天内搬离,把市场运作模式变成为封建社会中的那种"依附性施予"或者是"掠夺"模式,由此激化了社会矛盾,让城市居民没有居所,让农村居民丧失土地。中国的中央政府对此类现象比较重视,运用媒体力量公开揭露,予以抨击,希望唤起社会良知。一些规模较大的房地产公司,也会用优良示范作用,来带动房地产开发商的自律行为,逐渐改变社会风气。

这种发生在变革过程中的利益冲突,主要是角色定位不清造成的,是一种体制性原因。市场经济角色是一种平等、自由和互利的关系,而在中国历史上,特别在封建社会中,人与人之间是一种依附关系。实力小的人依附于实力大的人,听命于实力大的人,受制于实力大的人。在依附关系中,角色之间没有平等可言,给多给少是一种施予,要看被施予者的命运了。中国的一些中央政府部门、地方政府和"豪强"(特殊利益集团)们,还是经常地沿用封建社会那种利益勾结,徇私枉法,耍弄权术的方式办事,让老百姓无处去"讲理",不得不离乡背井,上访申冤。所以,中国政府提出要继续进行经济体制改革,还要进行政治体制改革。改革可以逐步理顺和处理好角色之间的关系,依法办事,维护社会经济生态秩序。这样,就可以促进经济繁荣,贸易活跃,人民富足,社会安定和谐,真正地获得一方净土。

政府应全力建立好,并维护好上述八大市场以及其他市场,保证它们能够正常运营。政府要充分发挥市场在资源配置,提高效率,促进新技术、新产品、新服务发展等方面的基础作用。

政府应降低以上市场准入的门槛,鼓励个人和民营企业,鼓励小型和微型企业进入这些行业,保证市场进出的通畅性,千方百计地让市场尽可能地充分竞争,实现优胜劣汰,并解决好被淘汰企业的债务问题和职工安置问题。政府要抑制行业垄断和过度兼并,要尽快地提出扶持小企业的一揽子政策,解决小企业融资难的问题。

三、主要角色将主导未来经济形态

我们正处于后工业化时期,但将要进入一个怎样的新时代呢?有人讲,社会将进入信息技术时代;也有人说,随着生物技术开发出来的新材料、新能源、新型农业、新医药,人类社会将进入生物技术时代;还有人提出,随着低碳和绿色经济的发展,人类将进入生态文明的时代。角色法则有一个原理,在生态体诸多角色中,会有一个主要角色,或者是成长出一个主要角色,该角色将主导未来的经济形态。

回顾人类以往的历史以及过去几十年中,哪些人拥有了社会财富?

一般而言,财富是为满足需求,经生产和供应过程,而产生和积累的物质和精神资料。在奴隶社会,生产力较为低下,产出能力主要是依靠集体协作的劳动者数量,占有奴隶即占有生产资料,因此也就占有了财富。在封建社会,生产劳动以个体农户和手工业者为主体,依靠劳动者个人的知识、经验和劳动积极性。由于生产者分散且庞大,所以谁占有土地等相对稀缺的生产资料资源,谁就拥有财富。在资本主义社会,生产依靠技术(设计技术和制造技术)、设备、管理和工人等生产要素的结合,以大批量、低成本、高质量为特征进行规模化生产,谁拥有资本,能将生产要素组合起来,谁就拥有财富。

现在,信息技术获得长足发展,新技术研发加快,产品生命周期大大缩短。生产方式由"专业化"和"大批量",改变成为"多样化"和"小批量"。那些占有了市场资源的营销企业,以"系统集成"和"品牌经营"为主,与专门从事"贴牌生产"的工厂之间的社会分工越来越明显。为其他企业代加工和代生产的"代工"工厂,已经逐渐演变成为社会生产的主要方式。因此,占有财富的主体将从生产资源拥有者,转向市场资源拥有者,诸如戴尔、苹果等公司。

在信息技术普及、自然资源匮乏和保护生态环境为特征的社会中,将形成经济上的生态主义,其中市场资源占据主导地位。在生态主义社会中,产品和服务的供应者将日益多样化和分散化。而这些众多分散的供应者,将通过特定市场地(marketplace),集中将产品提供给分散的且又众多的消费者。因而"市场地"占有者将会迅速聚集财富,成为社会主导的经济力量。诸如阿里巴巴、沃尔玛、国家电力(网)公司、商业银行、移动电话公司、石油公司、家乐福、Google 等直接拥有大量消费者和客户的企业,将在未来竞争中占有优势地位。一些大型公司正向外包加工转移,把重点转移到市场开发和市场资源的占有上。生态资源特别是市场资源的有限性质,将会导致人类社会形成一个漫长而稳定的新时代,也称"生态文明社会"。

第六章　生态体内系统

　　研究"生态体内系统",可以把"生态体法则"展现出来的组分、角色与结构关系,演变成为流程和循环的运动状态,将空间与时间有机结合起来,使得"理论"与复杂的现实社会更为接近。

在生态体结构中,功能性角色往往通过一个系统化的流程来发挥作用。流程中还有不同的作业环节,每个环节均需要不同的,更为具体的"小角色"来发挥作用,并保证系统流程的通畅与效率。无论在人体、公司、国家和自然等各个层次的生态体中,都可以发现这种"系统化的大角色",我们把它称之为"生态体内系统"(Eco-inner-system)。

一、生态体与生态系统

"生态体"(Eco-entity)与生态学中的"生态系统"(Ecosystem),属于不同研究领域中的不同范畴。因而"生态体内系统"(Eco-inner-system),与"生态系统"(Ecosystem)也有较大的差异性。

生态体(Eco-entity)与生态系统(Ecosystem)是两个不同研究领域中相似的概念。二者应用的领域不同,内涵和外延也不尽相同。生态体和生态资源学说主要应用在哲学和社会科学领域中。"生态体"在空间中的界限比较明确,且为半开放状态。而"生态系统"是生态学领域的一个主要结构和功能单位,系指由生物群落与无机环境构成的统一整体。"生态系统"一般都是开放系统。生态系统类型众多,可分为自然生态系统和人工生态系统。其中,自然生态系统还可进一步分为水域生态系统(例如海洋生态系统)和陆地生态系统(例如森林和草原生态系统);人工生态系统则可以分为农田、城市等生态系统。生态系统的范围可大可小,相互交错,最大的生态系统是生物圈。

生态体和生态资源学说,与生态学(Ecology)、生理学(Physiology)和生物学(Biology)有交叉接合之处。生态体的概念既是生态学、生理学和生物学的一般性研究成果在哲学和社会科学领域中的延伸和应用,也是哲学和社会科学自身的创新和发展。

二、生态体内系统

在生态体中,存在着不同的"生态体内系统"(Eco-inner-system)。这些生态体内系统,既独立运行,又彼此关联,构成了生态体整体统一的运行方式。对"生态体内系统"的分别研究和综合研究,有助于了解生态体的运行特点,认识生态体的运行规律。

1. 人体的生态体内系统

人体生态体内具有九大系统:运动系统、消化系统、呼吸系统、泌尿系统、生殖系统、内分泌系统、心血管系统、免疫系统和神经系统。

运动系统由骨、关节和骨骼肌组成。消化系统包括消化管和消化腺两大部分。呼吸系统由呼吸道、肺血管、肺和呼吸肌组成。泌尿系统由肾、输尿管、膀胱和尿道组成。生殖系统的功能是繁殖后代，男性生殖系统和女性生殖系统包括内生殖器和外生殖器两部分。内分泌系统是神经系统以外的一个重要的调节系统，包括弥散内分泌系统和固有内分泌系统，其功能是传递信息，参与调节机体新陈代谢、生长发育和生殖活动，维持机体内环境的稳定。心血管系统分布于人体各部位，是一套封闭的管道系统，心血管系统包括心脏、动脉、毛细血管和静脉，具有物质运输功能。免疫系统为机体提供有效的保护机制，防御传染性疾病，避免体内各系统的功能失常。神经系统有脑、脊髓以及附于脑脊髓的周围神经组织。神经系统是人体结构和功能最复杂的系统，由神经细胞组成，在体内起主导作用。

人体内的这些系统，既要保持系统自身的运行通畅和运行平衡，同时也要保持系统之间的运行平衡。系统内病变会导致系统运行障碍。例如，消化系统内的常见疾病有：肝胆疾病、腹泻、胃肠痉挛性腹泻、消化道溃疡、慢性肠胃炎、胃酸过多等。呼吸系统常见的疾病有：上呼吸道疾病（咽炎、鼻炎、感冒）、肺部疾病（肺炎、肺心病、肺结核）、支气管痉挛、呼吸衰竭（呼吸性碱中毒、呼吸性酸中毒），等等。另外，人体内有许多跨系统病因，或引发跨系统的综合性病症，致使人体整个健康状态失衡，从而导致系统内的疾病发生。

2. 公司的生态体内系统

公司因其所在行业和具体业务不同，内部管理系统的差别很大。一般而言，公司有销售系统、供应链系统、财务系统、人力资源系统、生产制造系统、研发系统，等等。每个系统内均与一系列管理过程相关联。例如：销售管理过程包括销售计划、销售策略、销售组织、销售指标、销售活动、客户关系、销售业绩管理等；供应链管理主要包括供货、运输、仓储、采购、库存等；财务管理包括预算、成本、分析、资金、簿记、税务等；人力资源管理主要包括员工的招聘、培训、使用、考核、激励、调整、辞退等；生产制造主要包括物料、加工、制造、外包、车间管理、品质管理等。

每个系统自身运行要平衡，系统之间也要达到运行平衡。物料的进出要平衡；人力资源的供需要平衡；生产、供应和销售之间也要平衡；资金更要平衡。所以，系统建立，系统运转，系统循环，以及系统之间综合地平衡，是生态体能得以正常运行的基本保证。

3. 国家的生态体内系统

健全的国家一般都拥有多套系统，来维持自身的运转。例如财政税收系统、司法执法系统、行政人事系统、金融系统、交通运输系统、能源供应系统、信息通讯系统、工业生产系统、农业生产系统、商业供应系统、卫生保健系统、教育系统、文化系统、外交系统、国防军事系统，等等。其中每个系统中，又可分出若干子系统。例如，金融系统中可分出银行系统、保险系统、证券交易系统等子系统；交通运输系统中又可分出公路运输系统、铁路运输系统、水上运输系统、航空运输系统等子系统；能源供应系统中可分出电力供应系统、天然气供应系统、燃油供应系统、煤炭供应系统等子系统。

国家生态体内系统的正常运行，直接关系到国家生态体的稳定。例如，司法执法系统能够健康地运行，就可以保证社会的公平正义得以实现，人民能够安居乐业，各种经济交往和文化交往活动秩序井然。如果金融系统能够正常运行，则物价稳定，企业能够获得适当的资金去运营和发展，因而社会就业人数也会得到稳定的增长；如果金融系统运营失常，则会物价飞涨，债务纠纷加剧，失业率攀升，银行坏账倍增，企业破产倒闭。此时，国家就不得不采取干预措施。例如美国2008年和2009年期间，由政府出面直接向AIG这家世界最大的保险公司和通用汽车公司（GM）注资，才挽救了这两家巨型公司。研究国家生态体内系统的运行和系统间运行的均衡性，可以了解国家政治和经济的运行机制，并有益于维护国家政治经济形势的稳定。

4. 地球生态体内系统

地球生态体具有多种循环系统，其中包括食物链系统、水循环系统、气态循环系统和沉积循环系统。

地球生态体中，各种绿色植物和细菌等，与依靠摄取其他生物为生的异养生物，通过捕食、寄生等关系构成的相互联系，被称作食物链系统，这是生态体中能量传递的重要方式。水循环系统是指大自然的水，通过蒸发、水汽（云、雾）输送、降水（雨、雪、冰雹等）、地表径流、水下（上）渗、植物蒸腾、地下径流等过程，在水圈、大气圈、岩石圈、生物圈中运行。水循环系统是地球生态体的主要系统和物质循环的必要条件之一。气态循环系统是各种元素，包括碳、氧、氮、氢等，以气态的形式在大气中循环，例如植物通过光合作用将大气中的二氧化碳转化为有机物并释放出氧气，植物与动物在获得有机物时，也把一部分二氧化碳通过呼吸排出，回到大气中。气态循环系统把大气和海洋紧密连接起来。沉积循环系统发生在岩石圈，各种有机物质和无机物质，包括硫、磷、碘、硅、碱等，以沉积物的形式，通过沉积物本身的分解作用，转化成生态体中的其他物质形式，或通过风化作用，进行循环。

地球生态体内系统，既要保持该系统内循环的平衡，例如各生物群落内种类和数量保持相对稳定，能量与物质的输入和输出基本相等，而且各循环系统之间也要保持一种动态平衡，例如气候变化对水循环系统、气态循环系统和食物链系统的综合影响。

生态体的平衡是生态体内各系统的结构和功能处于相对稳定和通畅，而各系统又相互适应的状态。生态体保持自身稳定的能力被称为生态体的自我调节能力。

三、新领域和新方向

"生态体内系统"(Eco-inner-system)为各门社会科学的研究,提供了新的领域、新的研究思路和新的研究方向。例如:对国家生态体而言,需要建立一套权力制衡的监察系统,预防决策失误,纠正工作偏差,处罚滥用职权和贪污腐败的行为。

社会上存在着的司法腐败和官员腐败,不但破坏了社会公平与正义,而且会引发社会动荡。司法腐败和官员腐败产生的原因很多,监察角色缺失,监察系统不健全是一个主要因素。

中国历史上自秦汉时代至明清时代,就具有行政、监察和军事三权分立的体制。在三公九卿制度中,丞相、御史大夫和太尉合称三公,三公并立。其中御史大夫直接对皇帝负责,可劾奏不法大臣,还可以奉诏收缚和审讯有罪官吏。隋唐改称御史台,设监察御史。明清废御史台,设都察院,设都御史和监察御史。《新唐书·百官志三》:"御史监察十五人,正八品以上。掌分察百僚,巡按州县,狱讼、军戎、祭祀、营作,太府出纳皆莅焉;知朝堂左右厢及百司纲目"。

中国现行的纪检、监察、信访、人代会和新闻等部门均属于事后监督,而且重点放在对人员违纪和违法案件的查办上。对各种专业性强和权力大的司法和行政部门,监察系统无法进行事前的专业指导、规范和警示,在过程中无法对这些部门的工作进行专业监控、检查和纠正,在事后也没有能够对这些司法行政部门的工作缺失和行为错误进行处罚。此外,纪检监察队伍目前还是由各级党委领导,受制于党委负责人,缺乏民意基础和舆论监督。监察人员社会地位低,职责和考核办法不明确,权威性差。因此他们难以化解社会矛盾,保障社会各方面和各系统的协调运行；无法真正成为人民的寄托和社会的依靠。目前纪检监察体系存在着分散性、无专业性、过程缺失性、职责不清性、无动力性、无民意监督性、无社会地位性，以及无宪法权威性等体制性问题。这些问题不解决，就不可能根本扭转腐败恶化的局面，也无法让国家的监察系统有效地发挥"免疫系统"的功能。

运用"科学发展观"对中国的监察和司法进行体制创新，建立一个新的国家监察系统，形成以人为本、全面、协调、可持续发展的机制，尊重人民主体地位，保障人民各项权益，调动各方面积极性，就可以实现国家的长治久安。

新的国家监察系统可以考虑结合检察院、监察部、中纪委和国家信访局的职能或部分职能，成立新的监察院。新的监察院拥有宪法赋予的权力，可以对国务院各部门（含公安、司法、国防）、各级政府、各级法院、各级检察机构、武警、军队总后勤部门的工作，实行事前规范和警示，事中检查、监控和纠正，事后处罚、查办和弹劾。

监察员（官）按专业领域设置，要选拔有专业素质、有经验、有品德、有民望、有奉献精神年富力强的人员，通过政治协商方式推选，或由人民群众直接（或间接）选举产生，代表国家和人民，对政府、法院、武警和军队总后勤部门实行专业性的监察。监察员采取任期制，国家和人民根据其工作绩效（例如对司法腐败和干部队伍腐败的治理效果，社会公平正义实现的效果，社会治安、环保和经济发展的情况等）来评价监察员的工作，决定其去留。监察人员受群众和公开舆论的监督。形成一个由体制内自身解决矛盾的机制，避免引发社会动荡。

为保证监察员能够充分行使职权，监察院应为监察员配备助手，将国家信访局和审计局划归监察院领导，并成立调查局（机构）。调查局采用专业化管理办法,不仅对投诉和查处的案件进行调查,也对官员申报的财产收入进行调查和掌控,并且经常进行各种民意调查和工作成效调查,为监察员工作提供依据。监察员应具有较高的社会地位和社会声誉,成为社会正义的化身,道德规范的楷模和忠于职守的表率,获得党和人民的全力支持。

以上仅就国家生态体的一个例子来说明,开展生态体内系统的研究,可以提供新的思路,提出新的方法。

对生态体内系统的独立研究,以及对生态体内跨系统的综合研究,可以形成很多成果。我们将在社会生态学说系列丛书中,在涉及宏观经济领域、管理领域、社会领域和国家领域的各卷中,广泛开发这些领域生态体内系统新的应用模式,并且沿着这一新的研究方向继续拓垦。

第七章　生态体运行的三个规律

　　生态体内的组分、角色和系统,在运行中要彼此协调,形成特定的动平衡关系。生态体的平衡远较力学平衡、化学平衡和社会关系平衡复杂。生态体运行的平衡规律、协衡规律和变衡规律,不仅揭示了在短时期内,对处于特定状态中生态体的平衡过程,还揭示了在较长时期内,生态体组分发生变化后的重新平衡过程。

一、对生态平衡的探求和理解

　　从常态上看,生态体以生物为主体,处于一个生机盎然、循环往复的运动过程中,具有一定的秩序和一种内在的平衡机制。
　　中国古代贤人和世界各国的智者,以及生活在我们之前的经济学家们,均对这种存在于自然和人类社会中的平衡机制进行了不懈的探索。两千多年前,老子就有非常精准的描述:"致虚极也,守静笃。万物并作,吾以观复。夫物云云,各复归其根,归根曰静。静曰复命,复命曰常。知常曰明。不知常,妄作凶。知常容,容乃公,公乃全,全乃天,天乃道,道乃久,没身不殆。"其意思应该是说:"思想探索,要达到极致。安守平衡(静),则掌握实质。当万物普遍兴起,我已经观察到它们的返还过程。自然万物纷繁众多,最终都要各自返回到它们的本原,这称之谓平衡(静)。平衡是运动(命)所归向。运动回归到平衡就是正常规律(常)。知道正常规律,就是明智。不知道正常规律,就是暗昧。茫然无知地去胡干,会遭到凶祸。懂得这一规律,就能包容一切。能包容一切就公道无私,公道无私合乎王道,合乎王道就能合乎天理自然,合乎天理自然就合乎道,合乎道就能长久,终其一生均会安然无恙。"

在现代科学的不同研究领域或学说中,对平衡的理解也各有不同:

在力学系统里,平衡是指惯性参照系内,物体受到几个力的作用,仍保持静止状态,或匀速直线运动状态,或绕轴匀速转动的状态,叫做物体处于平衡状态,简称物体的"平衡"。例如人造卫星在向心力与离心力达到某种平衡状态时,绕地球匀速转动。

化学平衡的建立是以可逆反应为前提的。可逆反应是指在同一条件下既能正向进行又能逆向进行的反应。绝大多数化学反应都具有可逆性,都可在不同程度上达到平衡。化学平衡则是指在宏观条件一定的可逆反应中,化学反应正逆反应速率相等,反应物和生成物各组分浓度不再改变的状态。根据勒夏特列原理,如一个已达平衡的系统被改变,该系统会随之改变来抗衡该改变。

一些社会科学的学说,把平衡理解为矛盾暂时的或相对的统一,或者是对立的两个方面、相关的几个方面在数量或质量上均等或大致均等。例如财务中的收支平衡;市场上某种商品在价格和供应量可变的情况下,供给与需求达成平衡,等等。在这种理解下,往往会认为:失衡是运动中的常态,是绝对的;而平衡则是相对静止的。

生态体的平衡远较物理平衡或化学平衡复杂。例如,对人体的生理平衡至今还在探求和研究过程中。

在生态环境中,运动中的失衡只是生态资源的运行表象,运动的实质是要达到平衡。平衡是运动的趋向,是运动的本质规律。老子发挥了这一思想,认为知道平衡规律的人,就可以包容一切,公道无私,合乎王道,顺应天理自然,而能长久无恙。孔子和他的后代子思继承这一思想,创立了中庸之道的学说,对中国社会的发展影响深远。

生态体的运行规律则是透过生态体中资源运行的现象,去把握生态体中资源运行的本质,掌握运行发展的趋向。规律是客观的,具有强制力。以下分别介绍生态体运行的三个规律:平衡规律、协衡规律和变衡规律。

二、生态体运行的平衡规律

生态体平衡规律(Eco-entity Balance Law)可以表述为:生态体中的各组分资源相互依存、相互制约,在限定条件中发挥特殊功能,保持一定比例、节奏、速率和效率,形成有序运动,具有整体性动平衡机制。

生态体运行的平衡规律有如下特征:

1. 整体性动平衡

平衡规律是从生态体整体上,相互关联上,在运动中,在有机协调机制中,实现平衡的过程和平衡的状态。所以,它与矛盾对立双方面关系中暂时的或相对的统一不同,它不是在长、短之间,左、右之间,快、慢之间,激进或保守之间,利益均衡中找到暂时的或相对的平衡关系,而是在更大范围内看待这些关系,从整体、全局、运动和机制性协调中把握平衡。

例如,就人体而言,科学界最新提出:平衡就是健康。反言之,当失去平衡,人就失去健康,变得不健康。健康是指人在身体、心理、社会适应能力方面的良好状态。由于受到外界各种因素的影响,造成人的身体疾病、心理失衡、社会适应能力下降,从而产生不健康的状况。这个平衡过程不是一成不变的,需要经常去调整和纠正。

就公司生态体而言,平衡并不仅仅体现在收支平衡上,而是要求整合和利用好公司的整体资源,处理好投资人、管理层、全体员工、公司客户、供应商、竞争对手、政府,以及社会等各方面的关系,从中找到该公司特定的平衡点,围绕着一个动平衡点来运营,而不管公司决策人是否发现或意识到这个动平衡关系点。

国家生态体也同样围绕着一个动平衡点来运行,须兼顾各种各样的内部和外部的"生态资源",包括其成员、组织系统、盟友和利益相关者,等等,同时也要不断地整合和开拓内外生态资源。

2. 平衡点沿矢量方向运动

在时间和空间中,生态资源运行平衡不再是一个静止的点,而是一个由点组成的矢量,随着时间和空间的推移而变化。如果矢量箭头向上,就形成了生态资源运动以螺旋向上方式,围绕着平衡矢量方向运行。如果矢量箭头向前,则出现生态资源运动以波浪方式,围绕平衡矢量向前而运行的特征。平衡点在空间和时间上的移动,从理论上可以看作为矢量,这是因为任何一条曲线,在无限细分情况下均可看成为一条直线。当然,在中期与长期时间里,平衡点的移动轨迹便要发生变化,我们将在协衡规律和变衡规律的内容中再行讨论。

图 7-1 中,矢量箭头线是平衡点运行轨迹,绕轴或沿轴向运行的不规则曲线,是生态体日常状态中运行的轨迹。

3. 沿矢量方向运动的周期性

在日常状态中,生态体的运行常常偏离平衡状态,或上、下浮动,

图 7-1　平衡点沿矢量方向移动

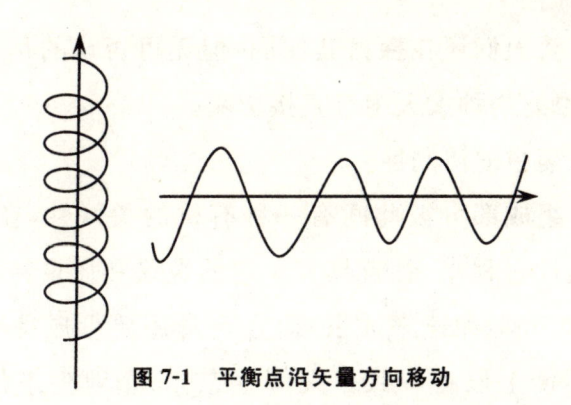

或左、右摇摆,或绕轴前行。但是,从平衡到不平衡,从不平衡回归到平衡是有周期的。换句话讲,从不平衡回归到平衡,需要一个过程和相应的时间。拿人体这一生态体来说,由于过于劳累,身体处于透支失衡状态,如果经休息和调整,几小时或几天后便可恢复过来,重新回归健康平衡状态。但如果是营养不良,就得补充营养,调整到平衡状态则需要几天或几个星期。如果是生一场大病,则调养周期更长,可能要几个月或更长时间。作为国家生态体也一样。中国在20世纪90年代初期形成了严重的通货膨胀和房地产泡沫,经济发展失衡。经过几年调整,包括解决"三角债"问题,职工"下岗"再就业问题,银行坏账等问题后,经济发展才重新回到正轨。在国家生态体中,由平衡到失衡,再由失衡到平衡一般均需几年的时间。而在世界市场或全球经济生态体中,贸易失衡、国际收支失衡也是一种常态,但平衡规律一定会产生作用,从平衡到失衡,然后由失衡再回归平衡至少要几年、十几年、甚至几十年。所以,因生态体的大小规模不同,运行特点和运行速度不同,由失衡到平衡,再由平衡到新的失衡的周期也不尽相同。作为生态体的平衡"向心力"一定会大于失衡"离心力",否则生态体就无法维持和存在,必然崩溃或重新建立。

在地球生态历史上发生了几次较大的物种灭绝事件。例如从三叠纪到白垩纪的恐龙时代,延续了1亿6千万年之久,然后突然恐龙全部消失。尽管人们还在探讨其原因,但无可否认的是,生态体的平衡被破坏,对恐龙物种大灭绝有直接影响。

4. 整体平衡中的协同性

生态体各组成部分彼此间有一种有机的关联性,在平衡规律发生作用时的运动过程中,各自具有一定的数量和质量特征,彼此间保持一定的比例、节奏和速率关系,而且自身还要形成特有的效率值,以便在整体平衡上取得一致。人体生态体、企业生态体、国家生态体、自然生态体都有这种特质。这是平衡规律作用的方式和作用的效果。如同打篮球一样,一个队伍五名球员,需要彼此协同才能发挥整体威力。球员个人不能只注重发挥个人效率而忽略了整体效率,失去了整体作战的协同性和平衡性。在组织系统中,如果一个人的表现过于强势,超出了他的地位或角色要求,便会有相反的作用力产生,让他归位或被撤换。反之,如果该组织部分机能过于弱化,效率过低,无法达到整体协同效能的要求,就会有替换的,或有补充的人员加入。这就是平衡规律的作用使然。所以,生态体平衡规律的表现方式与一般力学和化学中的平衡关系既有一致之处,又不尽相同。生态体主要由生命物质组成,其平衡和协同关系更为复杂,不能用简单数学和会计记账方式来确定。

5. 生态体平衡规律的量化表现方式

生态体处于平衡状态时,应该具有一系列量化指标、指数或其他数量表现方式所标定出来的区间范围,来鉴定或监控生态体运行的平衡与失衡,说明达到平衡的期望数值。不仅要有表明生态体各组分和各子系统应该具有的平衡期望数值和区间范围,还要有表明生态体各组分和各子系统之间的综合性平衡的期望数值和区间范围。量化的数值、指标和规范,有利于建立数学计算模型,也有利于在实践中准确地把握和控制生态体的平衡状态。

6. 生态体平衡规律作用方式具有差异性

不同的生态体其生态资源运行的平衡规律作用方式也不尽相同,这主要是由于其生态体中资源的组分和构成方式不一样。

7. 生态体平衡规律在时空上的限定性

生态体平衡规律一般在生态体短期运行过程中发挥作用。

三、生态体运行的协衡规律

生态体协衡规律(Eco-entity Co-balance Law)可以表述为:基于内生性原因或由外力作用结果,使得生态体中的一部分组分资源发生较大变化,影响了整体平衡时,其他组分资源的功能和运动速率等被迫调整,从而形成新的变向动平衡轨迹,但生态体的整体性平衡约束机制仍然有效。

如果把平衡规律中的平衡点看成是一个时空中的直线矢量移动点,那么当平衡点变向移动时,就形成了曲线轨迹。当这一曲线移动是在较大范围的约束条件下,按一定方式自由地或有规则地变动,我们称它为"生态体协衡规律",如图 7-2 所示。

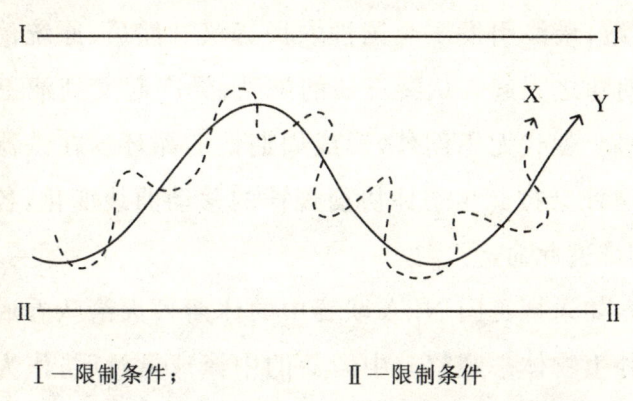

Ⅰ—限制条件; Ⅱ—限制条件
X—生态体日常形态运动轨迹;Y—平衡点曲线移动轨迹

图 7-2 平衡点按曲线轨迹移动

造成平衡点变向位移的原因很多,但至少有下述几点:

(1)具有特定角色作用的生态体部分组织,形成了趋向性的强化发展或弱化发展;

(2)生态体部分组织产生了异化或变异现象;

(3)对生态体中资源运行更具适应性的新成分出现了或发展壮大了,淘汰原组分或逐渐取代原组织成分;

(4)生态体中,部分或者大部分组织退化或老化;

(5)基于某种外力干预或干扰。

由于以上一种或几种原因,生态体平衡点发生了变向性位移或变化性位移运动。拿人体生态体做例子,在几个月或几天内人体内部的平衡点相差不大,基本处于一个直线矢量位移中,当婴儿成长为儿童,儿童成长为少年,少年成长为青年,过了30岁以后,人体部分器官开始衰退,例如听力、视力、生殖力衰退,等等,开始进入老化过程。在这个过程中,平衡点基本上是沿着一个由下逐渐上升到顶部,然后又从顶部下滑到底部的曲线在移动。

又例如,中国历史上从秦代到清代,在一个新时期上升过程中均不断发生豪强兼并土地,土豪劣绅与贪官污吏勾结起来欺压百姓,官场和社会同时腐败,最终引发了全国性农民起义。然后,原统治王朝被推翻,新的王朝随之兴起。从秦王朝的陈胜、吴广起义到清王朝的太平天国起义,每个朝代无不例外,形成周期性的循环。在铁器和农耕时代,中国封建社会按此生态体协衡规律的移动曲线变化,各个王朝兴起和灭亡均难逃此命运。

再例如,如果把美国 NBA 联赛中的休斯顿火箭队看成一个对内生态体、对外生物体来观察。中国籍的中锋球员姚明,作为球队的攻防核心,因跑动速度不快,但又具有篮下统治性的威力,球队的攻防平衡点就以姚明为中心,五名球员联合作战,围绕姚明核心这一平衡点进行,节奏较慢。一旦姚明因伤病停赛,或虽然姚明恢复后上场比赛,但作用已不如从前,而此时其他主力队员成熟起来,或有新的明星加入,休斯顿火箭队的攻防核心开始"位移"到其他人,于是球队的攻防节奏加快了,平衡点变向位移,离开姚明这个"平衡点",转到了其他"平衡点"。

从以上例子可以看出,当平衡点呈现出趋向性变向变化,但又没有超出较大的限制条件的范围时,平衡规律变成为协衡规律。

特别要指出,当失衡现象加剧,而且持续时间较以往更长,失衡反差更大,有可能是平衡点位移到协衡曲线的拐点上了。如图7-3所示。

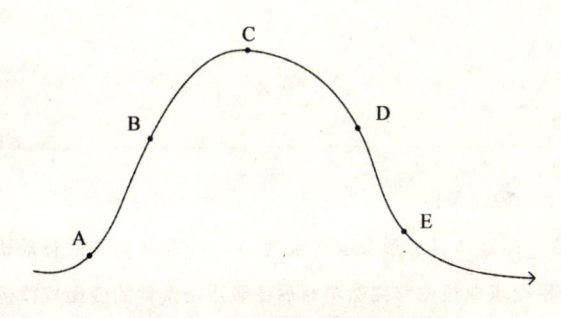

图7-3 协衡曲线的拐点示例

图7-3中所标的A、B、C、D、E均是拐点,在拐点处失衡现象较剧烈,且失衡时间也长,说明平衡点位移方向和速度将要发生重大变化,进入一个新的发展阶段。

生态体协衡规律与生态体平衡规律相比较,前者代表生态体在中期或长期内的运行规律。

四、生态体运行的变衡规律

生态体变衡规律(Eco-entity Re-balance Law)可以表述为:在外

界突发性的强力作用下,或因内生性突变,造成生态体平衡约束机制突然失效或持续性失效,迫使生态体各组分资源重新组合,在新的机制下达到新的平衡,形成了新的动平衡运动方向。

由于重大的突发事件、重大外力作用、遗传突变或重大内生性机制突变,造成平衡点曲线位移突然中断,形成了跳跃性突变,超出了生态体协衡规律的限制范围,如图7-4所示。

Ⅰ—限制条件;　　　　　　Ⅱ—限制条件

X—生态体日常形态运动轨迹;　Y—平衡点曲线移动轨迹

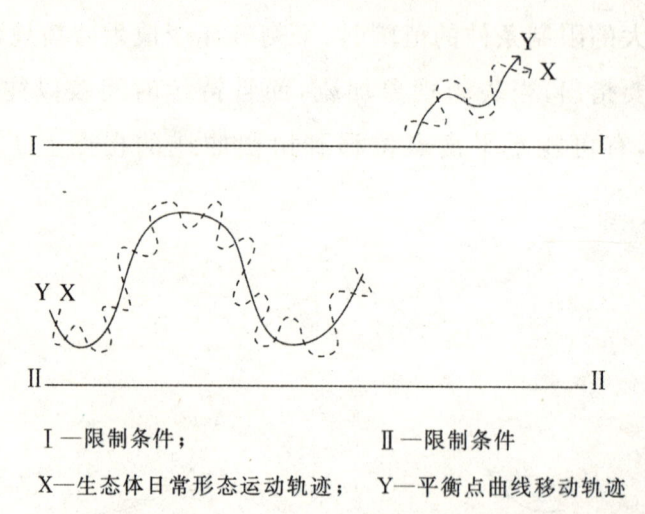

图7-4　平衡点曲线位移突然中断后突破限制条件的变衡规律运动方式

例如,1911年中国的清朝政府被推翻,封建时代的王朝更迭就此终止,结束了延续两千多年的封建社会。新兴资产阶级民主革命获得成功,民国政府建立,中国社会进入一个全新的发展时期。相应地,中国也开始从农耕经济社会逐渐步入工业产业社会,形成了一个跳跃性发展状况。中国社会在新的起点上,在新的条件下,开始了新的生态体平衡规律。这种平衡机制的完全改变亦称"变衡"。

另外,虽然平衡点曲线位移没有断裂和跳跃,但由于超出限制界限,形成了突破或突变状况,如图7-5所示。

Y曲线和与之相伴的X曲线均突破Ⅰ限制条件线,形成了新的上行通道。

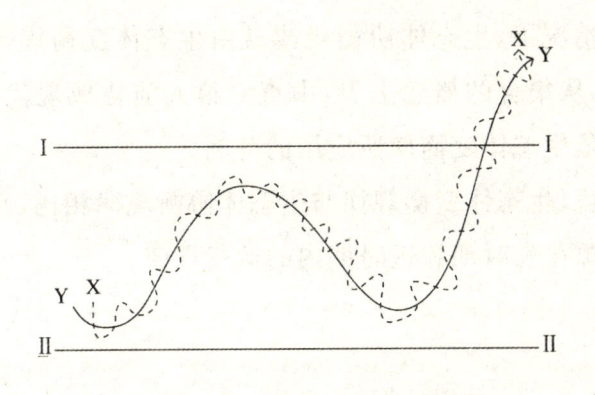

Ⅰ—限制条件； Ⅱ—限制条件

X—生态体日常形态运动轨迹； Y—平衡点曲线移动轨迹

图 7-5 平衡点曲线位移上行突破限制条件的变衡规律运动方式

在变衡规律发生作用的长期过程中,限制条件不能再看成是固定不变的常量。随着环境条件本身的改变,约束机制和约束条件要发生变化,平衡点位移也相应地改变,在长期和远期时间内,形成了平衡点运行轨迹与环境和条件等约束机制相应变化的总趋势。参见图 7-6。

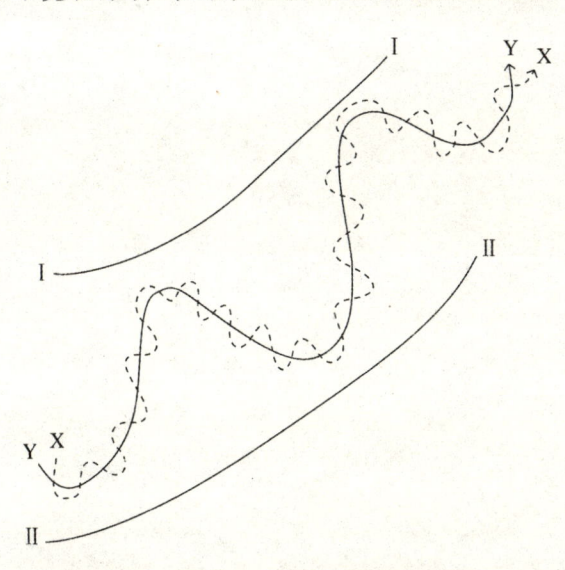

Ⅰ—限制条件； Ⅱ—限制条件

X—生态体日常形态运动轨迹； Y—平衡点曲线移动轨迹

图 7-6 限制条件变化情况下变衡规律运行方式的长期走向

在此种情况下,生态体协衡规律就由生态体变衡规律代替。在人体生态体中,从集合的概念上看,由直立猿人演化成现代人,其人体生态体变化就是生态体变衡律所应用的范围。

一般而言,生态体变衡规律与生态体协衡规律相比,它代表了生态体和生态资源在长时期和远时期内的运行规律。

第八章 生态体的运行机制

"生态体运行机制"的分析适用于各种生态体。把生态资源对生态体的影响,以及生态资源在生态体内的循环流转过程,简化出几个最基本的要素,考察它们之间相互关系和各种流程走向。同时,通过非稳定性型生态体分析,把生态体的内在循环和平衡机制与外在生物体式的拓展、增殖活动一并地结合起来,就可以了解现代国家的扩张活动以及世界经济的一体化过程。

任何一个生态体均有空间范围和时间延续,其内外在资源依照平衡规律、协衡规律或变衡规律运行。生态体不可能是完全封闭的,需要与外界发生资源流动。即使是地球生态体,也需要太阳光能和热能的输入才能维持自身的运行。但基于外界资源条件的稳定性和生态体内在机制特征,还是可以区分出稳定型生态体和非稳定型生态体的。通过对生态体外在资源条件和内在资源条件的分析,对生态体的运行机制的研究,可以看出生态体变化的基本趋向。根据生态体的客观变化趋势,就可以因势利导,提出政策和策略,指导实践活动。

一、稳定型生态体的运行机制

地球生态体是一个稳定型生态体,太阳光能的输入作为一个恒定因素,与生命所需要的空气和水构成了生物赖以生存的基本资源。各种生命物质在这个生态体中憩息生养,繁衍增殖,循环往复,形成自身的运行秩序。从一定地质或生物年代上看,地球生态体主要是在平衡规律和协衡规律中运行。

原始人类氏族部落,也是有这种稳定型生态体的特征。原始人类部落散居在广大空间范围内,各自都有较大的自然生存环境,加上各种生存条件较现代人类远为艰苦,与外界联系很少,部族人口生聚和发展非常缓慢。

中国封建社会自秦朝开始到清末辛亥革命结束,两千多年,发展缓慢,各个王朝兴起至衰落,周而往复,也是一个稳定型的生态体。中国封建社会自成体系,对外界依赖很少,也不具有对外扩张的机能和内在冲动。

稳定型生态体的资源运行机制可用图 8-1 表示。

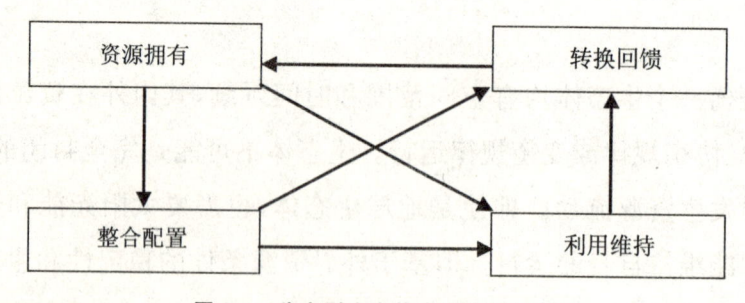

图 8-1　稳定型生态体资源运行机制

这是一个运行机制四方关联图,其中:
1. 资源拥有

资源拥有系指生态体自身内在各种资源,已占有的和能够驾驭的外在资源,以及由外部输入的各种资源。资源拥有是一个客观存在,法律上的所有权只是对这种自然存在的一种社会化界定。凡是能够通过各种方式输入的、自身拥有的、能够被驾驭的资源,均应视为资源拥有。

2. 整合配置

资源的利用一般需要一个整合与配置过程,特别是在人类生存的生态体中。在原始狩猎社会中,需要工具去获得猎物,石器和木器被开发出来。原始人类需要巢穴去遮风避雨,养育后代,于是洞穴被利用,或者地棚、房屋被开发与建筑。在农耕时代,需要耕种和收获的工具,所以铜器、铁器的冶炼和制作获得发展,使得农业社会有了长足进步。

当然有些资源也可以直接被利用,例如树上长的野果子可被直接食用。但资源的有限性和限定性,总是需要经过一个特定的整合和配置过程,才能将资源充分有效地利用。在自然生物界循环中,也可以发现这个整合配置过程的存在。

3. 利用维持

各种资源可以被利用或用于维持生命的生存和发展过程。例如猎取的野兽,肉可食用,皮可缝衣遮身避寒;驯服的兽类,可以持续用来维持人类的食源。农业发展种植的粮食可以用于人类自身需要和用作饲料,棉花可以被纺成纤维织布,等等。

在自然界生态环境中,草场可以被食草动物用来当作食物的来源和栖息繁衍之地。食草动物的发展又为食肉动物提供了食物。生态资源在这个利用过程中,维持了生命的运动。

4. 转换回馈

能量转换是生命物质的一个特质,生物不断地摄入各种营养物质,经新陈代谢后,一部分被排泄,一部分用以维持生命或转换为能量。生态体也是这种生命运动的集合。植物和动物,它们的兴起、衰败、逝去,其遗体、遗物或经微生物分化转换,成为新生命物质的生存条件,或经地质变迁转换成地下的有机矿藏,诸如煤炭、石油、天然气,等等。生命用不同方式回馈给自然,回馈给生态体,让生态体周而复始,生机盎然,平衡地运行。

从常规上看,稳定型生态体的运行机制按如下程序进行:

资源拥有→整合配置→利用维持→转换回馈→资源拥有

但是,其往往又跳跃,形成如下运行程序:

资源拥有→利用维持→转换回馈→资源拥有

资源拥有→整合配置→转换回馈→资源拥有

生态资源不同,生态体结构与内容不一样,运行时的特殊情况,均会表现为不同的运行方式和运行程序。

二、非稳定型生态体的运行机制

由于内在生态资源贫乏,外在输入性资源来源不稳定或有匮乏之虞,或者内在机制具有扩张和增殖性冲动,生态体就呈现出非稳定型状态。

历史上的游牧民族,栖水草而生,不停地变更牧场,当生存资源开始匮乏,便产生掠夺和自卫性战争。基于这种沿袭相传的天性,游牧民族具有强烈的扩张领地的内在冲动,以掠夺为荣,频频发起战争,表现出一个非稳定型的社会生态体状况。

当人类进入工业产业革命时代,由资本组成的各种公司组织,依靠不断地获取原料,不停顿地去占领市场,扩大销售额,来争取利润最大化。因而,资本具有不断积累和积聚,不断开发新市场的内在冲动。所以资本主义社会也呈现出一个非稳定型的社会形态。资本的输出和输入,国际市场的形成,各国之间的国际化分工带来的区域功能化,以及区域经济体的形成等活动,又造成经济全球一体化趋势。

中国社会自1840年鸦片战争以后,便始终处于内忧外患的社会动荡之中。辛亥革命推翻了清朝政府,中国发生了跳跃性变化,进入一个"变衡规律"起主导作用的发展时期。这个"变衡"时代至今仍然没有结束。中国社会,已经从封建社会稳定型生态体的社会形态中演化出来,进入了非稳定型生态体的社会形态。中国企业向外扩张,获取原料、能源和市场,是内在的客观规律使然。中华文化向世界扩散,也是一种大的发展趋势。今日的中国,已远非历史上的中国了。但是中国社会的这种"扩张"与"扩散"特征,与经济和文化(包括政治)全球化趋势是一致的,因而其本质是进步的,应该鼓励和引导。

人体生态体和公司生态体是比较典型的非稳定型生态体,现代国家也是非稳定型生态体。非稳定型生态资源运行机制图8-2所示。

```
┌────────┐        ┌────────┐
│资源拥有│◄──────►│开拓增殖│
└────────┘╲      ╱└────────┘
          ╲    ╱
           ╲  ╱
           ╱  ╲
          ╱    ╲
┌────────┐╱      ╲┌────────┐
│整合配置│◄──────►│利用维持│
└────────┘        └────────┘
```

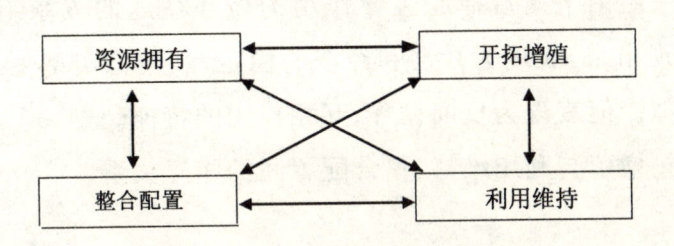

图 8-2 非稳定型生态体资源运行机制

从图8-2中可以看出,在非稳定型生态体的资源运行机制中,除了将图8-1中的"转换回馈"改为"开拓增殖"的机能部分,其他各部分机制之间的关系也具有反向作用的互动关系。

以人体生态体这种主要依靠输入资源来维持机体运行的生态体为例:食物和饮料通过消化系统整合吸收之后,进入血液循环,供全身器官、组织、细胞的需要和"利用";其中一部分以"糖原"和"体脂"方式储备起来,用以继续维持人体需要。营养经过转化,用以维持生长和生存,或者成为生物能量,用来拓展新的资源;另一部分转化为生殖功能,用来繁衍下一代,养育下一代。

非稳定型生态体对内保持生态体的资源运行的平衡机制,对外则具有生物体扩张、占有的冲动和本能,具有较强的竞争力和成长力。其内在的生态资源平衡规律与协衡规律,甚至变衡规律,交相出现。非稳定型生态体的更迭或更替的周期远较稳定型生态体为短,速度发展很快。可以从下面几组关系当中观察和分析到。

1. 资源拥有与整合配置、利用维持之间的相互关系

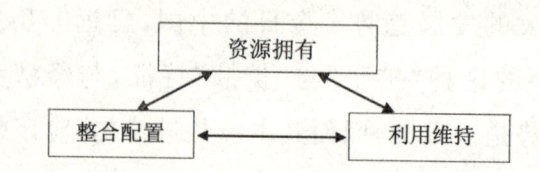

图 8-3 资源拥有与整合配置、利用维持之间的关系

这是一组由平衡规律起主导作用的循环往返的关系组合,在短时期内呈现出来,表现为社会和经济的稳定性,与稳定型生态体的运行机制相似。但表现为反向循环、互相作用的特征。

2. 开拓增殖与利用维持、整合配置间的相互关系

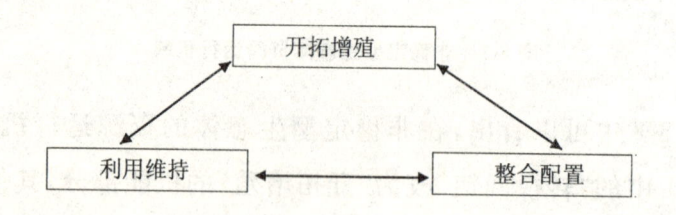

图 8-4 开拓增殖与利用维持、整合配置之间的关系

这是一组由生态资源协衡规律起主导作用的机制关系,在中、长时期内起支配作用。对资源的开拓,自身相应的增殖,以及与之相随的整合配置,成为这个时期的主导特征。生态资源不仅包括原料和

能源,也包括市场资源。每个发达资本主义国家都经历了这一个开拓与增殖的阶段。中国目前处于转型过程中,也脱离不了这个扩张性特征。这是生产力和生产关系发展的内在冲动和规律。虽然中国目前只是在海外大量购买原料和能源燃料,但很快就会进入到市场资源的争夺过程中,中国民族企业的崛起,将加速国内市场的争夺和世界范围国际市场的争夺。

3. 整合配置与资源拥有、开拓增殖之间的相互关系

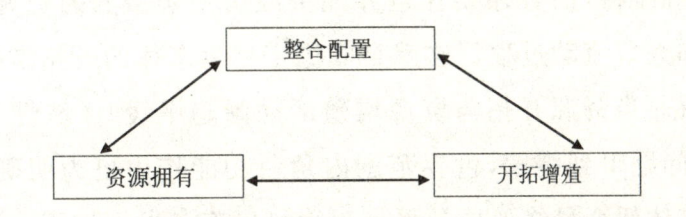

图 8-5 整合配置与资源拥有、开拓增殖之间的关系

这是一种不考虑利用和维持需要,以单纯占用资源和储备资源的运行模式。

历史上的西班牙、葡萄牙、英国、俄罗斯均是这种模式的典型代表。大量的占有土地和领海,然后宣布主权,增殖人口,并把移民迁往这些新增领土上。这种扩张办法具有生态资源变衡规律的特征。

当这些民族国家占据这一资源控制的先发优势,后来崛起的新兴工业化帝国就处于一种被动地位。发生在 20 世纪的两次世界大战,均由德国、日本和意大利这些后来兴起工业化的国家发动,挑战老牌工业化国家英国、法国、西班牙和俄罗斯等国。战争结果也宣示了生态资源的重要性和资源控制的先发优势。美国和日本等国家,目前还采用将本国资源储藏不用,专门进口外国资源的策略。

生态体中资源运行机制是客观的存在,无论在国家生态体、企业生态体,还是在个人生态体中,均存在着类似的机制。不同的生态体

和生态资源,运行机制的作用方式和平衡方式会不尽相同。

三、世界经济生态体的形成

由于资本主义社会经济快速发展和全球经济一体化趋势,一个世界范围内新的经济生态体正在形成之中。

经济全球一体化进程,不仅让生态资源在世界范围内整合、配置、利用和维持,而且还要让世界经济经历一场激烈的资源开拓、经济增长和人口流动过程。这就是非稳定型生态体的开拓增殖机能的作用结果。当资源开拓与资源增殖活动渐趋平缓,区域性分工更清晰,人口问题得到缓解,世界范围内角色功能作用更为明确时,世界经济生态体便会最终形成。平衡规律可以充分发挥作用。世界经济将从一个非稳定型生态体过渡到稳定型生态体,开始人类新的文明时期。世界经济成长将趋于缓慢,以种族或民族为特征的国家将逐渐融合,实现某种程度上的世界大同。

单就人口数量而言,发达国家的人口自然生殖力已趋平稳,甚至有下降趋势。而发展中国家或贫困地区的人口却仍然具有爆发性增长趋势。现在南亚国家、中南美洲国家、非洲国家均具有这个特征。中国沿海和城镇发达地区人口呈平稳和下降趋势,但内陆和偏远贫困地区人口却呈上升趋势。这一方面是由于非稳定型生态体的资源条件贫乏,造成了生态体内在防御性地增殖人口的原因,需要通过发展经济来解决;另一方面也需要各国政府协调,对人口出生予以控制,否则各国移民壁垒还会筑起,推迟了全球化进程。

全球经济生态体的形成并趋于稳定后,市场经济仍然存在,生态体法则,特别是角色法则仍然发挥着综合性作用,生态资源平衡规律和生态资源协衡规律的作用力量更为明显。这个新的"大同世界"具有生态社会的新特征,与共产主义社会理想中的"各尽所能,各取所需"将会不尽相同。生物体之间的竞争不会停止,优胜劣汰法则仍然有效,只是竞争机制更为合理,更加人道。

人类社会不仅要维持自身内部的平衡,还要保持与自然生态环境的平衡。"生态文明建设"是一条通向未来的必由之路。中华民族,特别是其中具有远见卓识的领导人和精英团队,将有可能成为这场新兴变革的主导力量之一。

第二篇　生・态・社・会

生态社会的产生是人类历史进化的必然。工业文明正在衰落，生态文明冉冉升起。

在自由资本主义制度下，市场经济处于粗放经营阶段。自由市场激发了人们的生存欲望和奋斗决心，唤醒了巨大的生产力，但也开始不断出现周期性的生产过剩经济危机。

在1929年世界性经济大危机之后，凯恩斯提出"有效需求不足"的经济学理论，认为政府应该干预经济运行，通过通货膨胀、赤字财政和福利国家政策，扩大社会的需求，以适应生产和供应的增长，世界从此进入政府主导宏观经济运行的资本主义时期。

以扩大总需求为特征的政府资本主义，在取得最初的成功后，很快陷入滞涨和债务危机的尴尬境况。现代历史已经多次并反复地证明：粗放管理的市场经济和单纯提高"有效需求"的方法，都无法解决人类生产能力无限扩张与有限的市场资源和自然资源之间不可调和的矛盾。特别是实行改革开放政策的"东亚巨龙"中国和"南亚巨象"印度，也以其庞大的身躯加入世界工业化进程后，资源的有限性和生产能力无限性之间的矛盾就会更为突出。

社会生态体缓慢运行，以其特有的方式，既提出变革要求，又提供了变革条件。社会生产方式已经在悄然改变，逐步形成了生态文明社会的经济基础。

本篇中第九章和第十章是第二版新增内容，将生态体理论研究运用到社会实践当中。第九章回顾工业文明历史，分析世界资本主义内在矛盾和当今社会变迁，指出构成生态文明社会基础的新型生产方式正在形成，新型生产关系已经萌生，全面的社会改革不可避免。

第十章的内容丰富，把生态体基础理论与社会变革相结合，具有较大的实用价值,可以被借鉴和参考,直接用来推动社会政治经济体制的全面改革。作者总结和概括了以往社会的主要形态与治理方式,率先提出了即将来临的"机治社会"(Supremacy of Organicist)的概念,提出以生态体学说为基础的"机理论"(Organicistic Theory),并较为详尽地研究了未来生态社会的治理办法和运行方式,为当前世界各国结合自身的情况,实施社会、经济、文化和政治的全面改革,提供了理论指南。

第九章　新世界与新思维

人们可曾意识到,当风光无限的欧美手机生产巨擘轰然倒下时,世界经济已跨入一个全新的时代?产业资本对经济的主导作用正在消失,资本主义赖以建立的基础已不复存在。生产方式的根本改变,将会引发生产关系的相应改变,最终导致社会制度的彻底变革。当下的重重危机和社会改进,必将催生出一个崭新的世界。

人类社会又进入一个重大变革时期,工业文明行将结束,生态文明正在到来。

公元2008年,世界性金融危机首先在美国爆发,继而蔓延至全球各地。各国政府立刻动用财政巨资,实施紧急抢救,暂时地稳住了局面,但是各种不良后果却随之发生了:通货膨胀在新兴国家骤然突起;欧洲主权国家债务危机绵延不绝;美国联邦政府和中国地方政府的债务尾大不掉;产品积压和产能过剩的滞胀风险越来越高。危机的浪潮一波推一波,一年又一年,远远超出以往的经历。人们开始意识到,全球资本主义经济体系正在衰落,整个世界行将发生重大转变。

公元2012年1月25日,瑞士东部小镇达沃斯迎来了漫天大雪,正值全球经济举步维艰之际,第42届世界经济论坛年会在那里举行。论坛主席施瓦布解释该年会主题时明确表示:资本主义的运行模式已经不能适应今天的世界;试图用过去的方式解决现在面临的问题,只会让我们走进死胡同;我们处于一个深刻变化的时代,迫切需要用新的思维方式来取代旧有的商业思维,我们需要摆脱单纯的危机应急管理,以新的模式取而代之。

置身于变革时代的动荡、痛苦与困惑之中,人们不禁要去探索:社会将朝向何方转变?当形形色色的"资本主义"和"社会主义"及其二者混合式经济作古之后,又会产生怎么样的社会经济形态呢?面对风云变幻的未来世界,人们正期待用新的思维,探寻新的社会经济运行模式,找到适合于当今社会的治理方式。

一、世界资本主义的发展历程

温故而知新。回顾世界资本主义三百多年来的历程,便会清晰地看到,今日的状况是如何形成的。

世界资本主义曾经历了三个主要发展阶段:(1)17世纪中叶至19世纪中叶的"自由资本主义"时期;(2)19世纪中叶至20世纪30年代的"垄断资本主义"时期;(3)20世纪30年代至21世纪初叶的"政府资本主义"时期,该时期又常被称为"福利国家制度"时期,或者"混合经济制度"(资本主义和社会主义混合式)时期。

在自由资本主义时期,手工业工场逐渐进化成机械化生产工厂。产业资本聘用劳动工人和技术人员,通过集中生产和分工协作方式,创造收入,实现利润。由于产业资本需要组合各种生产要素,投入的总成本较高,只有在产出量达到一定程度后,分摊到每个单位产品上的成本才能与出厂价持平,而之后,产出量越大,单位产品的成本就越低,利润率和利润额也就会双双增高。所以,产业资本从其诞生之日起,就具有不断扩大生产,降低成本,提高效率的本能和冲动。

自由资本主义时期,实行着一种自主交易、自由竞争和国际间自由贸易的社会制度。市场经济处于粗放经营阶段,企业之间弱肉强食,优胜劣败。自由市场激发了人们的生存欲望和奋斗决心,唤醒了巨大的生产力,但也开始出现周期性的生产过剩经济危机。工业资本的特有生产方式,使得其追求利润和扩大产能的内在冲动,经常与有限的市场需求之间发生冲突,因而导致经济危机不断地产生。生产方式和市场需求之间的矛盾,也引发企业间竞争加剧,促使资本向国外输出,寻求更多的海外市场,带动国家整体向外扩张,并实行殖民地统治。

自由市场经济实行丛林法则,各种大、中、小型企业混杂,无序竞争,任其自由地发展。无序竞争加快了资本的积累和积聚。自19世纪中叶起,通过价格联盟和商业联盟方式瓜分市场的垄断组织,如"卡特尔"和"辛迪加"开始逐渐形成,继而组织更为严密,垄断程度更高的"托拉斯"和"康采恩"等垄断寡头也不断地出现。垄断组织逐步控制了大部分的新兴行业和传统产业。

产业垄断窒息自由竞争,压缩了中小企业的生存空间,阻碍技术进步,破坏了市场机制。垄断组织的兴起,并没有使产业资本放慢扩张的速度。从1929年开始,整个世界经济,在追逐利润狂热中,还是陷入了大危机与大萧条之中。

经济大危机促进人们思考,英国经济学家凯恩斯于20世纪30年代间,提出"有效需求不足"的经济学理论,认为政府应该干预经济运行,通过通货膨胀、赤字财政、公共设施建设和福利国家政策,扩大社会的需求,以适应生产和供应的增长。以此为标志,资本主义从此进入以政府为主导的资本主义发展时期,即"资本主义和社会主义混合式经济"时期。此阶段我们亦称它为"政府资本主义"。

混合经济以美国的罗斯福新政为代表。在经历了第二次世界大战前的经济恢复时期、战争经济时期,及战后重新建设时期的黄金发展阶段后,混合经济很快变为强弩之末,呈现为一种"透支"式发展方式。为了保证"有效需求"能够随生产供应同步增长,消费信贷不断泛滥,居民透支了未来收入,储蓄存款下降,债务大幅攀升;政府则实行大规模赤字财政,透支了子孙们将来可能交纳的税收,再把国有土地提前出卖掉,换取当下财政进项,透支了未来的公共财产收入;而为了维持高能耗和高消费式的"有效需求",人类社会又透支自然资源和自然环境。福利国家政策使整个社会发展都被提前透支或预支了,再也难以为继。

20世纪70年代末,世界经济在经济停滞和通货膨胀中迎来了"改革"。英国首相撒切尔夫人和美国总统里根,双双开始向自由市场经济回归,把国有资产私有化,消减政府福利计划,降低税收,同时又大幅增加国防预算,并采纳货币学派的主张,控制住通货膨胀,市场经济开始好转。但是"改革"后的财政赤字仍然严重,透支式消费趋势不但没被遏制,反而越演越烈。与此同时,中国开始放弃"社会主义大锅饭制度",推行改革和开放,实行市场经济和国有企业民营化,生产能力快速扩张,并向世界市场大量出口。俄罗斯随之也放弃社会主义计划经济,开始了向自由市场经济过渡的大规模社会变革。

以里根—撒切尔为代表的新经济政策,部分地修正了福利国家制度,虽然产生一定效果,但也只是混合经济发展过程中,在特定时期采取的特殊对策,并没有改变以政府为主导,使用透支方式发展经济的基本模式。当美国总统乔治·W.布什于2001年主政后,试图邯郸学步,仿效里根总统当年的做法,结果非但不佳,而且还是"很差",联邦负债在他的任期内上升了近80%,由此引发了2008年的世界金融危机。这个危机目前仍在蔓延之中,随时可引发更深层次的危机,把世界经济进一步拖入泥潭。

很明显,资本主义经济的发展已经到了临界点,任何企图回归过去,或者采用旧式思维,通过修修补补方式改变现状的努力,都将无济于事。

二、资本主义社会的内在矛盾

资本主义萌发于工业企业的变革,形成了以产业资本为主导的生产方式和社会形态。从资本主义历史沿革中,很容易发现一个贯穿始终的基本矛盾:生产方式的无限扩张性与市场需求的有限性之间的矛盾。这个矛盾与资本主义社会如影随形,体现在每一个发展阶段上。

工业资本的生产方式的起点,首先在于生产要素的组合。换句话说,要把土地、劳动者、管理团队、生产技术、信息和资金组合起来,通过建设或租赁厂房,购置设备,采购原辅材料,保障能源动力等等方式,才能开始循环性的生产过程。由于固定资产在单位产品上的分摊成本的原因,以及各种生产要素成本上扬的原因,例如劳动力价格和土地成本上涨,工业资本必须通过生产效率的不断提高,商品产量大幅增长的保证,才能使单位产品的成本下降,从而获取更多利润。

但是另一方面,市场经济的起点却在于需求。市场交换取决于供需双方面的各自意愿,是供应和需求双方利益达成一致的体现。消费者只对符合自身需要的产品支付货币。而工业资本企业,也只有将商品销售出去，获取货币收入后，才能实现利润，才能支付劳动工资和其他生产要素的回报费用。

显而易见，资本主义生产组织方式，与反映市场需求的交换方式和货币流转方式，二者之间的作用方向正好相反，经常发生冲突，造成产品积压和产能过剩。产业资本扩大产量的单方面要求和愿望，往往受制于市场需求，受制于市场规模、消费者人数、消费方式和支付能力等需求方面的因素。

到了垄断资本主义时期，上述基本矛盾不但没有消失，反而因为垄断的形成，产生了一个新的矛盾：无序竞争与市场机制的矛盾。垄断组织是无序竞争的产物。垄断歪曲了价格形成机制，破坏市场机制对经济的自行调节作用。垄断使经济活力降低，资源配置效率下降或者越发不合理，由此造成社会贫富差距拉大，各种矛盾激化，民粹思想盛行，政治风云动荡，军事战争不可避免。在垄断资本主义期间，垄断组织的扩大产能和追逐利润的内在动能，随着垄断组织之间在世界范围内的争夺，反而进一步加剧。生产过剩的经济危机与世界战争，在劫难逃。

到了"政府资本主义"时期，政府通过大规模公用设施建设开支、国防军事开支、基础科学研究开支、公共义务教育开支、医疗和劳动保障开支、社会救助开支和养老开支等方式，通过其他扩大社会总需求的方式，来满足产业资本提高生产效率和扩张产能的需要。政府资本主义在一定时期内，运用转移支付的办法，缩小贫富差距，提高社会总体收入，促进医疗教育事业的发展，确实缓解了社会矛盾，推动社会进步。但是，"政府资本主义"仍然没有解决资本主义生产方式与市场需求之间的基本矛盾，同时又带来了一个新的矛盾：国家干预与市场调节之间的矛盾。

政府通过货币政策和财政税收政策干预经济，在很大程度上破坏了市场自身的调节机制和调节功能。政府大规模的开支，往往误导了市场，企业被人为制造出来的需求所迷惑，会不停地扩大自身产能。可是，盲目扩大的生产力，最终还是要受到政府财政收入的限制和市场需求的限制，会受到客观经济规律的惩罚。此外，通货膨胀的恶果有目共睹，市场调节功能会因此而失效。所以在政府资本主义时期，经济危机和衰退不但没有终止，而且还增加了，又产生了许多新的危机：包括通货膨胀和经济衰退的并发症——"滞胀"，以及当前正在发生的各种"政府债务危机"，还有迟早要发生的"货币金融危机"。

美国金融危机起始于"次贷"危机，而"次贷"危机的主要推手是住房社会补助政策和对低收入群体的购房信贷政策。美国政府控制的两个大型住房信贷公司，房利美（Fannie Mae）和房地美（Freddie Mac），专门经营此类房贷后，又将这些"次贷"打包成"有毒"的债券，放到金融市场上去坑害世界投资人。加拿大政府不推行这种社会福利式房屋贷款政策，严格遵循市场规律，按通行规则办事，所以幸免于难。欧洲许多国家实行社会主义式的高福利、高保障和高工资政策，人们追求享受，懒惰于工作，把整个国家变成旅游度假的胜地，吃喝享受的天堂。所以整个国家财政入不敷出，寅吃卯粮，靠此生活的人们也失去经济来源。

政府资本主义在取得初期的成功后，有些飘飘然，以为靠政府意志可以左右国家乃至世界的经济运行。实际情况是：使用透支未来的办法，去支撑眼下的发展，终将会难以为继。欧洲目前正陷入主权国家债务危机。美国的联邦财政的债务总额，已经超过了其年国内生产总值GDP的规模。日本中央财政的债务总额是其GDP的200％以上。如果一个国家的年财政收入主要用于支付债务利息，更遑论归还债务本金，该国家的财政和货币体系还能维持多久呢？世界资本主义已经是再衰三竭了。国家干预与市场自主调节之间的冲突也越演越烈。

综上所述,世界资本主义以产业资本为主导,发展到今日,共形成三个基本矛盾:生产方式与市场需求的矛盾;无序竞争与市场机制的矛盾;国家干预与市场调节的矛盾。这三大矛盾交叉作用,把世界经济推进到当下的重重危机之中。

三、社会形态的根本变革

从人类社会的历史进程中可以看到:一种旧式社会形态的灭亡,并不完全取决于自身的矛盾和危机,因为社会生态体总会找到再平衡的方式。封建社会和资本主义社会的发展历程,已经多次证明了这一点。只有在生产方式和生产关系发生根本变革的情况下,旧有的社会形态才会灭亡,新的社会形态才会产生。

生活在今天的人们非常幸运,可以亲眼目睹到:一个全新的生产方式正在形成,并且,与之相适应的新型生产关系,也在萌芽欲发。

1. 生产方式正在发生根本变革

自20世纪90年代以来,新兴产业开始摆脱传统经营模式,把产品的工业生产和部分研发工作分包出去,逐渐组建起全球供应链。著名品牌的产品供应企业,放弃了自产自销的经营方式,把公司主要资源集中到产品的营销、研发和销售业务上,集中到客户资源或市场资源的经营上,因此取得了巨大成功。

以美国的苹果公司为例,苹果公司在20世纪七八十年代,主要采用自己生产组装计算机的方式运营,在激烈竞争中被边缘化,公司业务每况愈下,濒临破产。到了20世纪90年代中期,苹果公司把原公司创始人史蒂夫·乔布斯请回来,开始对公司的经营体系进行彻底改革。苹果公司加强软件开发、新产品研发和系统集成;利用亚洲和欧洲地区的电子元件,把产品总装外包到中国厂家;同时又建立互联网上的音乐下载零售商店和属于自身的产品零售店,着力经营消费者资源。苹果公司因此获取了巨大利润,股票市值一度跃居全球首位。其他计算机公司,诸如戴尔公司、惠普公司等,也采用同样模式,把产品外包到中国生产和装配。而那些固守传统生产方式的行业和企业,例如诺基亚手机公司和摩托罗拉手机公司,以及日本的一些电器公司,则每况愈下。因为这些企业,虽然拥有高效率的生产线和巨大的产能,但受制于自身销售能力,又无法适应市场需求的快速变化,不得不退败给那些专做营销和销售的企业,以及那些与之配合的,专做接订单生产,为各家营销公司服务的"代工企业"。

以工业生产为主导的资本主义生产方式,正在悄然改变。社会和经济发展的主导权,开始转移到市场资源拥有者——营销和销售企业的手中。这直接意味着:世界资本主义赖以存在的基础——产业资本的主导地位,正在逐步消失。

传统生产方式和产品经营的起点,是从人员招聘和原辅材料的采购开始,经大规模生产后,再通过广告宣传和营销推广,通过自身的销售渠道,把产成品销售出去。这一模式已经落后。在信息技术高速发展的推动下,新兴的经营模式则是从满足客户或消费者需求开始,围绕着订单组织生产,再将产成品订单分解开,按全球供应链一层一层地传到生产供应链的上游。这种生产方式,要求工厂场地和设施尽可能多功能化,能够同时生产不同产品,并且要求库存量减小,产出速度加快,物流供应更为及时。

以市场需求为起点的新型生产方式,是一个具有革命性和根本性的变化。以需求策动或拉动生产,与价值规律的作用方向和货币的流向相一致,解决了资本主义最基本的矛盾——生产方式与市场需求之间的矛盾。

从这个意义上讲,在新型生产方式中,政府通过货币政策和财政税收政策,通过大规模开支的办法拉动需求,已经无存在的必要,政府资本主义式的"国家干预",将会逐步退出历史舞台。当然,垄断组织与市场机制之间的矛盾仍然会继续存在。所以,社会需要采取一定的干预措施,逐步形成有秩序的市场竞争。"有序竞争"和"整体协衡",这一新型的市场运行方式,会使垄断和市场之间的矛盾得到缓解和控制。本书第十章中,将对此有较为详细的说明。

2. 新型生产关系处于萌芽状态

生产方式的改变,必将导致生产关系的相应变革。生态资源的有限性,特别是市场资源的有限性,使得企业间的竞争更加激烈。为了争夺市场,满足消费者多样化需求,产品更新换代的速度不断加快。而随着技术进步的频率加快,市场需求又开始向多样化和个性化方面改变。产品供应转向"小批量"和"多品种"方式,逐渐取代了传统式大规模的生产方式,因而维持庞大生产供应组织将越来越困难。企业发现,在新的经营环境中很难再维持原有的庞大组织体系,必须随之改变,把许多职能性的工作外包出去,利用社会资源更为经济合理。研发可以外包,产品生产可以外包,仓储保管和物流配送可以外包,销售可以外包,人力资源也可以外包,财务、金融和报税还可以外包,就连行政管理也可以外包。外包服务是一个主要趋势,既然现有的业务量不足以支撑这些部门和人员,让他们独立出去,能够同时为其他客户服务,就会使得为本公司服务的分摊成本大大地降低;或者,把这些部门和人员裁减掉,直接从市场上购买其他专业服务,价格又低,质量又高,对企业而言,则更为经济合算。企业的大部分职能部门逐渐分离出去,采用市场机制和社会化分工方式协作,彼此都要面对多个客户,不仅提高了各自的效率,而且省去了领导协调关系的烦恼,也免去了原企业内部各部门间的"扯皮"和摩擦。变革后分离出来的每个人或部门,都需要在竞争中生存,自己养活自己,由此"劳资关系"则会完全改善。外包服务不仅减轻企业负担,缩小了企业的规模,更主要的是,它根本性地改变了劳动者与雇主的关系。劳动者在市场竞争之中,向企业提供商业服务或产品,双方变成供应商和客户的关系了,改变了传统的雇佣关系。企业不再购买劳动者的人身自由和劳动时间,而是购买劳动者的工作成果。劳动者也没有必要为工资报酬,为人事关系,为考核评价,为部门间的摩擦而苦恼了。双方借助市场机制,对公认的效率支付公平的报酬。与此同时,生产或供应要素的交换市场,例如劳动力市场、信息市场和资本市场,也将从传统的雇佣关系或直接买卖关系,向提供服务或承包工作方向转化和过渡,逐渐与商品和服务市场融合在一起。新型生产关系将呈现出一种供应网络化的社会生态状况,采取以针对性地满足某种具体需求为诉求,来组织供应,按订单进行生产。这样,能够避免过度地投资与生产,克服生产与消费之间的矛盾,实现供给与需求的直接对接与平衡。因此,未来经济不必再由政府殚精竭虑,透支未来,去保证当下的经济增长了。政府与大型企业一样,均面临着剥离职能,精简机构,逐步转型,重新定位。全面性的社会经济体制改革不可避免,它体现了时代进步,符合社会发展的要求。

目前世界上运行中的各种"经济体制",很难真正地体现公平自由的竞争原则。辛勤劳作的人被课以重税,公共服务部门的员工不必辛劳,却享受终身高额报酬和福利。希腊深陷国家债务危机,克服了重重障碍后,才可打破百年惯例,勉强裁减几千名政府公务人员,以平众愤。中国的垄断行业就业人员,其人数仅占全国从业人口的8%,但他们领取的工资报酬却占全国薪酬总额的55%。分配制度的不公平,源自于社会治理和运行机制方面的深层原因。为适应信息社会和生态文明社会的需要,人类已别无选择,必须采取具有精确制导功效的"整体协衡"和"有序竞争"运行方式,才能在自然资源、自然环境、市场资源、经济发展和社会进步之间达成协调一致,真正地取得人与自然之间的平衡,实现社会供给与需求在总量上和结构上的全面平衡。人类社会不得不寻求一个全新的社会经济运行模式。

整个生产关系的改变是一个渐进过程,还会有新的矛盾产生,但是这个趋势已经形成,会由萌芽而破土而出。当新的生产方式和生产关系逐渐发育成熟,世界资本主义将会终结,新的经济和社会形态将会出现。

四、全面改革需要新思维

在本章结束之前,再简单讨论几个问题,以飨读者。

1. 姓"资"或姓"社"的讨论,已成昨日黄花

世界资本主义陷入重重危机,引来各方的热议。一种流行观点是:社会主义将可能取代资本主义。

为此,不妨先回顾一下"社会主义"的历史。世界上有过近百种不同的社会主义理论和模式。社会主义最初作为一种思潮,与资本主义相伴而生,是对社会不良状况的反思和批判。该思想曾被运用到从农业社会向工业社会过渡中的前苏联和"中国的计划经济时期",形成了独特的社会经济形态。由于众所周知的原因,那些"时代"已经结束了。这种过渡时期的社会主义经济制度,在当前的朝鲜和古巴两个国家,仍然"硕果仅存"。其他"社会主义国家和制度",诸如希特勒时代的"国家社会主义工人党"运动和国家体制、印度尼赫鲁总理及其后几任政府时期的社会主义国家制度,都已灭亡和消失了。最成功的"社会主义",就是以北欧国家和大部分欧盟国家为代表的混合经济体制,即一种特定形式的"政府资本主义"社会形态。

那种由先贤构想的,完全消除商品和货币,全部实行按劳分配的社会主义制度,从来没有实现过,以后也难以实现。因为在人类历史长河中,一个完整社会形态和历史时期的形成,必须有与之相适应的生产力水平、生产方式和生产关系。不是靠阶级斗争就可以生成新兴生产力,进而建设成一个全新社会形态的。

中国共产党在自身发展过程中,摆脱了"本本主义"和"左倾思想"的干扰,认定"实践是检验真理的唯一标准",不再进行姓"资"或姓"社"的无谓讨论,全心全意地去发展经济,实实在在地为社会大众谋福祉。

中国的当代精英们被赋予历史使命,须为中国人民开辟一条,既要符合自身历史和现状,又能通向未来的通衢大道。

2.过渡之路仍然艰险

生产方式的社会组织化和市场网络化,与经济发展的全球化,是未来经济的主要特征。2008年发生的世界性金融危机是一个转折点,它标志着世界已经进入后资本主义时代,开始向未来经济社会逐步过渡。

过渡之路异常艰难。美国政府为了削减财政赤字,两派政治势力尖锐对立;地方政府官员为保障自身利益,甚至上街游行,不愿"自废武功";占领华尔街运动波及全球,又演变成占领华盛顿的政治运动。希腊民众为保持社会福利,发生骚动,抬着棺材游行。法国人民为阻止政府延缓退休年龄,以及其他诉求,举行全国性大罢工。英国举行大罢工,造成公交系统瘫痪,社会随之又发生严重暴乱。

可以想见,各国政府要想从过去数十年来一直实行的国家干预政策中退出来,大规模消减各方面的开支,仍有很大难度,会触及各种利益集团的神经,引发激烈的政治斗争和角力。亚洲国家也不例外。

从过渡进程上看,各国因历史和自身状况不同,会有很大差异。美国社会具有悠久的自治传统,人民崇尚企业家的开拓和创新精神,应该较其他国家先行一步。欧洲社会对福利依存度较高,各国财政不统一,需要分别处理,再行组合,进程缓慢一些。

中国仍然处于工业化过程中,传统产业规模大,经营模式较为落后,且又作为"世界工厂",更容易形成生产过剩的危机。同时,中国已经建立了社会福利体系,还拥有世界上最为庞大的政府组织机构和管制体系。所以中国将面临着:传统的生产过剩危机和新式的政府债务危机,双方面或双重性的考验。

中国的产能过剩,与传统工业资本追求利润的冲动还不尽相同。国有企业的利润很少交给国家或分给股民。国有企业的经营者总是会找到各种理由,通过各种渠道的疏通,把这些"利润"再投资出去,从产能扩张中,实现经营者期待的"自我价值"展示,也不排除私下完成的"转移支付"情况。如果再由国家出面,实行大规模建设,土地调拨使用宽松,那么,"投资"运行过程就更为顺畅了。当然,引发"投资冲动"还有其他原因,每个项目的具体情况会有所不同,不能一概而论。毋庸置疑,这种中国式的特有"投资冲动",不仅加深了生产过剩危机,还会引发财政和社会危机,使过渡之路更为艰难,对全面改革形成巨大挑战。中国社会改革的剧烈程度,当会比肩欧洲和美国。另外,中国还要额外地支付,对民主政治方面"补课"上的"学费"。

应该看到,中国人民具有较为坚强的韧性,拥有较大的改革冲击承受力。只要理论正确,制度良好,领导得力,精英们献身,中国社会改革一定会渡过急流险滩,到达成功彼岸。

3. 全方位改革需要新思维

信息技术使人类社会日趋紧密地联系在一起。生物技术、新能源、新材料和环境保护等新兴产业的快速发展,将人类社会经济活动与生态环境结成一体。在当今时代,资源、社会、经济、文化、政治和环境之间密切相关,社会内在的组分结构和运行系统之间互为条件,均受制于资源和环境,改革必须全方位地进行,必须实行整体性设计。

新世界带来新视角,新视角产生新思维。世界各国只有在新思维引领下,才有可能成功地进行各自的"整体设计",从后工业化时代过渡到生态文明社会之中。

第十章 生态社会的治理与运行

当发展中国家还在为从农业文明向工业文明过渡而苦苦奋斗,为"人治"还是"法治"众说纷纭时,世界已开始进入生态文明社会。发达国家同样面临着社会经济与政治体制变革的重大挑战。世界将朝向何方呢?本章把生态体理论体系运用到当今社会,与历史变迁的分析相结合,对即将来临的"生态社会",率先提出适合于其治理和运行的完整模式。新世界带来新思想,也迎来新机遇!

人类社会自产生以来,经历了各种发展阶段,产生了不同的社会形态,及其相应的治理方式和运行方式。

社会组织形态是第二层次的生态体,是社会生态理论的主要研究对象。将生物体法则、生态体法则、生态体内系统和生态体的运行规律,运用到社会发展研究领域中去,就能够了解以往社会形态的特点,观察到正在来临的生态社会特征,并可以借此预见到生态社会的治理方式与运行方式。

一、礼治、法治与"机治"

在经历了漫长的狩猎采集生活和原始部落形态之后,人类社会经历了农业文明时期及与之相适应的"礼治"社会,又经历了工业文明时期及与之相适应的"法治"社会,现在正步入生态文明时期及与之相适应的"机治"社会。

1. 礼治社会

在有史可查,上溯五千年历史中,人类主要从事农业上的耕作、种植、养殖、捕鱼和放牧等生产活动,以及从事其他与生产和生活相关的建筑、手工业、艺术和文化活动。期间,社会治理组织逐渐发达起来,形成了以农业文明为基础的"礼治社会"。

礼治社会是以统治者的意志和所主张的意识形态为主导,以人身依附和权力依附为基本特征,通过思想控制、组织控制和行为控制的方式,实现统治或管制的一种社会治理和运行形态。

礼治社会呈现出一个由上至下,多层次权力控制的金字塔形状。居于金字塔顶端,统治整个社会的往往是一个人或一个家族。这个人可以称之为"天子"、"法老"、"皇帝"、"国王"、"大汗"、"苏丹",或者称之为"元首"、"委员长"、"主席"、"首相",等等。最高统治者的意志,往往主导着整个社会的行政、立法和司法体制的运行。

礼治社会有赖于精神崇拜、思想信仰、理念信奉,以及其他礼治的授权来源,包括迷信、神权、崇拜、敬畏、恐惧、传统、伦理、道德和行为规范等等。如果把礼治社会比作一个渔网,那么将精神与思想制导的这个"纲"(渔网的纲绳)举起来,严密的组织系统和行为管理控制的"目"(渔网的各个网线连接点和网孔),才能一并举起或张开,正所谓"纲举目张"。只有"名正",才能"言顺"。有了统一的思想,才便于统一地指挥,然后,才可以真正做到统一的行动。古今中外,凡是能够稳定运行的礼治社会,概莫如此。

"礼"最初就是祭祀天地、祖先和上帝,以示敬意的仪式。古人认为,只有履行这样的仪式,才能得到神明的赐福和保佑。所以,"礼"一开始就和神权、族权紧密联系,并含有行为规范的意义。

从史料记载中可以看到,在中国的西周时期,"礼"发展成一整套以维护宗法等级制为核心的礼制。"宗法"即以血缘为纽带调整家族内部关系,维护家长、族长的统治地位和世袭特权的行为规范。把宗法制度和国家行政组织直接结合起来,任命和分封自己的亲属担任各级官吏,并世袭下去,形成了以"小宗"服从"大宗"的宗法等级制,从而利用族权来巩固政权。"周礼"涉及政治、经济、军事、教育、行政、司法、宗教、祭祀、婚姻、家庭、伦理和道德等各个方面,内容非常庞杂。《礼记·曲礼上》说:"道德仁义,非礼不成;教训正俗,非礼不备;分争辩讼,非礼不决;君臣上下、父子兄弟,非礼不定;宦学事师,非礼不亲;班朝治军、莅官行法,非礼威严不行;祷祠祭祀、供给鬼神,非礼不诚不庄。"总之,所有一切都必须以礼为准绳。"礼不下庶人,刑不上大夫"是西周礼治的基本特征。礼所赋予各级贵族的世袭特权,平民和奴隶一律不予享受。平民和奴隶毫无权利,却必须承担礼所加给的各种义务。在贵族内部也因等级不同而待遇各异。西周的礼治社会,等级非常森严,"天有十日,人有十等""名位不同,礼亦异数"。这就是后来儒家学派的始创人孔子,以西周社会为典型,所概括的"为国以礼"的礼治。

自孔子之后,中国的礼治从"神权"过渡到"君权"。国家统治者以"忠、孝"思想立国,要求人臣和子民完全效忠国君,同时还要求子女遵从父亲,妻子遵从丈夫,把社会关系归纳为"三纲"和"五常",即:君为臣纲、父为子纲、夫为妻纲;以及仁、义、礼、智、信,这"五常",并逐步将之经典化,终于成为指导封建立法和司法的礼教。"礼义廉耻,国之四维,四维不张,国乃灭亡。"礼作为四维之首,关系着国家命运。"礼之所去,刑之所取,失礼则入刑,相为表里",礼已成整个封建法制的基本特征。

历史上,礼治社会在欧洲、非洲和亚洲地区,无论以统一帝国或城邦领地的形式,或是以政教合一的宗教国家的形式,还是采取思想主义专政国家的体制,尽管形态万千,但其社会治理的主导方式和基本特征仍然趋于一致。前"苏联"于1918年至1990年期间,从农业社会向工业化社会过渡,曾经建立起来的"苏维埃"政权和计划经济体制,是一种"礼治社会"形态。当前世界上一些地区,特别是在中东地区和非洲地区,仍然存在着各种各样的礼治社会形态或半礼治社会形态的国家。

礼治社会主要依靠武装力量来维系国家政权。可是,单纯的军事独裁统治,却不会形成礼治社会。军事独裁只是特例,不能构成一个完整的人类社会形态,正所谓:马上可以夺天下,马上不能治天下。即依靠军事力量可以夺取天下,但不能依靠军事力量去治理天下。

中国曾经实行过的计划经济体制,包括人民公社经济体制,也不外是一种特定的,由农业社会向工业社会演变中的,具有理想特征的"礼治社会"。中国目前正处于从"礼治社会"向"法治社会"的过渡过程中,实行着"具有中国特色的社会主义"。

礼治社会有赖当政者的贤明。在勤政爱民执政者的努力下,社会可以保持较长时期的太平繁荣。但是,礼治社会禁锢了人们的思想,阻碍人员的流动,降低社会进步速度;礼治社会决策权力集中,对市场反应慢,资源配置效率低;礼治社会所特有的权势依附,助长了贪污腐败和糜烂之风,容易引发大规模社会动荡,造成政权不正常和无规则的更替。随着工业文明和市场经济的发展,礼治社会终归要让位于法治社会。

2. 法治社会

17世纪中叶,英国工场手工业日趋兴盛,工业产业资本逐渐代替商业资本,在社会经济中占据重要地位,英国成为当时整个世界工业最发达的国家。随着蒸汽机的发明,英国引领的工业革命迅速扩展到其他国家,工业工厂成为生产的主要形式。人类社会从此进入工业文明时代。同时,整个社会的治理形态,也由"礼治社会"逐步地过渡到"法治社会"。

法治社会与市场经济相伴相生。新兴资产阶级以自由人的身份经营工厂(工场),当然希望能聘用到摆脱人身依附的自由劳工,能在市场上自由地交易商品,进行公平的竞争。新兴资产阶级对封建等级制度也提出挑战,提出"天授人权"的政治理念,要求以平等身份分享政治权利。所以,法治社会的形成,得益于现实中存在的某种权力平衡,得益于统治者无力集中起绝对的权力,以及因此出现的多元的权力结构。

"法治社会"是以社会主体成员公认的基本法律原则和程序为主导,以公民人身自由和公民权力平等为特征,通过自主行为、互惠有偿、权责明确和违法惩处的方式,实现管理与控制的一种社会治理和运行形态。

在礼制社会中,法律制度体现了统治者的意志和主张。在法治社会中,法律来自多数人民的联合意志,是主体公共意志的表现。宪法规定了人民的基本权利,也规定了国家权力行使的范围和方式,把政府职权、民主选举和政治运作都纳入法律轨道,防止权力滥用。法治的基本原则是任何组织和个人都不能超越法律之上,都必须受法律的约束,执政党也不例外。在法治社会中,政权的轮换与更替,一般均采取民主政治抉择办法,通过程序化和制度化的方式予以完成。

法治社会保障公民人身自由,包括工作、迁徙、居住、结婚、生育、言论、集会、游行、结社等方面的自由;也保护公民的基本权利,包括私有财产所有权和处置权、受教育权、投资权和受益权,以及各种法律规定的其他民事权利。

在法治社会中,家族和宗法等级关系淡漠了,人和人之间平等相待,互惠有偿,权利和义务对等,每个成年人作为独立的法律行为主体,均对个人的行为结果承担责任,违法要受到惩罚和处置。法律必须为所有的个人提供同等的保护,而不是只保护社会中的某个团体。

法治社会源自市场经济的高度发展,法治又为市场提供了政治上和法律上的保护,进一步哺育市场经济。法治社会保障公民的自由参与权,保护市场上合法交易者的自由交易权和财产所有权,提供了交易活动的准则和交易纠纷的解决机制,并且提供了稳定的社会政治和商业环境,能够促进市场经济的发展。法治社会将决策权分散,有利于提高效率,有利于资源的合理配置。法治社会使人们摆脱了人身依附和权势依附,每个人都需要面对生存竞争,有利于激发人的内在潜力,使之更具进取心和创造力,整个社会呈现出较大的活力。所以,实行法治的国家,比实行礼治或半礼治的国家具有更强大的社会竞争力和国家综合实力。

但是,法治社会也有自身的缺陷,法治一般只保证公民基本权利的平等,不能保证竞争地位的平等。由于人们能力不一样,拥有的社会资源和经济资源不一样,加之竞争结果的差异,很容易造成社会的两极分化,财富逐渐集中在少数人手中,引发各种社会、经济和政治问题。较之礼治社会充分的组织控制和行为控制,法治社会只注重对行为结果进行事后控制的方式,也容易造成社会和经济运行中的上下大波动,形成监狱人满为患,经济衰退和危机并存的局面,就像美国当今的情形一样。另外,法治社会均与民主选举制度相结合,为了当选,政治家就要取悦选民,左右逢源,造成政府财政入不敷出的状况。以美国的选举政治为例,减税政策可以获得富人、中产阶级、企业家和部分自由职业者的拥护;而增加财政支出政策,又能获得政府雇员、教师、工会组织和成员、低收入阶层和少数族裔的支持。如此一来,政府收入减少,开支却无法削减,甚至还得增加,国家债务因此大幅攀升。所以,民主选举政治和单纯的社会福利政策,造成当今美国的联邦政府、地方政府和欧洲各个发达国家的政府债务危机,并伴之不断的游行示威和街头暴力。这不仅仅是资本主义或是社会主义式的经济运行结果,也是法治社会和民主政治的不良作用结果。

随着社会不断地进步,随着信息技术、生物技术、环保技术和资源再生技术的快速发展,一个新的社会形态已经开始在法治社会的母体中孕育,有待于十月怀胎,一朝分娩。

3. 机治社会

自20世纪90年代以来,互联网技术迅速发展,数字通信和信息传导技术,不仅普及到工业、农业、交通、物流、金融、商业服务等经济领域,而且还渗透到文化艺术领域和社会生活的各个方面。生物技术也在不停顿地开发和拓展,在可预见的将来,会掀起新一轮技术潮流,带动经济实现快速发展。环境保护技术和资源再生技术的进步,已经分别带动了这些新兴产业的发展,将人类社会与自然生态环境紧密连接在一起。人类社会已经开始从后工业时代,步入全新的生态文明时期。生态文明将催生一个新的社会形态——机治社会。

"机治社会"(Supremacy of Organicist)是以自然规律和社会运行规律为主导,以平等竞争和自由竞争为特征,通过激励引导、有序竞争和整体协衡的方式,实现治理的一种社会运行形态。

如果说礼治社会主要是依靠武装力量做后盾,帮助统治者占据统治地位,并且采用自身的意志和所主张的意识形态,去主导和控制整个社会;法治社会主要是依靠公民契约和公众选票来获得统治地位,并用效忠宪法,维护公民自由和平等权利的方式,推行自己的政治理念,实现社会治理;那么"机治社会"则主要依据能符合自然规律和社会规律发展需要的要件,来选择社会领导人,领导人要保证并维护公民竞争地位的平等和竞争选择的自由,在此基础上推行施政办法,实现社会的全面协调、整体平衡和可持续发展。

礼治、法治和机治,这三种不同的社会形态,与三种文明相契合,是人类处于不同发展时期的必然选择。每个社会形态需要具备必要的和与之相适应的物质与文化条件,每个社会形态又是对前一个社会形态的进步和补充。

随着人类开始迈入生态文明时期,对一个新社会形态的期待与研究也将开始。如何认知"自然规律和社会运行的内在规律"?如何保障"公民的竞争平等和竞争自由"?如何理解"激励引导、有序竞争和整体协衡"?这不仅仅是理论研究课题,也是当今社会实践已经提出来,需要马上实行的变革要求。

二、生态体的"机理论"

要理解和认识人类处于生态文明中的机治社会,需借助生态体学说,以及由该学说自然推衍出来的"机理论"(Organicistic Theory)。

"机"(Organicist)主要指:社会生态体的整体构成和范围,内在组分、功能及它们之间的联系和作用关系,整体与系统和角色的运行方式。

"机"与"机治社会"是相互联系,而又不尽相同的概念,就如同"法"与"法治"之间的关系一样。我们把"机"看成是对自然规律和社会规律的认识、理解、把握和运用。按上述定义,我们又可把"机"分成三个方面的内容来理解：

第一，机体——社会生态体的整体构成和范围。即从整体角度，理解社会的构造、组成(内在成分或组分)、关联方式以及存在的条件与环境。每个生态体都有自身的存在条件和环境，其内在的资源与构成组分也不尽相同，其历史沿革和发展阶段也有所区别。所以，要从特定生态体研究入手，再找到具有普遍意义或长期指导意义的规律。例如，美国源自于几百年前新大陆的发现和之后的欧洲移民，再经独立战争与西部开发，最终形成了今日美国这一独特生态体的疆土、经济、政治体制和文化传统。而中国则处于亚洲大陆东部，沿太平洋西岸，有五千年历史，人口众多，在经历一百多年的衰落后重新崛起，正在探寻适当的发展途径和模式，追赶世界上其他发达国家。我们要先分别探求这两个国家生态体各自特定的存在范围、社会结构、历史沿革以及发展规律，然后，再找到它们共同的发展规律。

第二，机能——内在组分、功能及其之间的联系和作用关系。我们把机能又分成系统机能和角色机能两种。系统也是一个"大角色"，系统承担着生态体内的特定角色分工，通过特定的流程或循环流程，来实现其机能，对此称之为"系统机能"。但是系统中又有若干"小角色"，在系统运行中各司其职，彼此合作，系统中的这些角色，或者是系统外独立的角色，依据其分工和角色要求而发挥的作用，称之为"角色机能"。为了便于理解，先以人体生态为例，人体中的消化系统承担着食物消化与营养吸收的功能，从嘴到肛门是一个完整流程。其中牙齿咀嚼，舌头搅拌，唾液润滑，胃和肠道分别蠕动、消化与吸收，最后经大肠到肛门排泄。在消化系统中，牙齿、舌头、胃和肠，各自均发挥着"角色"机能。而人体中的血液循环系统具有营养配送和代谢功能，其中，以心脏、主动脉、分动脉、毛细血管、分静脉和主静脉等功能性"角色"组成，实现循环式的运行流程。再以社会生态体为例,食物供应系统承担着满足人们食物消费需要的功能,该系统由土地、化肥农药供应、农机生产供应、灌溉设施建设、农业生产、农产品收购、仓储运输、食品加工(初加工、粗加工、精加工)、市场交易、商业供应、餐饮服务等环节组成,每个生产和供应环节均扮演着特定的"角色",发挥着特定的功能。社会生态体中的金融系统,则呈现为一个循环流程系统,流程中有各种特定角色,货币在其中发行和回笼,支付和收入。同样的例子在工业、交通、司法、通信、卫生、教育、文化等社会生态系统中均可以看到。

需要指出,即使是同样的"角色",因处于不同生态体或社会形态中,其功能也有所不同。在金字塔式的礼治社会架构里行政官员的权力角色与法治社会中官员的权力角色大相径庭,前者更像"主人",而后者更像"仆人";而在扁平式的法治社会架构中,立法者和法官,又较礼治社会中的"同行",更具权威性。所以,无论是"系统功能",还是"角色功能",均与"机体"相关,受制于"机体",为机体整体运行发挥着特殊和特定的功能。

第三,机制——整体与系统和角色的运行方式。机制是把生态体内系统和各个角色联系起来,使它们能协调运行,以此而发挥作用的过程和运作方式。机制源自于生态体、系统功能和角色功能,是它们的具体运行方式,但是,机制又反过来作用于角色、系统和生态体,影响它们,甚至改变它们。机制可以使"功能"得以优化,或者使"功能"弱化和退化。机制运行结果,可以让生态体稳定、健康、平衡,也可让生态体衰败、溃败、崩溃或消亡。所以,机制既是开端,也是过程,同时还是结果。以"商品市场"为例,这是一个很有效的资源配置机制和经济调节机制。但是,市场机制又会造成经济衰退、经济危机或金融危机,并造成对社会和政治的连锁反应,形成负面冲击。又例如,国家的行政管理体制和相应的运行机制,可以调动有效资源,建设大项目,促进社会经济发展,但又会使经济活动失去活力和效率,最终在全球化竞争过程中落伍,被淘汰出局,就像前苏联一样。

对客观存在的机制、机能和机体,进行认真地分析、研究与描述,从而得出具有客观内在性和规律性的理论成果,可以把它们称之为"机理"。把这些理论成果运用到社会实践中,依据"机理"这一自然和社会规律,建立起适合于这个特定生态体运行的架构、系统、角色等,形成符合客观规律的运行机制,可以称之为"机建"。"机理"的实现过程,是从机制研究入手,最终理解和认识了整个生态体。"机建"的实现过程,是从机体的整体构成和联系方式入手,先确定体制,明确系统功能和角色功能,才可以建立起所需要的机制运行方式和运行结果。例如,为了预防腐败,就要先从机理研究入手,了解社会"免疫"的原理,然后再建立"免疫系统"式的完整体制,以及能够激发官员的竞争精神,保持行政活力,实现新陈代谢和预防腐败的运行机制。又如,为了尊重体制,发挥中国人民代表大会的立法监督和主要人事监督的功能,就应该让行政官员和司法官员们不再担任人民代表大会的代表,不能既当运动员,又当裁判员,否则"人代会"就失去了应有的功能,无法在立法层面和主要人事任免层面上,形成对权力制约和制衡的运行机制。

在以"机"为主导的社会中,"礼"和"法"作为"机"的外化表现形式而存在。"礼"虽然仍表现为体制、道德、伦理、传统、惯例和规则等方式,却反映了"机"的内容和要求,就像"礼"在礼治社会中反映着统治者意志和意识,在法治社会反映着宪法和民主一样。而"法"在机治社会中,则是根据"机"的要求制定出来的,用来维护"机"的结构关系和"机"的运行机制,而不是根据"普世价值观念"制定出来的。法治社会通过民主选举方式来确定政府主要人选和未来政策走向,多数人民的意志可以在选举政治中获得体现,这也比较符合生态体的平衡规律与协衡规律。所以民主选举形式仍然可以在机治社会中被采用。但是,机治社会的选举应该避免群体利益的单纯诉求和偏好,而更多地关注社会生态总体运行的平衡与协调。政府的政策不应该由政治家来制定,不能被当选的利益所左右,不能为了讨好各方选民而透支政府财政和社会可持续发展的未来资金。公共政策应该由"大脑细胞"的思考与"全身细胞"的体验和认知相结合,依据客观规律来制定,再由"神经系统"来执行,而不是简单地凭着感觉和冲动来决策。政府组织要更加职能化,成为执行公共政策和为公众利益服务的系统角色,就像人体的中枢神经系统一样。而"大脑细胞"应该由有专长的社会成员通过竞争方式来担当。公共政策的制定与评价,以及政府官员执行政策的行为和表现,则需要另外的监督系统来制衡,保障社会生态运行和自然生态运行的和谐一致。

礼治社会是以统治权力运作为中心的,所以那些握有统治权力的官员们或僧侣们,主导着整个社会。在目前的法治社会中,人们崇尚基本的法律原理,崇尚诸如"人权"、"自由"、"平等"这些"普世"价值观念。法治社会从基本价值观念出发,经过对法理的演绎,建立了法治社会生态体的架构与体制。法治社会以立法、执法和司法为中心,所以立法议员、执法行政当局的政治家和司法系统的法官,具有社会的主导性作用。

在机治社会中,人们遵循自然规律和社会规律,主张社会架构和社会体制应符合生态体运行的特定要求;主张以符合客观规律的新机制代替只靠自发运行的社会和市场旧机制。机治社会以客观规律为主导,所以科学家,社会机制构建者、执行者和机制运行的监控者,将发挥对社会的主导作用。

人世间沧海桑田,物转星移,没有永恒不变社会形态,也没有永恒不变的价值观念,只有随环境和条件变化,依生态体内在构成变化,而不断发挥作用的客观规律。

三、激励引导运行方式

"激励引导"是生态文明社会中规范公民个人行为,实现生产、交换、分配和消费活动的一个主要方式,也是"机治社会"的一个主要治理方法和运行方式。

1. 何为"激励引导"

激励引导是机体组织在运行中,实现系统功能和角色功能的一种运行机制。社会公民们沿着预定的通道和方向、按社会系统和社会角色要求,在竞争追逐中认识自己,提升自己,接受自己,满足自己,显示自己,实现自己,与此同时能高效达成所承担的社会角色功能。

还是拿前面那个赶毛驴的老乡的故事做例子。为了让毛驴驮重物上坡,老乡用缰绳牵毛驴,用鞭子赶毛驴,都不见效果,最后拔青草喂驴,才能引导毛驴上了坡。故事中用带笼头缰绳牵毛驴,可以形象地代表礼治社会的主要管制方式;用皮鞭赶毛驴,则可以表示为法治社会的主要管制方式;而用青草喂引毛驴,则代表着机治社会的主要治理方式之一,这就是激励引导方式。"青草"不仅是指满足人们基本需要的物质利益,也包括满足人们社会交往和自我实现的多重需要,包括文化、伦理和道德,诸如中国传统文化中的"仁"、"义"、"礼"、"智"、"信"、"廉"、"耻"、"勇"等多方面的内容。换句话讲,礼治社会主要靠思想牵引,配有组织和行为上的强力束缚来实现社会统治;法治社会主要靠法律约束和违法惩戒来实现社会管制;而机治社会主要靠在竞争与激励中的引导方式来实现社会治理。

任何人都需要激励,任何人都可以被激励。从刚出世的婴儿,到行将离世的老人,无论处于生命的任何阶段,人们都会有追求,要去满足物质和精神上的需要。这是生命的特征,是生物体的需要法则、活性法则、竞争法则和适应法则的作用使然。

在现实社会中,经常可以看到正向激励和负向激励两种情形。社会的教育体制和生产与分配体制,鼓励人们进取向上,付出劳动而获取收入。但是,也有人在利益的不当追逐中获得负向激励,在偷窃、诈骗和贩毒刺激中难以自拔。官场腐败也是一种负向激励,金钱美女带来的快感不断刺激感官,令人亢奋。原重庆市的司法局局长文强就自白过,当他从公安局基层警员开始,因工作表现好而不断晋升时,他有正向动力,但在他主持市公安局工作多年仍无法升迁后,他转而寻求金钱美女,在负向激励中越走越远。不管他的自白是为自己开脱,还是在寻找真正的客观原因,都说明了当今中国的社会体制和社会机制不健全,无法充分实行有效的正向引导,以达成"正向激励"的成效,而致使"潜规则"盛行,"灰色收入"泛滥。

我们从一个普遍的社会现象中,或者是一个特定场景中,可以领悟实现激励引导的条件和要求。现在社会上未成年的孩子们喜欢打电子游戏,打得好可以不断地升级,还有"虚拟金钱"的奖励,激励引导作用很大,孩子们非常痴迷,甚至许多成年人也喜欢玩电子游戏。在电子游戏这个虚拟世界中,人们之间的竞争是平等的,可以根据自己的能力、特点和爱好,自主选择适合自己的游戏,自由地加入或退出。在游戏中,人们地位平等、机会平等、过程公平、规则公平,所以电子游戏的激励引导作用就非常大,令人流连忘返,往往通宵达旦,乐此不疲。且不论电子游戏的社会效果和公众评价,它告诉我们一个道理:只有在平等和自由的竞争当中,才能真正地实现"激励引导"。

2. 平等和自由的竞争原则

在法治社会中,人们往往是利用自己占据更多资源的有利地位,获取社会竞争的优势,分取更多的社会财富。公民权利上的名义平等,被事实上的不平等掩盖了,造成社会分配的贫富差距。

中国网民对"富二代"、"官二代"和"权贵资产者"的不满,并不是因为他们富有,而是因为他们占据太多的社会资源和公共资源,形成与一般公民不平等的竞争。美国占领华尔街运动,也是反对这种金融特权和金融资本的垄断。国际金融"大鳄",量子基金创始人乔治·索罗斯也表示:他能理解抗议民众心中的愤怒,因为纳税人的钱被用来填补亏损连连的银行,让银行因此获利,特别是那些已经陷入困顿的银行,仍然让执行主管领取高额红利奖金。

在一个社会中,一定程度的不平等不仅是正常的,而且还为社会发展提供了动力,关键是要维持一个公平的竞争环境和有效的社会运行体系。

平等和自由的竞争原则要求每一个公民,具有竞争地位的平等、机会的平等、过程的平等、适用规则的平等,要尽可能地把社会资源和机会平等地配置给每一个公民,其中包括教育资源、工作培训资源、工作机会、升迁的机会、从事社会公共服务的机会,等等,同时也给予每个公民自主选择权,提供自由加入和退出的条件。

每个人内在的天赋不一样,生活环境和条件不一样,很难在同一竞争中都获得优势,所以在人生旅途中,要不断选择,转换轨道,重复地认识自己,提升自己,接受自己,满足自己,显示自己,而最终能够实现自己。只有自由选择才能产生平等竞争,而只有基本竞争资源和竞争机会上的平等,才能达成真正的自由选择,二者相辅相成。

我们这一代人经历很多,务农、务工、当兵、经商、做官、治学,在社会动荡与变迁中转换角色,在各种尝试中体验,不断学习和奋斗,所以对社会和人生有较为深刻的理解,知道平等和自由的竞争对个人和社会的意义。"激励引导"也只有在贯彻了平等和自由的竞争原则后,才能从一个普通的方法,升华为社会运行的一个模式。因此,"激励引导"运行模式,有赖于基本社会资源和社会机会的平等。

3. 实现激励引导的社会条件

实行激励引导的前提,并不是把公民看成是处于自然状态的生物,恰恰相反,是要让公民成为受到良好教育和训练的"社会人"。以此作为实行激励引导的基本条件。社会应该把公民竞争的"起点资源",尽可能地配置给每一个人,使他们一开始就有平等的竞争地位。实行至少十二年或更长时间的真正的义务教育,以及成年人免费的大学专科教育、职业培训和训练。这样可以保障社会公民具有较为公平的竞争地位和竞争机会,让公民可以较为便利地选择不同的职业。

中国现在实行九年义务教育制度,而美国和其他发达国家则实行十二年义务教育制度。中国的义务教育和高中教育,基本上是固定教室和固定学生的分班制,采取固定模式培养,统一上课,其竞争模式单一,有利于一部分学生,而不利于所有人,学生没有选择自由,无法在自己的擅长领域里与其他人竞争,所以"激励引导"的效果难以真正体现。美国的情况好一些,从初中开始,学生就可以自由选择课程,修够了学分便能毕业。学校中有各种文艺组织、体育组织及其他课外学生组织,帮助学生全面发展,认识自我,提升自我,满足自我。但是,美国的高中,特别是公立高中也有弊端,整个学校还是按照升大学的竞争方式设计体制,无法有效激励引导全部或部分学生,致使校内的犯罪、贩毒和旷课现象较多,甚至无法让一些学生毕业,更遑论日后能够帮助多数毕业生们选择到擅长领域,获得平等竞争地位?

成年人免费的大学专科教育、职业培训和训练制度,在美国和中国均没完全建立起来。美国有些补助性大专教育、免费职业培训项目和低成本的成人职业教育学校。非常有意思的是,美国的监狱众多,而监狱里的罪犯又人满为患,堪比学校人数,或者是远超成人学校。美国监狱不但财政支出高,出狱三年内又从新入狱的,所谓"二进宫"的比率也很高,在一些地区甚至可达百分之五十以上。犯人们在监狱这个"大学校"中学到了更多犯罪知识和犯罪技巧,负向激励效果明显,"毕业返校率"当然也就高了。人的特点是:只有享不了的福,没有受不了的罪。美国死刑犯极少,监狱条件较好。看来,使用违法惩处的"大鞭子",也难以让"毛驴们"就范了。因此,在未来的机治社会中,财政资金应该更多地投入到成年人终身免费职业培训和训练上,多从事一些正向激励引导的事业,少办一些负向激励引导的"监狱学校"。

　　激励引导不仅是一种就业和谋生方式,也是一种收入分配方式,更是一种生活方式。目前许多行业设置不同层次的专业职称和从业执照,引导人们不断提升自己,其职业或从业报酬也相应地获得提高,这是很好的正向激励引导。在发达国家中,不同专业执照的技工或专业人士提供服务时,支付标准就有明显区别。社会收入分配一定要贯彻激励引导原则。如果政府官员能够拿着稳定薪金收入无事可做,而又到处去寻租权力,大搞贪腐活动;如果一部分人或单位,拿着政府的转移支付,不思进取,却挥霍浪费,甚或再搞些歪门邪道的事情;如果垄断行业或者占据过多公共资源的人员不劳而获,或少付出,多获取,那么这种分配制度和分配方式就是失败的,因为没有贯彻平等自由的竞争原则。它还诱使负向激励,甚至会引发社会冲突。对那些从社会竞争中败退下来的弱势群体,也应实行激励引导,不能让他们单纯地依赖社会救济,心宽体胖,无所事事,还应有自身的追求。激励引导还适用于老年人群体,要充分体现他们的价值,让他们在学习、贡献和娱乐当中,走完人生的道路。

实行激励引导，更要从政府体制改革入手，废除公务员事实上的终身制，改为由用人单位的合同聘用制和任期责任制，实现自由选择、公平竞争、优胜劣汰、新陈代谢的公务员用人机制。建立全国统一的公务员人才市场，完善公务员资格考试和选拔制度，形成对候选公务员的专业、资质、素质、能力等方面的评价体系，便于用人单位来评估和考核，实现候选公务员竞争上岗。政府资源必须开放给社会大众，形成全面的，包括政务官和事务官均在内的，任期换届制度，或合同期满换届制度。这样有利于调动全社会的积极性，实现平等和自由的竞争，以及精英人才踊跃报效社会的局面。

4. 和谐共生的自然秩序

在实行激励引导的社会中，个人与各种公司和社会组织间的雇佣关系将逐渐淡化，代之以"商业合作"方式，彼此能互利共存。企业与企业、企业与个人之间，通过市场机制产生的上下游及横向间的供货与服务关系，形成一个完整的价值链体系。该体系会在一定程度上延伸到企业组织内部，将大型企业和社会组织分解成更小的单位，彼此间演变成为商业与客户的关系，从而实现平等竞争，风险共担，互利共赢的自然秩序。劳工与管理层的对立，将逐渐消失，融入"和谐共生"之境界。当前市场上盛行的"外包服务"，从一个侧面印证了这一不可逆转的趋势。

在公平竞争环境中实现真正的"激励引导"运行方式，并不是一个可望而不可及的梦想。如果人们有幸能够到新西兰，参观那里的牧场，往往可以看到大批的牛群和羊群，在青山绿草间悠然自在，朝出暮归，无人看管；可以看到乳牛在中午时分或确定时刻，主动进入电子挤奶设施中，听着音乐，产出牛奶，然后自行离去，一切都井然有序，不必强行管制。这也许就是生态文明社会中，实施"激励引导"的一个意境，人类社会已经创造出来的意境。

四、有序竞争运行方式

有序竞争运行方式是指生态文明社会中，规范一个行业里各种企业、公司、社团组织以及相关个人之间的相互关系，形成能够维持该行业正常而又持久活动的特定运行机制。

1. 无序竞争难以为继

法治社会中的市场经济，遵循着丛林法则，弱肉强食，赢者通吃的游戏规则。大型公司占据社会多数资源，不停地挤垮对手，买断全新技术，而后又往往将这些技术束之高阁。当这些优胜者们成长为庞然大物，窒息了市场竞争时，就可以任意操纵价格，吸取高额利润，尽享胜利成果。法治社会中的市场经济，呈现为一个无序竞争的原始状态。

美国著名作家马克·吐温曾经把这种表面上快速增长、光鲜亮丽，里面却败絮其中、掩盖着严重的贫富两极分化的社会；把族群被撕裂、多数居民酝酿强烈不满情绪的工业化发展时期，称之为"镀金时代"。2008年，从华尔街引爆的金融危机迅速地蔓延到全世界，三年过后，又形成了欧洲主权国家的债务危机，再次威胁着各国。如今世界的经济发展缓慢，失业人口激增，使得当年的"镀金"面，已经表皮剥落，风光不再了。

近一百年来，美国的贫富差距，还从来没像现在这么严重，少数最富有的美国人占有的财富，超过了全部人口50%、约为1.5亿美国底层人占有财富的总和。对此，"占领华尔街"运动的抗议者们就非常形象地提出口号："我们是占人口99%的那部分人！"。有信息显示：美国目前的社会分化，比突尼斯和埃及，甚或更为严重。其他新兴市场国家，包括巴西、俄罗斯、墨西哥、印度、中国和南非等，其社会分化也很严重。无序竞争的后果,已经形成了一种泛世界化的危险趋势。

无序竞争使得资本能够迅速地积聚,生长出许多世界级的超大型公司,牢牢地统治着一个或多个行业。2008年金融危机的一个惨痛教训,就是一旦这些巨型公司倒闭,将会摧毁整个国民经济,政府不得不动用整个国家的资源,来救助那些经营不善,本应自行倒闭的公司,就像美国保险集团公司AIG一样。当今美国的金融巨子,裹挟着政府,绑架了整个社会。中国的一些国有大型企业也有这种倾向。

公司如同其他生物体,有自己的生命周期。个体公司不断地生成、生长、衰老、消亡,在新陈代谢之中,社会经济体系永葆活力,而能持续运行。这就像人体组织中的细胞不停分裂,而又时刻在凋亡,机体组织却能生命常在的情形一样。当无序竞争使超大型公司兴起后,则会完全破坏市场运行机制,整个社会逐渐失去新陈代谢功能,被巨型公司这个"肿瘤"窒息住,变得气息奄奄。

2008年的世界金融危机和当今发达国家的主权债务危机已经显示出,传统的市场经济和竞争关系将要走到尽头了。

2. 有序竞争必然形成

有序竞争是指市场规则的制定者和市场运行的监控者,通过各种方式,维护竞争者之间的地位较为平等,资源的获取较为均衡,实力的量级较为相当;因地制宜地规划出相应的市场空间,保证竞争过程和适用规则的公正性;调动竞争参与者的积极性和潜能,高效与持久地进行有秩序的竞争;在可控的范围内实现角色(行业或系统)功能,维持社会机体组织的新陈代谢。

有序竞争是个全新概念,考察以下例子,有助于理解和把握它:

美国全国职业篮球赛联盟NBA的管理办法,非常富有启发性。NBA共有30支球队,分布在全美大、中城市。如果不加规范和限制,让球队自行竞争,那些拥有广大球迷市场的超大型城市,例如纽约、洛杉矶、芝加哥,就会依靠庞大市场收入,雄厚的财力,吸引大量大牌或明星球员,组成超级球队。很快地,NBA的联盟比赛就会变成二三支球队之间的比赛了,丧失了体育比赛精神,成为金钱财力间的较量,令人乏味,从而失去广大球迷和消费者的支持。这就像当今市场上许多行业的竞标,只是在通用电气(GE)公司和西门子公司之间选择一样。因此,NBA必须采取多种办法来维护30支球队的均衡性,保证比赛的对抗性和观赏性,才能更好地回馈球迷和消费者,使得联盟能够持续经营下去。他们采取的主要措施有:

第一,"选秀"措施。NBA每年要从全世界挑选60名最好的新篮球运动员,简称为"新秀",分配给各个篮球队,每个队分两轮挑选,每轮各选一名,共两名。挑选的顺序是,前一赛季中表现最差的15个球队,按倒数顺序,拥有最大的挑选概率和选择权利,即上年度表现最差的球队,可以在本年度挑选到最好的球员。NBA在人力资源政策方面,向弱队倾斜,补充弱队的实力。

第二,"工资帽"政策。NBA每年颁布联盟统一的,每个球队球员工资总额的上线标准,俗称"工资帽"。例如NBA规定这年的"工资帽"是7000万美金,如果某队球员工资总额超出了7000万美金,该队就要向联盟缴纳按超出部分计算的100%的"工资帽"税,假定超出300万美金,就要交同等数额300万美金的"税"。NBA可以把工资帽的"税收"转移支付给营业收入低的地区的球队,通过这种在财务资源上的限制规定,控制住各球队的招聘开支、队员质量和球队规模,防止球队之间因无序竞争而形成的两极分化,使联盟比赛无法进行,让篮球"玩"不下去了。

NBA凭借着对各个球队人力资源和财务资源的控制,以及其他配套办法,成功地避免了无序竞争带来的垄断恶果,维护住联盟的体育比赛,也维护住自身的经营收入机制。

体育比赛对抗性很强,与市场上公司间的竞争相似,所以有供彼此借鉴之处。体育比赛时,不同量级的运动员要区隔开,同等量级的运动员在一起比赛比较公平,具有真正意义上的对抗性和观赏性,有利于提倡体育精神,普及体育活动。体重130公斤的拳击选手和体重60公斤的选手同台比赛,不是符合规则的"对抗"。同样的道理,市场上不同"级别"公司之间的竞争,也因有所区别,要因地制宜,依据行业特点、企业规模大小、产出效率高低、资源和地理分布、交通物流布局、市场流通特点、消费群体特征、产业集群配套,以及能源和其他基础设施等因素,在市场空间上实行必要的划分、规划和区隔,使各种资源的配置更为合理。就像园林设计一样,依据地形、地貌、气候条件、植物种类和人们的偏好,把后花园分成草地、花圃、树林、苗圃、池塘、山坡和假山,等等,使景观错落有致,生意盎然,别有妙韵。草和草分享阳光和雨露,花和花争相媲美,树和树迎风招展,既体现了自然生态的多样性,又能合理地分配自然资源,彼此和谐相处在一个较为"公平"的环境中,实现生物之间的生存竞争。如果不加区隔和设计,花、草、林、木就会混杂零乱,了无生趣;要是后花园里再生长出几株参天大树,树下寸草不生,住宅被大树压抑着,屋顶上和院落中满是落叶,那将会尽显苍凉和抑郁;若是在大风暴雨天气中,树杈断落,砸坏了房顶,则会生出种种麻烦。如果大树再倾斜或空心老化,又会威胁房宅,更让屋主人忐忑不安。这种"命悬一树"的感觉,犹如当今社会大众对超大型公司的畏惧心理一样,绝非社稷之福。

对后花园生长出的巨杉,除了修剪枝叶外,不妨考虑将它移植到大公园中,在那里生长,与周边的生态环境更为协调。对国内的巨型垄断企业,也要进行"修理",让它们走出国门,到世界市场上去竞争成长,把国内市场空间多留一些给中小企业,这样可以提高市场竞争效率,健全社会和经济体的新陈代谢功能,使整个社会更具进取心和创新能力,更具企业家的开拓精神。所以,政府要推行"清理后花园,建设大公园"的政策,加快实现全球经济一体化。

公共服务部门及各级政府机构,也可以视为一个行业,其中的各组织和团体间,也会发生竞争关系。把有序竞争方式和方法运用到该领域,可以避免尸位素餐、近亲繁殖、呼朋引类、拉帮结派、豪强割据、党同伐异、尾大不掉、占山为王、一潭死水、藏污纳垢和贪污腐败等弊端,实现阳光普照下的清明政治。

实行有序竞争,犹如园林设计、园林施工和园林管理,不可强求一致,不能搞成机械制图或机械制造。实行有序竞争,这是一项生态管理性工作,是从事一种艺术性的工作,一定要"因地制宜"方可运作。生态管理的特点是:千姿百态总相宜,姹紫嫣红才是春。

五、整体协衡运行方式

1. 整体协衡的含义

"整体协衡"主要是指:合理规划资源、环境与需求;协调与平衡行业之间、角色之间、系统内和系统之间的关系;合理配置各种资源和供应要素;调节社会经济的结构与比例;控制各组分和行业的产出效率;把握住各组分和行业间的运行节奏与发展速度;将各种市场竞争和各种社会竞争维持在恰当水平和范围内;以保证社会生态整体能够在"平衡"或"协衡"的轨道上运行。

整体协衡为有序竞争提供了必要条件与约束条件,也设定了目标和要求,还设置了制约办法。所以,在整体协衡的状况下,竞争是更高层次的竞争,包括了生产要素或供应要素的形成、组合与流向之间的竞争,以及各种生态资源和社会资源配置与转换方面的竞争。

激励引导运行方式侧重于社会公民个体活动,以生物体法则为主要理论依据;有序竞争运行方式侧重于行业或角色内的局部活动,以生态体法则,特别是其中的角色法则为主要理论依据;整体协衡的运行方式侧重于资源、需求与环境,以及行业间、角色间和系统间的全局性活动,以生态体的运行规律为主要理论依据。个体服从局部,局部服从全局。只有在社会生态体整体平衡的情况下,行业内或者角色内的有序竞争关系及公民间的激励引导机制,才能应运而生和充分展开。因此,在行业内"有序竞争"的规划中,要首先考虑到整个社会生态体的机体、角色机能和运行机制,要在整体结构和系统机能的约束与限制下实行设计,然后再因地制宜地策划,对行业内企业的数量、规模、产出效率和竞争关系进行必要的协调与管理。"整体协衡"既建立在"有序竞争"和"激励引导"的基础上,又事实上统领"有序竞争"和"激励引导"。"整体协衡"要实现人类社会活动与自然环境的协调,保证资源利用的合理性、循环性、平衡性和再生性。

法治社会主张事后惩罚,以及"不诉不究"的法院审判原则,所以在自由市场经济体制中,政府很难直接干预市场运行。到了混合经济体制中,政府开始通过财政政策、利率和准备金等宏观经济手段,间接地干预社会资源的调配,但对市场竞争的管理,仍然过于原始和粗放,还是无法避免供给与需求之间的严重失衡,由此必然会产生经济衰退,形成金融危机和"滞涨"局面。在"机治社会"中,社会管理采取的主要方式是通过对整个经济体"竞争机制"的主动协调和平衡,来达到对人力资源、物力资源和财力资源及其他各种资源的调节,达到对经济结构、发展速度和节奏的控制。因此,可以把这种整体协调与平衡方式,称为"整体协衡"运行方式。

2. 整体协衡的流程与组织架构

整体协衡的流程起始于对自然规律和社会规律的认识。在深刻理解客观世界的基础上，建立社会运行的整体构架体制；明确社会组织体系及其中的系统角色和组织角色；设计出各种运行机制。然后由行政执行部门负责日常的运行工作。同时，还要通过社会监督与控制系统，有效地控制运行过程，随时纠正运行中出现的问题，协调之间的关系，对社会经济组织和运行机制进行必要的调整。

在生态社会治理过程中，会产生有别于当今社会的两个新的政府权力机构。其中一个是"国策"机构，它主要负责研究社会与自然规律；提出体制建设方案和立法建议；掌握资源、环境和需求状况；制定国家发展战略和发展规划；明确组织体系、系统角色职能和组织角色职能；设计和构建各种运行机制；承担行业运行规则、综合性规则和相关主要政策的制定工作；参与遴选行政执行团队和考核执行业绩；跟踪和调查各种社会与市场机制的运行情况，提出必要建议和对策；反馈各种社会信息；实现政府与社会的全面沟通。而另一个政府新权力机构是"监察"机构，主要负责协调处理政府与民间以及政府组织内各部门之间的关系，监督控制社会、政治和经济的运行。有关监察机构的详细内容，可以参阅本书第六章第三节和第十三章第五节的内容。事实上，以上这两个新的权力机构，在目前政府组织内部已经有了雏形组织，但其组织和作用还远远不够，仍需要进行改造和提高，使之能够与现行体制中存在的行政执行部门和法院互相制约，共同发挥作用。

法院作为司法机构，与立法机构相对应，是法治社会治理方式的主要职能机构。法院发挥的功能特点是：第一，事后追究和处理；第二，不诉不究，被动式管理；第三，受理与否视情况而定，受理后要先交费用；第四，谁主张谁举证；第五，诉讼成本昂贵；第六，往往旷日持久，有各种办法可把时间延长。无论在西方主要发达国家，还是在中国，到法院诉讼都是一种昂贵的游戏，往往是一种有钱人占优势的游戏。这里可以讲一个真实的故事：一个民营企业家在江苏省办起一个工厂，在经营中与一个总部在北京的大型国有发电企业发生矛盾，该民营企业家义愤中扬言要到中共中央纪律检查委员会去告发该国有公司。结果这家大型国有企业马上采取措施，从北京先找到中国北方另一大城市的高级人民法院的关系人，然后去起诉这个江苏省的民营企业家。因为只要一进入司法程序，中纪委就无法再插手了。该国有企业仗着财大气粗，把起诉金额拔高到一亿元人民币以上，这样一来，民营企业家就是要上诉，也没钱支付上诉费。此外，国有企业还通过关系人和办案法官，用诉讼保全的办法，把这个民营企业家的银行账号全部冻结。在资金枯竭之后没多久，这位民营企业家万念俱灰，自杀身亡。该诉讼案结局令人扼腕，中国也因此而失去了一个技术奇才。事后有些局外人对此还是有些不解，似乎由另一大城市的高级法院受理该起诉案于法院的管辖权不符。这个故事告诉我们，"法理"和"金钱"总是分不开的。在如今的美国法庭打官司，往往是不把原告和被告消耗得一无所有，法庭是不会结案的。一场官司打下来，原告和被告都是失败者，只有双方的律师和法庭是获胜方。这与三百年前的英国社会情况几乎如出一辙，可以说是法治社会的"不变定律"。当今流行的"法院体制"是资本主义自由市场经济的产物，与法治社会的治理方式相适应，所以对这个司法体制的评价要恰如其分，不能寄予过高期望。事后惩处不应成为机治社会的主导治理方式，人们还应该继续探寻各种新的社会治理方法。事实上，现代社会对个人和企业的信用评价体系及其鼓励方式，就具有某种初级的激励引导作用。相信未来的人类社会，将会创造和产生更多的机制，去规范和引导人们的行为，其范围可以涵盖"仁"、"义"、"礼"、"智"、"信"、"廉"、"耻"、"勇"各种行为方式和领域中。

在生态社会整体协衡过程中，法院虽然存在，但其作用会逐渐边缘化，而国策机构、执行机构和监察机构三者将要发挥主导性的作用。各种非政府组织（NGO）作为公共服务和管理组织，也将在"整体协衡"过程中发挥重要作用。社会必须建立能够对权力实行制衡的结构，建立让制衡得以有效运行的机制，避免赋予官员过多的量裁权力，民众广泛的参与和民主监督必不可少。独立的信息分析和咨询研究组织也会扮演更重要角色。"机治社会"的社会治理和管制体系，较之当前状况，将会发生很大变化，全面的社会变革在所难免。

人类社会将从工业文明过渡到生态文明，从法治社会走向机治社会。这个趋势已经开始，会逐渐明朗。当前世界范围内发生的金融危机、债务危机和经济危机，正是新型社会形态诞生之前，因分娩而产生的阵痛。

在全新的"机治社会"建立过程中，具有生态文明意识的精英团队将发挥开拓者和领导者作用；人民大众将发挥主体作用。如果一个国家能够上下一致、齐心合力、顺应时代潮流率先而动，就会迅速取得竞争优势，在经济全球化进程中居于主导地位。

第三篇　生·态·资·源

生态资源是社会生态研究领域中的一个大范畴,可与生态体并立成篇。生态资源是指在一定时间和空间范围内,通过能量流动,信息交换和物质循环发生或存在的各种生命物质,包括植物、动物、真菌、微生物群落,与其他多种多样与之相关联的非生命物质资源的总称。

社会生态学说的"生态资源"概念与生态学中的"生态资源"概念,仅就其定义内涵而言,二者非常接近,但社会生态学说拓展了"生态资源"的应用范围,强调了"生态资源"的社会属性,强调了"生态资源"的人文和人本属性,将自然生态资源和社会生态资源融为一体,形成了独特的生态资源观念,包括世界观和价值观。

本部分在生物体和生态体学说基础上,说明了生态资源与生物体和生态体之间的相互关系,介绍了生态资源一元论世界观。人类生存和人的社会存在,首先是生态资源的存在,是生态资源之间的交换、转换和进化的结果。生态资源是一切生命的基础,是人和人类社会发展的基础。

生态资源正负二分法是一种新的方法论,是以生物体为主要研究对象,生态体为次要研究对象而提出的方法论,用途十分广泛。

生态资源战略管理是全面地利用各种资源,以达成长期目标的方法论体系。它吸取了生态资源学说、生态体学说和其他管理学说的相关内容,形成一个富有实践特色的系统性管理理论。

第十一章　生态资源

　　本章回答了：什么是生态资源？生态资源与生物体的关系，生态资源与生态体的关系，生态资源与作为个体人的关系，从而创新了哲学世界观。

　　生态资源是人类生存的基础和依托，与人们的日常生活和工作息息相关。相较于生态体而言，生态资源应用范围会更加广泛。作为一个新的哲学范畴，生态资源从不同的角度诠释了"精神与物质"及"思维与存在"这些被传统哲学争论的"根本问题"，提出基于人本理念的生态资源一元论世界观。该世界观起到定位与坐标的作用。在随后章节中介绍的新方法论和新的方法论体系，均以生态资源一元论世界观为出发点，而展开论述。

一、生态资源

　　一切能够被生物体的生存、繁衍和发展所利用或与之相关联的物质、能量、信息、时间、空间，都可以视为生态资源，包括各种各样有机物质和无机物质,有生命的物质和无生命的物质,有形物质和无形物质(思想、精神、知识、能量等)。

生物体和生态体都是由生态资源构成或组成,在生态资源的交换和转换中存在、运行和发展。生态体的代谢功能就是保持生命所需的物质不断地循环再生。阳光提供的能量驱动着生态资源物质在生态系统中不停地循环流动,既包括生态体中的物质循环、生物间的营养传递和生物与环境间的物质交换,也包括生命物质的合成与分解等物质形式的转换。

以生命物质为主体的生态资源,在生态体中组合成一定的物质形态,形成具有特定功能的组织结构,确保生态资源循环的正常运行。例如:随着生物的进化和扩散,环境中大量无机物质被合成为生命物质,形成了广袤的森林、草原以及在其中生息的飞禽走兽。又如:随着国家经济体的发展,市场运行机制越加健全,证券交易、银行系统和保险机构等金融功能组织和信息网络也日臻完善。

生物体是生态资源的一个主要有机组成部分。生物体来自生态资源,作用于生态资源,最终又回归于生态资源。生物体在资源的新陈代谢中生存、成长、繁殖和生衍。获取和占有生态资源,既是生物体的本能,也是生物体的运动方式。生物体最终逝去,又回归于自然,成为其他生物体的生态资源。其他生物体作为人的生态资源,而人又成为其他生物的生态资源。人们之间互为生态资源,互相依存,互相作用,共同发展。

人的自然和社会存在受制于资源的占有和拥有,受制于资源的整合和利用,以及对新资源的开拓。没有足够的资源,人们是无法达成目标,满足需要和期望的。

一个公司的建立需要有产品、技术、市场、资金,需要一个完整的计划,具有发展方向和策略,更重要的是要有一个管理班子,有工作团队去实现计划。对公司而言,这些都是生态资源。

国家更是这样,土地、山川、河流、矿藏、森林、植被、民众、教育、知识、技术、信息、农业、工业、服务业,以及交通、供输电等公用设施,这些均构成国家的生态资源。市场也是生态资源,而且是最重要的生态经济资源之一。

生物体的生存和发展,生态体的存在和运行,均建立在生态资源基础上,受制于资源的占有和拥有,整合和利用,以及对新资源的开拓,对原有资源的增殖。

二、生态资源与生态体

生态体是由生态资源组成的。生态资源的存在构成了生态体的存在,但是生态资源又受制于生态体。生态资源在生态体中依据一定规律运行。子生态体受制于母生态体。

1. 生态资源的空间范围更为广泛

任何生态体的存在都有明确的空间范围,以及在时间上的延续性。生态资源比较生态体而言,具有更为广泛的空间存在范围和理论概念上的外延。生态体一般均需要外在输入性的生态资源,来维持自身的运行。人体生态体如此,公司生态体如此,国家生态体如此,地球生态体也如此。地球生态体中,除了自身拥有的空气和水等生命必需物质外,还要依靠太阳光能和热能的输入,来维持地球生命物质生存和转化的需要。所以生态资源的存在,就其空间范围而言,超出了生态体的存在。

2. 生态资源组成生态体,又受制于生态体的运行规律

以生命物质为主体的生态资源,在生态体中以一定的方式组合

起来,表现为角色化特征,形成了功能性机制,不断地被整合、配置、利用、维持、增殖、开拓、转换,最终又回馈到生态体中,如此循环往复地运行。其交换和转换过程,与生态体整体的平衡相适应,依生态体的规律而运行。生态资源构成生态体,又受制于生态体。

人体由细胞组成,各种物质营养输入体内或排出体外,维持人的生存,但人体细胞和其他生态资源又受制于人体,依人体内的规则而新陈代谢,保持一定的平衡。

国家由人民组成,各种物资流转其间,文化艺术在其中创作和传播。但国家中的"公民"以及国家生态体中的各种经济活动、文化活动又受制于国家,要按国家的政策和法律行事。

自然界由生物和其他物质组成,但这些物质又受制于自然界,按自然规律运行。世间生物纷繁众多,万物斑驳陆离,但却能和谐共存,秩序井然,令人叹为观止。所以老子强调:"人法地,地法天,天法道,道法自然。"他是说:人取法地,地取法天,天取法"道","道"取法它的本原——自然。老子是中外历史上最早提出天地万物是由自然生成的思想家。他将天地万物的产生归结于自然之"道"的运动,这对于我们今天研究生态资源学说,研究天体理论、人体科学、哲学等诸方面,将会有巨大价值。

3. 子生态体受制于母生态体

人体生态体,对内是一个生态体,依生态体法则运行;对外则是一个生物体,依生物体法则行事。国家对内是生态体,主持社会的公平正义,依法治国;对外则是一个生物体,需要提升国力,具有强大的国际竞争力,在优胜劣汰的国际较量中取得优势。人体生态体对国家生态体而言,只是生态资源中的一个或一种。国家生态体对地球生态环境而言,也只是一种"子生态体",甚或只是一种生态资源。

三、生态资源一元论世界观

人类生活在精神与物质相统一的,用哲学语言是"一元化"的生态资源世界中。各种形式的生态体,在人面前,均是以多种多样的生态资源(包括生物体)的方式呈现出来,被人所认知,被人所作用,或者由此引发困惑,形成崇拜,成为宗教的起源;或者经科学研究后,揭示出客观规律,用以指导实践,要求人们去遵循。

在通常的哲学研究中,往往把"精神"与"物质"、"思维"与"存在"作为相互对应的,而彼此有所区隔的哲学范畴来划分,由此而在探寻"世界本原"过程中,形成了唯心主义和唯物主义两大阵营。凡是认为精神是第一性的,物质是第二性的,即意识先于存在,物质是意识与思维的产物的哲学派别,属于唯心主义;凡是认为物质是第一性的,精神是第二性的,即存在先于意识,意识和思维是物质的产物的哲学派别,属于唯物主义。物质在这里被广义定义为"自然存在"。有人则更进一步地说明:"物质是不依赖于意识的客观存在"。显然,以往的许多哲学研究,把物质与意识间的哲学范畴关系,划分的十分清楚,形成精神与物质或者思维与存在的二元论世界观。

生态资源学说认为:意识及其相应的思维与精神活动,均是生命物质(生物)的固有属性特征和活动方式,是生态资源的组成部分和一种特定的表现方式。

生态资源主要是指与生命活动相关联的一切物质,包括有生命的物质和非生命的物质,例如阳光和水。对于那些与生命物质相距甚远,与生态资源毫无关系的其他物质,诸如宇宙黑洞等,则不能视为生态资源。因此,生态资源应该是宇宙整体物质存在中的一类物质。

在这个意义上,我们可以概括地讲:宇宙物质包括了生态资源;

生态资源包括了生物意识；生物意识包括了人的意识、思维和人的精神活动。

人作为生物体，无论是其内在的物质、能量、精神、思想、文化、经验、知识、能力，还是其外在拥有的各种物质财产和知识产权，以及其他相关联的社会关系、社会支持力量、追随者、管理团队、权力、影响力、经济收入、货币资本、自然资源、人力资源、技术创新力等各个方面，对人这一生物体而言，均为"生态资源"。

按"人"这个生物体为坐标中心来划分，可分为"内在资源"和"外在资源"、"拥有的资源"、"可支配的资源"或称"可驾驭的资源"（通过间接方式来利用的资源）、"关联资源"以及"非关联资源"。具体关系见图 11-1。

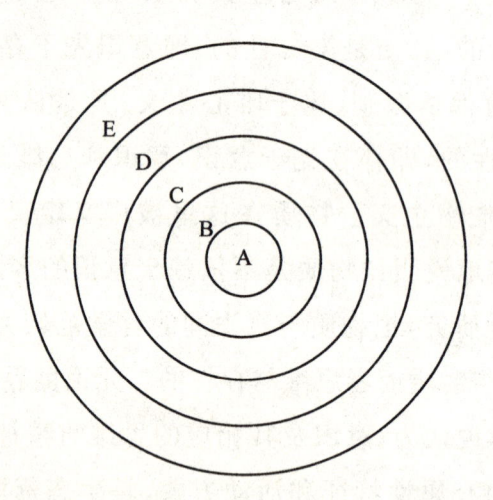

A——内在资源；B+C+D+E——外在资源；B——拥有的外在资源；
A+B——拥有的全部资源；C——可驾驭的资源；
D——关联资源；E——非关联资源

图 11-1 人的意识对生态资源的分类

以人为中心来划分不同的生态资源，是出自于人对世界的认知。这种划分除了哲学上的世界观表述意义外，对生态资源方法论，对生态资源运行规律和机制的研究,也具有实践意义。在本书其余部分,还要对此做更详细的论述。

生态资源是独立于人的思想与精神之外的客观存在,是物质形态的不同表现方式。人们的思想和精神也是生态资源一种存在方式,是人类实践活动的一个属性。生态资源一元化观点构成了生态资源理论的基本世界观。

人类生存和人的社会存在首先是生态资源的存在,是生态资源之间的交换、转换、进化的结果。生态资源是一切生命的基础,是人和人类社会发展的基础。

生态资源理论来自于人类实践活动,服务于人类社会实践,又会在今后的实践活动中得以完善和发展。

第十二章 生态资源正负二分法

生态资源正负二分法,是建立在生态资源一元论世界观基础上的全新方法论,具有可计量的特点,发展潜力大,有较强的实战用途。

生态资源正负二分法是一个适用广泛的方法论。在人生奋斗的道路上,在管理过程中,在政治活动里,在军事斗争中,在国家对外交往中,在实现国家发展的战略计划中,以及在与各种生物体和生态体相关学科的研究中均为适用。该方法更多地适用于生物体的活动,也适用于生态体的运行过程。

生态资源正负二分法不是一个固定程式,需要经常地对具体问题做具体分析,因人、因事、因时有所不同,应对之法也要随之变化。生态资源正负二分法作为方法论,应该在实践中不断发展,逐渐完善。通过对生态资源正负二分法原理的准确把握,就可以融会贯通,运用自如。以下先介绍十个基本原理。

一、客观原理

正负生态资源是现实世界中客观存在的精神和物质。正生态资源是有益于该生物体生存、发展和自我实现的资源，也是有益于生态体存在、稳定和持续发展的资源；而负生态资源是不利于生物体或生态体存在与发展的资源。

正负生态资源在人生中到处可见。仅从人的"内在资源"讲，个人的学识、经验、能力、品德、待人接物的方法、沟通技巧、洞察力、影响力等，优势方面构成正生态资源，劣势方面可能相对地构成负生态资源。人们拥有的财富和权力，拥有的各种物质资料，包括产品和装备，以及拥有的科学技术、制造能力等，都可以成为正生态资源。这些资源随着时间的推移，会逐渐形成一个格局，到了一定时机便要发生作用。一般而言，当正生态资源大于负生态资源时，办事较顺利，成功率高。有人说，一旦支持你的人越多，反对你的人越少，成功的概率就越大。

例如：新中国第一任总理周恩来，他一生严以律己，宽以待人，廉洁奉公，谦虚谨慎，兢兢业业地为国家工作，积累了口碑和业绩，也积累了正生态资源。他广纳善策，平易近人，平等待人的风范和品德，深受人们的尊重，成为可观的正生态资源。所以死后哀荣，受到人民的纪念和追思，联合国也破例降半旗致哀。周恩来被誉为中国历史上，自东汉末年，三国时期的蜀国丞相诸葛亮之后，以"鞠躬尽瘁，死而后已"的贤名，而为国尽忠的丞相。他亦被人们称赞中国共产党人留下了优良"基因"。周恩来的人品，他所拥有的组织人脉和民意基础，构成了深厚的正生态资源，甚至惠泽了在他身后重新复出的邓小平和其他改革者。1976年清明时节，人民群众以缅怀周恩来为名，在北京天安门广场发起的"四五"事件,对日后推翻"四人帮",实现拨乱反正,起到了积极而又关键的作用。

邓小平一生曾经"三落三起"。他于1975年对当时混乱的国民经济实行"整顿",深获民心。邓小平再次复出后大力推动"改革开放"政策,为中国经济此后的高速发展奠定了基础。邓小平因"改革开放"的成就,积累起强大的正生态资源,包括物质资源和精神资源,包括经济资源和政治资源,至今仍造福于中国人民。

有些人能力不足,正生态资源稀少,但又缺乏自知之明,其行为乖戾,造成了身边的"负生态资源"积累或集聚,因而在关键时刻产生了负面作用,影响了大局。即使这些人掌握了很大权力,也会在政治角量中失利。没有其他正生态资源相配合,没有杰出的领导指挥才能,单独的权力也难以发挥效力。

正生态资源和负生态资源虽然常常见诸于无形,但却真真实实地存在,不断地发挥着影响力。

二、判别原理

同一生态资源,因适用的对象、需要和范围不同,亦可为正亦可为负,正与负是同一事物的两个不同方面。正负资源的判别标准是由不同生物体或生态体的特定需要来界定和决定的。

我们从小就被家长和老师告知,昆虫中有益虫和害虫,鸟中有益鸟和害鸟,野兽中有益兽和害兽。例如蜜蜂是益虫,能够授花粉,采蜂蜜。蜂蜜和蜂胶可供人食用,有益人体健康。苍蝇、蚊子是害虫,传播疾病,吸人血,令人讨厌。啄木鸟把树木中的虫子捉出来,是树木的医生,保护了树木,所以是益鸟。另外,狼吃家禽,袭击人类是害兽。老鼠吃粮食,传播疾病,也是害兽。猪、羊、牛、马等可被食用或用以劳作,所以是益兽。非常明确,益虫、益鸟、益兽等对人类有益处,是人类的正生态资源;害虫、害鸟、害兽对人类的生存及发展有害,所以是负生态资源。

在社会生活中,亲戚、朋友、老师、同事和各种社会关系,以及个人的财产、财富等,凡能带来益处的,均可视为正资源;而竞争对手、敌对势力、流氓、赌徒、大烟鬼,甚至一些不良的网络游戏等,凡能给我们带来坏处,损害我们利益的均可以视为负资源。

同一个人,昨天努力工作,认真解决问题,成就了一番业绩,该人可以视为正资源。今天,他野心勃勃,另搞一套,破坏了整体战略计划和战略平衡,造成了许多困扰,却又成为负资源。在国际外交上更是这样,今天是敌人,明天就成为朋友。没有永久的敌人,也没有永久的朋友,国家利益决定一切。

在社会和国家生态体中,凡对社会发展稳定有利的,对国家政权巩固有利的因素,均视为正资源,反之则视为负资源。所以,那些辛勤劳动,技术创新,照章纳税,主持公平正义的行为、人员和组织,是有利于社会发展和稳定的正生态资源;而贪赃枉法、杀人越货、欺行霸市等行为和人员,则是不利于社会发展和稳定的负生态资源。

根据不同生物体的特定利益需要而定,根据生态体的运行规律要求而定,这就是正负生态资源区分的标准。

三、认知原理

正生态资源或负生态资源有显性的,也有隐性的,需要对客观存在的资源进行分析,明确判别标准,通过实践、感知、验证,然后获得理性认识,再用于指导实践。资源变化了,认识也要跟着变化。

图 12-1 所示是认知过程示意。

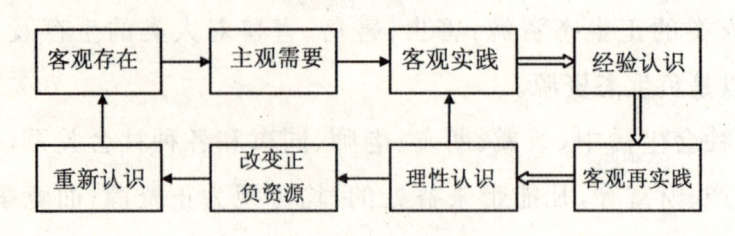

图 12-1　认知过程示意

从图中可以看出,认知起始于客观存在,作用于人的主观需要,经过客观实践而获得经验认识,经过再实践活动后,得到了理性认识。需要说明的是,从理性认识再到客观实践,获得新的经验认识,经实践后达到理性认识的新阶段,这是一个反复过程(图中以双线表示)。理性认识可以指导实践,改变正负生态资源。在此基础上,又可以重新认识客观存在,形成周而复始的循环过程。

常言道:知人难,知己更难,人贵有自知之明。对自身的内在资源认知,对外在拥有的正生态资源和负生态资源认知,以及能够通过各种方式获得的可利用、可驾驭的资源认知,都要有一个过程,需要收集信息、分析、思考、弄清形势、明辨优劣和力量对比。然后,在此基础上,找到恰当解决办法,改变正负生态资源状况,最终获得成功的机会。

对生态资源正与负的判断,往往要假以时日才能确定。例如,在1990 年~1991 年第一次海湾战争中,当时美国总统老布什鉴于伊拉克侵占科威特的情况,决定发动对伊战争。当时美国国会大多数议员均反对战争。老布什力排众议,先在联合国通过 660 号决议,又组成由 34 国参加的联军,由各参战国和非参战国(例如日本)出钱、出物,仅用 100 个小时的陆战,就取得完全胜利,迫使伊拉克从科威特撤军。美军在此战争中仅阵亡 79 人,而且绝大部分战争开支由其他国家承担。在对伊战争中,当美军占绝对优势时,却突然主动停战,还把极力主张继续战争的前线指挥官撤换了,故意留下萨达姆政权统治的伊拉克,把它作为一个对美国有利的正生态资源保留下来,令世人大为不解。

十二年后,在老布什儿子小布什主政时,他决定发动美伊战争。当时美国参众两院多数人投下赞成票。此时老布什与小布什之间却发生争论,甚至老布什的挚友和助手,前国务卿贝克还公开站出来反对小布什和副总统切尼的战争计划,但小布什仍然我行我素。有君子风度和长者风范的老布什及挚友贝克也只好由他了。2003年3月20日,美军与其他三国组成的联军,绕开联合国,直接向伊拉克萨达姆政权发动军事进攻。战争很快取得军事上的胜利。但在随后若干年中,美国深陷伊拉克和基地组织游击战泥潭,经济损失惨重,石油资源也难以控制。死亡人数是第一次海湾战争的五十几倍。伊拉克变成了美国的负生态资源。

由此看来,对正负生态资源的判断与理解是需要通过实践来体会和认识的。

四、度量原理

正负生态资源具有时间性、空间性、可度量性,可以被用于定性分析,也可以被用于定量分析。

正负生态资源二分法能够被直接用于计量,得到准确信息和反馈信息,这是有别于其他思辨式方法论的一个明显优势。

美国选举政治中对政治资源的分布、数量、比例、变化趋势的研究分析是一个很好的例子。美国总统的当选是由全国选举团的选票来最终确认的。每州按选民人数和人口数确定选举团人数,再由选举团代表州,按州选民多数投票结果,决定总统人选。共和党和民主党在各个州有自己的基本选票。但随着总统候选人的造势活动,演讲效果,对新政策内容陈述,对民生关注的程度,对选民意愿的把握,对舆情的引导,对议题抛出的时机,对竞争对手的攻击力度和攻击技巧,以及电视广告的效果,等等,均会造成一定冲击和影响,选举情况因此会发生很大变化。通过抽样统计,选情在空间范围的分布图,在时间上的变化趋势,均清晰可见。即使作为一个旁观者,也会觉得很有趣味性。

总统候选人的形象造型,家人陪伴的形象和特点,都能形成一定影响力,在政治资源正与负的变化上具有可计量性。最突出的例子是在辩论会结束后,马上抽样统计数据就会出来,说明谁在辩论中占了上风。正负生态资源影响的时空性和其他度量属性,表现得十分明显。而正负生态资源的作用,最终是通过选民选票来决定美国总统人选,从而决定美国未来四至八年的政策走向,也决定了美国这个"生态体"的运行效果。

正负生态资源的属性特征,在生态环境分析中,在经济活动中,在体育比赛对抗中,在战争的筹划上均被广泛运用。例如 NBA 篮球比赛。近几年来对每个球员上场参加团体对抗赛时对球队的总体贡献,就采用正负值的办法来统计。如某球员上场后,球队净输球达到5分,就是－5分,球队净赢球10分就是＋10分。如果能够在一场比赛下来,用净赢(输)球综合评定,还是为－5分或10分,就可以部分地排除其他球员的表现以及教练员指挥的因素,相对地具有一定的说服力,说明该队员对球队的贡献为负值还是正值。如果当一个赛季82场比赛的统计数字被综合出来,该队员还是为－5分或＋10分,当然在多数情况下也可能是其他的分数,例如是－3分或7分,就可以排除其他各种原因了,包括该队员在某天比赛的竞技状态,而说明这名队员对该球队是负生态资源,还是正生态资源了。而且,其作为负资源或正资源,均有具体的数值来表明,可以直观地看出贡献的"大"与"小"和"正"与"负"。所以生态资源正负二分法作为方法论,不仅有确定的研究对象,还有可计量的巨大优势,可以被广泛运用。

五、主导原理

任何特定时空的生态资源均有主导方面,或者是由正生态资源主导,或者是由负生态资源主导。在主导资源里,会有一个或几个主要资源发挥基本主导作用。

在正生态资源占主导地位的生态环境中,形成有利于生物体生存发展的条件,扩张和发展成为主导趋势。在负生态资源占主导地位的生态环境中,收缩、退却、自保、转变成为主导趋势。军事上常讲,"避其锋芒,击其惰归"就是这个道理。

在1946~1949年中国发生的"解放战争"中,国民党军队重点攻击陕北地区、山东省以及东北地区。当时国民党军队在人数、军事装备、军事素养和物资金钱上均占优势。对共产党军队而言是负生态资源大于正生态资源。所以共产党放弃当时的"首都"——延安和山东大片领土,以及东北的大片领土,撤退以求自保。随着国民党军队整建制地被消灭,国军有生力量极大削弱,共军迅速壮大,共产党军队取得了优势,改变了正负生态资源对比。尤其是东北地区的经济资源非常丰富,共产党军队占据中国的东北地区,从而获取了可靠的战略后方。毛泽东适时改变防守战略,转入战略进攻,迅速取得一系列战役的胜利。

战争不仅仅是指挥艺术上的较量,更主要的是资源上的较量。第二次世界大战时,美国、中国与日本之间的战争较量,美、英、法、苏与德、意两国之间的战争较量，均是由腹地广阔，人口众多，经济实力雄厚的一方获得最终胜利。在军事上、政治上、经济上、技术上、人力资源上的正负生态资源，是完全可以计量出来，也是可以预见到的。也许战争还没打，胜负已见分晓了，除非正负生态资源之对比发生了转化。

中国今天在世界格局中，处于外国军事半包围之中，在军事、技术、经济、政治资源方面均处于劣势。韬光养晦是一个明智的选择。承认负生态资源占主导地位的状况，然后再经若干年的努力，情况会逐步改变。所以，正负生态资源可以被计量出来，可以用于国家的长期发展规划。

另外，在众多资源中，我们要鉴别出主导资源。例如在工业、农业、技术、教育、军事、能源、资本、政治、服务业、市场等诸多资源中，抓住主导资源，带动其他资源的发展和转化。1978年，中国共产党提出"以经济建设为中心"的发展方针，便是基于对当时国民经济状况而制定的总政策。中国政府随之将生产军事装备的企业转为生产民生用品，全力解决民生产品匮乏的问题。之后，中国经济在轻、纺等产业的带动下迅速发展，获得了世界经济分工中的比较竞争优势，成为国际贸易的净顺差国。

认识并把握住生态资源的主导方面和起主导作用的生态资源，制定恰当策略，顺势而为，促进转化，就容易取得成功。

六、差异原理

在全局与局部或整体与部分之间，正负资源的主导方面和主导资源是不同的。在全局或整体上起主导方面的资源，在局部或部分上，很可能是非主导方面或非主导资源，在不同空间、对象、用途上的差异,也会改变主导资源的影响和作用。

这种例子很多。在商业项目筹划时,人们看到市场上同类产品被居于主导和垄断地位的大公司控制时,就会另辟蹊径,开始寻找更适合自身资源的产品,寻找竞争对手并不居于主导地位的小范围内的局部市场。就像佛龛(一个供奉佛像的小阁子)一样,拥有一个小空间。由此入手慢慢可以由小变大,由弱变强。

毛泽东于1927年在江西、湖南和福建的边远地区,找到了当时国民政府统治力薄弱的地区。通过发动农民打土豪、分田地,不但获得当地民众支持,补充了兵源,而且还获得打土豪的收入,以及经略一方区域的经济收入,开始了红军割据一方的革命史。

目前,虽然中国在面临世界上列位强国在军事和政治上联手防堵,还处于负生态资源占主导地位的状况,但中国在南亚和中亚方面还是有局部的优势,特别是经济上的优势。缅甸和巴基斯坦均与中国接壤,两国均是印度洋沿海国家,其中缅甸与中国又是同种和同宗教信仰的国家。中国完全可以在这个局部地区,迅速打开局面,建立通道,取得短期和长期的互利关系,甚至发展到结盟关系。中国在南亚这两块地区,特别是缅甸地区,具有主导性正生态资源,而且还要继续增加、积累或聚集正生态资源,注意去减少负生态资源。

要找到生态资源和生态资源分布的差异之处,具体问题具体分析,提出对策,制定方略,才能出奇制胜。

七、转化原理

正、负生态资源之间的相互转化是一种常态。正生态资源会化为负生态资源,负生态资源也会转化为正生态资源。在生态体或生态环境中的主导方面的资源,会转化为非主导方面的资源,反之亦然;主导资源方面中的主导资源也会转化为非主导资源;局部或部分主导资源的优势会转化为全面或整体的优势,成为全局或整体的主导资源,反之亦然。正负生态资源在相互转化中一般采取渐变方式,通过数量的改变,达到实质性的改变;也可以采取突变方式,迅速产生连锁反应,完成短时间内的彻底转化。

一粒种子酝酿着生机,从萌芽、生长、茁壮、枝繁叶茂、欣欣向荣,到达开花结果的极盛时期,然后又凋落、枯萎、归于尘土。从无到有,由盈而亏,自然界时时刻刻都孕育着变化,人类社会也如此。

毛泽东1927年带领着起义失败后的农民队伍上了井冈山,借山大王的山寨栖身。二十二年后,他指挥数百万大军席卷全中国,建立了自清政府以来第一个统一中国大陆的中央政权,其间经历了万千艰难和险阻。毛泽东领导的军队,从局部的负生态资源占主导的状况,转化为局部正生态资源为主导;并且由军事上的正生态资源,转化成政治上的正生态资源;再由局部优势转化为全局的优势。这是一个渐进过程,是一个不断积累,不断扩大和不断提升的过程。纵观历史上的伟大成功者,均是千里之行,始于足下,一步一步地发展,最终走向成功。

当然,转化也有瞬间完成的。在历史上许多以少胜多的战役,例如蒙古国大汗成吉思汗与金国元帅完颜承裕在野狐岭的决战便是如此。当时金国集结军队四十几万人,蒙古军队只有十来万人,金军数倍于蒙古军队。成吉思汗采用掏心战术,集中精兵猛将攻击敌军的中军,在局部取得主导优势后,迅速扩大战果,金国军队在溃败中互相践踏,其优势资源瞬间转化为负生态资源,因而全军在溃逃过程中被彻底歼灭。

资源转化是有条件的,要有耐性,要看机会。有时可以主动出击,促进转化。古今中外此类案例和方法很多。老子讲的"将欲歙之,必固张之。将欲弱之,必固强之。将欲废之,必固兴之。将欲取之,必固与之。是谓微明。柔弱胜强。"就是一种方法。他的意思是说:要想收缩它,必须故意扩张它。要想削弱它,必须故意增强它。要想除掉它,必须故意让它兴旺。要想夺取它,必须故意给予它。这叫做微妙的策略。因此柔会胜刚,弱会胜强。老子讲的这种促进转化的方法,在军事上,在比赛对抗中,以及在商战里,特别是在金融操作和狙击过程中,均屡试不爽。当然,从防范角度,也要对此种方法有所警惕。

正负生态资源的客观存在,决定了特定的格局和形势。但是,资源总在变化。人们可以使用不同方法促进生态资源的转化,从数量的改变到实质的转变,最终形成有利于自身生存的环境,造就有利于自身发展壮大的局势。

八、限定原理

正负生态资源具有时间、空间、角色、范围和属性的限定性,超出限定的范围和条件,正生态资源可能变为负生态资源,负生态资源可能变为正生态资源。

世间一切事物均有好的一面,也有坏的一面,兴利除弊,需要适当方法。限定原理是利用资源的一个方法。例如水,人类须臾不能离之。但水也能兴起祸害,洪水摧毁家园,人会在水中溺死。为了能够兴利而又避害,人们就要修水库,通河道,建水塔,铺管道,把水限定在可利用范围内,既服务于人类,又不再危害人类。水资源为正或为负?在于限定范围。

人也一样,每个人均有优缺点。量材使用,也可达到兴利除弊的作用。所以领导对下属,会根据其特点,放到适当的岗位上,就能发挥好的作用。用人不当便可形成祸害,不得不"挥泪斩马谡"。人力资源为正或为负？在于使用。

人们之间有特定角色,按角色原则和规则处理关系,彼此之间就是正生态资源,否则便可成为负生态资源。例如,家庭是最好的避风港和休养栖息之地。而家庭之组合首在夫与妻。这是两个平等互利的角色。夫妻之间讲恩爱,讲忍让,讲理解,讲支持,讲互助,讲默契,讲分工,谁负责的事就以他或她为主,不要为一些小事,诸如带孩子,而伤了和气,甚至分居离婚。夫妻之间不必讲"原则",讲是非,没有你赢我输,也没有我是你非。夫与妻两个角色之间的关系处理好,就可以积聚个人与家庭的正生态资源。

处理人际关系要注意不同角色之间的关系。例如上级与下级、老板与雇员,就是管理与被管理、指挥与听从的关系。如果变成了情人关系,变成了其他家庭关系,例如父与子、父与女、母与子、母与女的关系,情况就复杂了,性质要变化了,就会有财产继承等是非出现。所以,把角色位置摆正,把各种资源限定在特定的空间、时间、角色和属性范围内,就可以充分利用周边的资源,促进正向转化,防止负向转化；积聚正生态资源,离散负生态资源,皆大欢喜,人亦善哉。

九、互置原理

目标和条件可以互相置换。条件可成为目标,目标可变为条件。

若想达到目标,必先具备条件。在此情况下"条件"便成为阶段性目标。按此种方法制定方案或计划,就能形成完整的近期、中期和远期目标,以及相应的方略和配套的政策。

目标变为条件是一个更富于哲理的方法,需要从多方面理解。

《荀子·劝学》中说:"积善成德,而神明自得,圣心备焉。"意思是说:积累善行养成高尚的品德,感到心神安定,就会达到高度智慧,具备圣人般思想感情的境界。以上论述表达了把"目标"蕴藏于日常渐进过程中,蕴藏于积累和集聚正生态资源条件中的这一思想方法。

孔子在《论语》中说:"人无远虑,必有近忧。""君子坦荡荡,小人长戚戚。"也是讲的目标和条件互相置换的一种关系。

老子曰:"大成若缺,其用不弊。大盈若冲,其用不穷。大直若诎,大巧若屈,大辩如讷。静胜躁,寒胜热,清静为天下正。"意思是:最完满的东西好像有欠缺一样,但是它的作用是不会衰竭的。最充盈的东西好像是空虚一样,但是它的作用是不会穷尽的。极其正直的东西好像是弯曲一样,极其灵巧的东西好像是笨拙一样,极其卓越的辩才好像是口讷一样。清静克服扰动,寒冷克服暑热。清静无为可以做人民的楷模。以上老子表述的是另一种更为深刻地把目标蕴藏于条件,目标和条件互相置换,无所为而为的思想方法。

目标孕育在条件之中,体现在条件的形成与目标的实现过程之中。父母为养育孩子日夜操劳,盼望孩子早日成人,安家立业。当孩子长大了,离家而去时,父母往往顿感失落,此时才恍然领悟,其实养育孩子的辛劳过程就蕴藏着无穷的快乐。人生奋斗拼搏,孜孜不倦地追求,其目标可望而不可及,但由此产生的源源动力,却成为生命之泉、健康之泉和幸福之泉。辛劳付出不图回报,其本身就是回报。

目标为资源,条件亦为资源,生物体的行为与其他资源互为因果,融人一体。

十、积累原理

正生态资源的积累,负生态资源的离散或离去,见诸于每时每刻,贵在坚持,成效于未来。

荀子曰:"先义后利者荣,先利后义者辱。"香港富豪李嘉诚,不仅广为施恩、布善和捐赠,也常在生意成交后多照顾他人一些,取信于人,所以他的生意路子越走越宽。

老子说:"治人事天,莫若啬。夫唯啬,是以早服,早服谓之重积德。重积德则无不克,无不克则莫知其极;莫知其极,可以有国;有国之母,可以长久;是谓深根固柢,长生久视之道。"老子是说:治理国家,养护身心,没有哪一种原则比得上爱惜精力更重要。因为爱惜精力而能先于别人顺奉"道";顺奉"道"在先,叫做多积"德";多积"德"就没有什么不能胜任的;没有什么不能胜任就不知道他能力的极限;不知道他能力的极限,就可以担负起保护国家的责任;掌握治理国家的道理,就可以长久维持;这叫做深根固蒂,长生久存的道理。以上老子讲的"精力",就是我们现在所说的"正生态资源"。通过奉道和积德,去积累或集聚正生态资源,就可以根深柢固,长生久存,向极限方向伸展能力。

毛泽东在三湾改编部队后制定了"三大纪律八项注意"。军队纪律严明,对百姓秋毫无犯,博得世人好评,得了人心,也得了天下。这说明,正生态资源的积累和集聚,会兴起一个国家。

同样,"正生态资源"离散或者离去,也会衰败一个国家。唐玄宗李隆基采取的一系列有效措施,使唐朝的政治、经济、文化都得到新的发展,超过了他的先祖唐太宗,开创了中国历史上最强盛繁荣,而又流芳百世的"开元盛世"。但在这之后,唐玄宗开始满足了,沉溺于享乐之中,没有了先前的励精图治精神,也没有改革时的节俭之风了。正直的宰相张九龄等人先后被罢官,李林甫、杨国忠相继爬上相位掌权,致使政治黑暗。自宠幸杨贵妃后,唐玄宗带动起来的奢侈风气,充斥在朝廷内,弥漫到朝廷外,越来越盛,终于爆发了安史之乱,唐朝由此转衰。唐玄宗李隆基在位的后期,沉湎酒色,荒淫无度,重用奸臣,政治腐败,导致负生态资源急剧形成,正生态资源快速退去,唐朝从此逐渐走向灭亡。

不断积累并维持住正生态资源,于国,可以兴邦利民,长治久安;于人,可以成功安康,颐养天年。

正生态资源的积累贵为坚持。佛教的积德行善和广结善缘,基督教的博爱,儒家的行仁义等教义,均与正生态资源积累原理相符。孟子讲:"爱人者,人恒爱之;敬人者,人恒敬之。"也是这个道理。

积累或集聚正生态资源,同时减少负生态资源,应该融合进日常行动,成为长期方略,而不必去介意其功利效果。实至必会名归。

当林木参天,绿荫成片时,你自然能体会到它们的价值,享受着"生态资源"带来的回报。

第十三章　生态资源战略管理

生态资源战略管理主要用于整体性的综合管理过程中。它把生态资源世界观和方法论与生态体的"机理论"有机地结合起来,形成了"指导原理"、"战略形成"、"战略制定"、"战略实施"与"战略控制"这几部分内容,具有较强的实用价值。

生态资源战略管理是全面地利用各种资源,以达成长期目标的方法论体系。战略管理是企业管理和国家管理的核心部分,是管理学说的起始点。生态资源的战略管理,吸取了生态资源学说、生态体学说和其他管理学说的相关内容,形成一个既富有实践特色又具系统性的管理理论。

一、指导原理

制定战略时应秉持的两个基本原理:

1. 资源组效原理

生物体的存在与发展受制于资源组合,拥有的和可驾驭的资源越多,组合得越恰当,运行的成效就越大,回报就越多。

生物体以自身为基点,来制定发展战略。首先需要了解自身拥有的资源,以及能够运用自身资源的能力,驾驭更大资源的前景。每个生物体的资源和能力是各不相同的,即使担当同一角色中的生物体,也不一定拥有相同的资源和能力。这样,拥有的资源和驾驭更大资源的能力,就成为生物体竞争优势的源泉。"自身资源"不是静止的,会在动态循环过程中发展与变化。自身资源是一个从最初拥有的"天赋"资源起始,通过整合、优化配置,被有效地利用,维持自身的生息、繁衍增殖、开拓积累或集聚,形成更多的资源的动态发展过程。

资源组合恰当与否,决定资源利用的效率,最终决定成效的大小。企业应该懂得利用自身的优势资源,无论它们是研发能力、制造能力、采购能力、营销能力、销售能力、决策能力、执行能力,还是既有的产品、品牌和客户群体或占有的自然资源。当一个企业能够赢得客户的青睐和信任,积累起市场资源,就有了立足之地;如果同时还能够继续发挥自身的优势,不断积聚新优势,维持或扩大市场占有份额就可以获得较大成功。政府也一样,了解自身和执掌国家的资源,有效整合配置这些资源,充分利用好资源,就可以发挥执政优势,驾驭更大的资源。对内获得人民的支持,对外取得竞争优势,建立起和谐共生的环境。

2. 精核驭大原理

生物体的内在核心能力越精干,侧重的环节越关键,生物体越精简,就越有利于驾驭更多的资源,其规模和成效反而越大。

生物体,包括公司和国家,自身拥有的战略资源中,其核心和最根本的部分,即核心能力。核心能力向外作用,影响着其他能力的发挥，使生物体能够进入各种相关领域，参与竞争，获取优势，不会轻易地被竞争对手所模仿。

核心能力越精简干练，侧重的环节越关键，就越灵活，越有利于运用自身资源，去驾驭各种相关资源，不断地积累和集聚各种资源，实现超越。最终其经营的规模反而会更大，成效会更高。

美国的苹果电脑公司，在20世纪70年代率先发明了个人计算机，自行制造硬件部分和开发系统操作软件，公司资源比较分散，战线拉得较长，发展相对缓慢。而同时代的微软公司，侧重于计算机软件操作系统的开发。其操作系统与行业巨擘IBM系统兼容，成为专业化的操作系统供应商，为各计算机制造厂家提供操作系统软件，迅速地占领了绝大部分市场。最终，微软公司和英特尔公司形成了以二者为标志的，计算机软硬件的垄断性战略联盟。微软公司取得初步成功后，随之又拓展业务，涉足各种计算机应用软件领域，获得极高投资回报，股票市值名列世界五百强大公司前茅。而此时的个人电脑先驱——苹果公司，已被业界边缘化，名列孙山。到了20世纪90年代，苹果电脑公司终于吸取了教训，改变战略，将公司资源集中到新产品的研发和营销方面，集中到销售渠道建设上，把硬件制造部分的业务外包到中国大陆和台湾。随着资源集中，核心竞争力加强，苹果公司仅用几万名员工的精干队伍，就创收了惊人的现金利润，其股票市值荣登世界榜首，把其他数百个巨型公司远远地抛在后面。

越简单的语言，越通俗的道理，越能流传广泛。外形简洁单一，却能成就大事业。最初，美国互联网的门户公司以雅虎为代表，形成一大群内容庞杂且门类齐全的综合性网站。但是，谷歌公司则把资源集中在搜索引擎的开发上，网站主页的设计却能够反潮流，除了一个搜索引擎外，没有其他任何内容。结果是后来者居上，谷歌公司迅速地崛起，超越所有先前的大门户网站，成为互联网世界的巨擘。谷歌以精干的核心能力、简洁的外形,驾驭了各个互联网站的内容与资源,因而独占了资讯业界的鳌头。

精核驭大原理具有普遍性。在国家治理中,在人生道路上,"精核驭大"也屡见不鲜,它是资源战略制定中应该秉持的一个基本理念。在生态资源时代,生物体的竞争已经不再是单纯的个体之间的竞争,而是综合资源体之间的竞争。"精核驭大"体现了时代特征。驾驭资源的能力和整合后的资源优势,构成了生物体之间的综合竞争优势,更加难以被复制和超越。

二、战略形成

资源战略管理的一项主要内容,就是通过严格准确地分析、科学客观地评估和精心认真地选择,找到适合于生物体的战略。

1. 战略分析

战略分析的基础是:生物体(企业与政府等社会组织)必须了解自身环境及所处的社会生态体的整体构成,所处行业与系统的运行机理,所扮演的社会经济角色的机(功)能,与之相关的运行机制,以及现行机制的运行效果和变化趋向。

每个社会生态体都有自身一定的存在条件和环境:空间范围不同,内在的资源与构成组分也不尽相同,历史沿革和发展阶段也有区别。生态体一般由多个系统和多种角色组成,彼此相互联系和相互作用。每一个系统或角色作为整体的一部分,具有特定的机能或功能。一般而言,生物体是作为系统或角色中的一分子,执行系统机能和角色机能。角色中的生物体,在执行角色机能过程中,相互竞争,优胜劣汰,形成了角色自身所特有的新陈代谢机制。系统也是一个"大角色",承担着生态体内的特定角色分工。生态体内系统和生态体内各个角色,以及系统与角色彼此之间,能够协调运行而发挥作用的过程和方式,称为"机制"。

由于生态体的组成资源会发生变化,生态体的运行机制也会发生变化。如果变化加剧,变化作用扩张,就有可能使角色机能发生变化,影响了系统循环,还会影响系统和系统机能的作用方式,最终引发生态体结构的改变。

企业一定要从自身所处的环境入手,弄清所扮演的角色是什么?该角色的功能是什么?是否处于一个更大的系统中?处于该系统哪个环节上?在该系统的作用是什么?当前的运行机制是什么?整个机制是稳定的、渐变的、间歇变化的,还是快速变化的,抑或是无法预测的突变?还要弄清运行机制形成的原因和变化的原因。

生态资源战略分析以"机理论"为依据,可提供一套分析模式,由此可构架完整的计量模型。

2. 战略评估

生物体要评估自身的资源和竞争对手的资源,以及各自驾驭资源的方式和能力;评估在现行市场机制中,或者在市场机制变化更新的条件下,各自能够有效利用的资源,而分别达成与其执行的角色机能和系统机能相一致的理想状态。也就是说,生物体要评估自身的资源和竞争对手的资源,在执行机体、系统机能和角色机能的过程中,在适当的运行机制条件下,各自可能达到的最佳状态,或可能的最差状态,因而可以得出评测结果,做出判断。

每一个企业或组织的资源具有特定性,在执行不同角色时,由于客观环境或生态体对各种角色的要求不同,该生物体能达到的理想状态也不尽相同;即使在同一角色(区域或行业)中,由于运行机制不同,该生物体能达到的理想状态也不相同。战略评估就是要从客观角度出发,遵循企业或者政府应该与其充当的角色要求相一致的原则,并考虑到环境与机制变化的情形,提供各种预测评估结果。

在不同环境条件下,生物体执行的角色机能的方式并不一样。例如,在工业化时代,工厂不仅是制造中心,也是营销和销售中心。工厂一般都拥有自己的经销商和分销通道,拥有研发和营销部门,实行从生产原材料采购到产成品的售后服务一条龙式的管理。而在信息化经济时代,消费需求变化很快,为适应多样化和个性化的市场要求,工厂演变为单纯的制造中心,依照订单安排生产,按客户定制要求生产或进行贴标生产,实行以订单为龙头和原材料采购为龙尾式的管理模式。

战略评估不仅要评价生物体能够有效利用资源而达成理想状态的情况,也要评价其与变化环境保持一致,重新整合资源,再塑竞争力的情况。

3. 战略选择

战略选择是建立在战略分析和战略评估基础上,运用资源组效原理和精核驭大原理,进行综合决策的过程。战略选择方向必须与生态体的机体结构、系统组织机能和角色机能相一致,既要适应当前的运行机制,又能适应变化中的运行机制。战略选择要适合自身的资源,把长远发展与短期利益结合起来,有所作为而又有所不作为,既要一步一步地前行,又不能失去长远目标。

战略分析在"机理论"指导下,可以全面掌握社会结构和运行方式,掌握行业特征、机能和作用机制,有利于深入理解市场和其他方面的机理,探寻方向,进行定位。战略评估能够客观而又准确地研究企业或政府组织,以及竞争对手的现实情况,全面认知它们的资源、竞争力、潜力与发展前景,了解它们自身的优势和劣势,知道如何把握住机会,防范风险。

资源组效原理和精核驭大原理提供了指导思想,帮助厘清思路,有利于做出较正确的决策和规划。

一个企业或政府组织,要从整体上把握住已有的资源,包括人力资源、财务资源、市场资源、研发资源、生产资源、供应资源和自然资源等;也包括它对资源的整合与配置能力,对资源的利用能力和开发能力、管理团队的决策和执行能力。还要把握住驾驭其他资源的机会和前景。

对于生物体的生存与发展,竞争力就是一种资源。这种资源由内在因素和外部环境的结合而创造出来,又在动态循环中增殖、发展和健全。如果要充分发挥核心竞争力的作用就需要取舍,有所作为而又有所不作为。一般而言,要在关键点上作为,由此可以控制全局。这将成为战略选择中的一项重要内容。

进行战略抉择时,既要考虑到利益最大化,也要考虑自身定位,是否符合社会和行业的要求?客观局限在哪里?还要考虑当前和今后运行机制的变化,机制规则制定人的关注点,世界与国家政治和经济的走向,以及相关联的政策取向,等等。要把短期利益和长远发展结合起来,从一开始就形成以长远目标为宗旨的工作理念。

在基本方向和战略轮廓确定后,企业或政府便开始进入战略制定、战略实施和战略控制,这一有机组合,且又相互作用的动态循环过程当中去。

三、战略制定

战略制定主要包括:确定自身使命,明确业务流程,构建组织体系,制定制度与规范,形成特有的精神文化,确立经营目标体系等方面的内容。

1. 确定使命

生物体,无论是企业或政府,需要找到恰当的整体战略,明确自身的定位,需要发挥的主要角色功能,及应采取的价值取向,之后就需要确定其自身的"使命",这一具有根本性的管理思想和管理原则,或者也可称为"管理理念"。生物体的"使命"应该包括对该生物体的"定位",明确其在更大生态体内的系统定位和角色功能。同时,还要明确保证生物体存在、生存、发展和自我实现的根本性方针或指导思想。"使命"对于战略制定,就像"主题"对于文章一样,可以从具体方案和素材中提取。在着手制订战略时,必须把使命首先提炼出来,然后再围绕"使命"来制定整体战略。实践证明,一套明确的、始终如一的、精确的管理理念,可以在组织和管理过程中发挥极大效能。

2. 业务流程

在明确定位、宗旨、方针和指导思想后,就要进行综合业务流程与管理流程设计,或者对原有流程实行改造。业务流程是生物体发挥其社会角色功能的具体实施方式和方法。例如工业企业从接受订单,实施设计、采购、生产、仓储、物流配送、商业单据处理、财务结算等业务流转的过程。不同业务,流程也不一样,所以要设计出综合业务流程。然后根据外部环境、内部条件和自有的核心竞争能力,经过严格的取舍,就可以清楚主要业务流程,非主要业务流程,或者辅助性的业务流程。

3. 组织体系

根据业务流程及其工作特点,公司或政府组织需要考虑各种与之相关的配合、协调、保障、监控等组织管理方面的工作,以及对人力资源、财务资源、设备物资资源、土地资源方面的需要。因此,就形成符合自身实际特点的,特有的组织体系和管理流程。

组织体系要尽可能地精简,按照业务流程和管理流程的实际需要设置工作岗位,要考虑一个岗位多种职能。同时还要注意岗位职责的明确,授权的充分恰当,激励机制的合理。

4. 制度规范

任何制度和工作规范都是从实际需要和操作实践中,经学习、借鉴、概括和经验总结等方式提取后,被制定出来的,而后又需在实践中不断被改进与完善。制度是构建组织体系和运营方式的综合规定,既要明确对行为的要求及相应的处置办法,又要保证过程准确无误,能够起到协调平衡,运行通畅的作用。工作规范与操作规范是控制流程、培训员工、提高品质的标准。执行中既要严格掌握,又须具有一定弹性空间,保证目标与效果的统一。

5. 精神文化

战略制定要考虑精神与文化的管理内容和管理方法。文化可以提升员工素质,改变精神面貌,提振士气,对管理起到提升和拉动作用,是制度规范无法企及的。企业或政府对组织文化要有总体考虑,并要在实践过程中不断摸索,去粗取精,升华结晶,与"使命"凝聚在一起,成为核心竞争力的一部分。

6. 经营目标

在流程明晰和组织系统保证的基础上,战略制定者便要设定整体战略目标。为保证目标的正确落实,还要制定阶段性经营目标(长期、年度、季度、月度等),以及各项内部职能目标(营销目标、财务目标、人力资源目标、供应目标、生产目标、研发目标等),形成一个完整的目标体系。经营目标可以经过不同方式分解,落实到基层和个人,便于实施和考核。

四、战略实施

按通常理解,战略实施是对运行过程的管理,需要对整个组织体系内,包括上级与下级、左右同事和部门之间,进行协调,达成一致,推动全体员工朝既定目标前行。

"激励引导"、"有序竞争"和"整体协衡"这三项原则和运行方式是激发动力,产生活力,同时又能保持整体协同性的主要方法。有关内容在本书第十章中已作介绍。其原则和方法不仅适用于社会管理,也适用于组织内部管理。在新型管理体系中,"战略实施"应该成为战略管理整体构成中的一个有机组成部分。

本节把当前通用的一些战略实施管理办法,根据实践经验与实践后的再理解,扼要地介绍如下:

1. 目标管理

目标管理是在组织体系和制度框架内,通过分解目标,明确职责和任务,参与决策,规定时间,反馈业绩等系列过程,调动各部门、单位及员工的积极性和能动性,自主完成各项任务指标的管理方法。目标管理不仅仅要明确目标任务,执行者的权力、责任和利益,还要创造一个上下级之间彼此尊重、相互支持、充分信任的氛围和关系。由此可以激发员工的工作热情和创新精神。目标管理注重目标体系的关联性和协调性,不但要把目标分解,把职责明确,还要处理好各单位或成员之间的协作关系。目标管理方式较为注重结果,上级对下级工作中的具体执行过程干预较少,所以对人员的素质要求较高。当然,对执行的规范性还是应该进行考核,要加强培训,对执行过程要实行必要的检查、指导与更正。

2. 价值管理

生产和服务等供给活动,是价值形成和实现的过程。各种供给要素(劳动力、技术、信息、管理、土地和资本)组合起来,通过一系列活动,提供商品和服务。这些活动从上游到下游,成为一个作业流程,或者成为一个产业链,因而被称为价值形成链。这些活动也相互关联,互助共生,表现为各种横向和纵向的网络组织关系,又成为交叉式的价值生成关系。

价值管理要把这些价值链和价值网上的环节,相对独立出来,实施成本核算和自负盈亏的运营,把市场化的经营与收入机制,纳入到企业内部组织活动中。价值管理方式方法很多,例如在石化装备制造厂,可以把热处理和铸造车间独立出来,变成分厂或分部,对外独立经营,同时与母工厂之间的作业活动也采取订单加工方式核算。大型综合医院按门诊部和住院部的各科室实行相对独立经营的核算管理;把化验室独立出来,对外实行业务承揽;以及其他部门间的内部结算管理办法,等等,均是价值管理的具体方式。

价值管理把经营目标与部门利益和个人利益直接挂钩,可以产生源源动力,因而该管理方式自身就具有激励功能。在价值管理执行中,要注意协调和处理好整体与局部之间,长期目标与短期利益间的关系,切实贯彻"有序竞争"和"整体协衡"的原则。

3. 绩效管理

绩效管理是一种综合性管理方式,不但要实现规定的经营目标,还须满足或达到各项工作的具体指标要求,其中包括对员工行为、素质、能力等方面的要求。绩效管理要保证组织目标、部门目标以及个人目标的一致性,建立有效的激励约束机制,使员工向着组织期望的方向努力,从而提高个人和组织绩效,保证个人绩效和组织绩效得到同步提升。

绩效管理要经常实行考核,对工作绩效进行评价,肯定成绩,指出不足,对达成组织目标有贡献的行为和结果进行奖励,对不符合组织发展目标的行为和结果进行一定的约束;通过这样的激励机制,促使员工自我开发,提高能力素质,改进工作方法,从而达到更高的个人和组织绩效水平。

绩效管理具有自上而下的单向推动特性，执行中需要与文化管理和其他激励措施结合在一起，把推动力、拉动力和自动力，联合配置起来，形成良好氛围和集体成员间的化学反应，才能产生最佳的整体效益。绩效考核要注意客观性和公正性。只有对员工和组织的绩效做出准确的衡量，才能对业绩优异者进行奖励，对绩效低下者进行鞭策。绩效管理也可以与价值管理方式结合使用。

4. 文化管理

组织文化是一种群体的意识现象和行为特征，决定了人们行为的准则与价值取向。它有助于增强群体凝聚力，激发组织成员的士气。组织文化以一定的社会环境为基础，在生存和发展中培育，萃取精华，逐渐积累而成，并随环境改变而不断地调整。

从理论上探究，组织文化源自于生物体行为法则和生态体运行法则。生物个体的生存、关联和发展的需要；生物群体的自主性、竞争性、适应性、遗传性和变异性；组织内部成员之间的相互依存、相互制约、保持秩序、消弭冲突、限定关系、工作组合与角色职责等关系，均需要组织文化来协调，因而也构成组织文化的特定性质。

组织文化是一个重要的团队资源。它共有精神、意识、思想、行为、成效、形象和环境，这七个层次的内容，包含了从精神到意识，从思想到行为，从成效到形象，以至于与环境互动的制约作用过程；再由环境依次反作用于形象、成效、行为、思想、意识与精神。组织文化在精神层面，主要有组织使命、经营理念、基本信念等；在意识层面，有导向性的行为准则、价值观、职业道德、工作原则等，诸如"日清日高"、"客户满意"、"零缺陷"、"追求卓越"；在思想层面，组织文化与职业作风、工作方法、团队合作、组织制度、岗位职责相关；在行为层面，组织文化与操作规范、员工守则、职业操守、言谈举止、职业素养等一致；在成效层面，组织文化表现为职场氛围、凝聚合力、积极态度、学习风气、奉献进取、客户评价、供应商体验等；形象层面的组织文化包括标志、网页、样本、广告、商标、外观、外貌、门面、装潢摆设、整洁卫生、衣着容貌、厂旗、厂歌、厂服等内容；在环境层面，组织文化包括各个方面的公共关系，例如与公众、政府、社区、媒体组织、消费者、客户全体、竞争对手、行业组织、职业合作人及其大专院校的关系。组织文化与战略管理的全过程息息相关，互为表里，所以成为战略实施过程中的一个重要的有机组成部分。

文化管理还需要一定的设施和活动方式。例如休息场所、图书室、运动健身场地等的设施，以及集体旅游、生日聚会、年终舞会、节日聚餐等活动方式。文化管理与其他管理活动一样，需要预算和支出管理。

5. 精益管理

精益管理思想源于 20 世纪 60 年代早期的丰田生产方式。美国研究人员经多年跟踪，提炼出了这种生产方式的精髓，比较系统地提出精益生产（Lean Manufacturer）理论。该理论被美国公司采用，在实践中发展和演变，自 20 世纪 90 年代以来，开始成为居于主流地位的现代管理思想。

精益管理主要有以下几方面的内容：

(1) 充分满足用户需求，培养忠实客户群体，强调从顾客的关键要求以及企业经营战略焦点出发，寻求业绩突破的机会，为顾客和企业创造更大的价值。

(2) 以市场实际需求和订单来安排生产，实行用订单来"拉动"生产供应链，包括利用看板拉动的准时生产（JIT—Just In Time）、全面生产维护（TPM—Total Productive Maintenance）、5S 管理法、防错法、快速换模、生产线约束理论、价值分析理论等。

(3) 企业的供应与生产系统要能很快适应用户需求，不断地改进和变化。要实行业务流程整体优化;改进技术,理顺物流,杜绝超量生产,增强生产灵活性;消除无效劳动与浪费,有效利用资源,降低成本,改善质量,确保企业在市场竞争中的优势,达到用最少的投入实现最大产出的目的。精益管理在流程优化改造中,会去掉生产环节中一切无用的东西,每个工人及其岗位的安排原则是必须增值,撤除一切不增值的岗位;精简产品开发设计、生产、管理中一切不产生附加值的工作,其目的是以最优品质、最低成本和最高效率对市场需求做出最迅速的响应。

(4)精益管理以保障业务流程高效运行为要求,构建或优化组织体系,大力精简中间管理层,进行组织扁平化改革,减少非直接生产人员;推行生产均衡化、同步化,实现零库存与柔性生产。

(5)推行全面(包括整个供应链)的质量保证体系(TQM),减少和降低任何环节上的缺陷,实现零浪费和零不良。精益生产把责任下放到组织结构的各个层次,采用小组工作法,充分调动全体职工的积极性和聪明才智,把缺陷和浪费及时地消灭在每一个岗位。

精益管理思想还在发展之中。从20世纪90年代中期以来,美国的通用电气公司(GE),开创出"六西格玛"(Six Sigma)管理模式,把一种全面质量管理方法演变成为一个高度有效的企业流程设计以及一个促进改善和优化的技术,并提供了一系列适用于设计、生产和服务的新型"开发工具"。

精益管理与传统的大生产方式不同,其特色是适应了以市场为导向时代的"多品种"、"小批量"竞争环境,克服了以产品为导向时代的主要矛盾,即生产与需求之间的脱节。所以精益管理的全面实施,并不断地自我创新与发展,可以避免造成库存的大量积压,从而避免由生产过剩引发的周期性衰退的状况发生。在这个意义上讲,精益管理是一个新时代的管理方式,具有长远的发展前景。

在资源战略管理过程中,"战略实施"不是传统意义上的"运行管理",不能简单地理解为:只是按上级要求,执行战略方针和策略,完成交办任务,这一被动式的执行过程。战略实施与战略制定密切相关,要形成有利于达到战略目标,完成使命的机能组织,以及保持效率与活力的运行机制。该机能组织与运行机制,又可以自行调节,彼此协作,保持整体上的平衡与再平衡功能效果。"战略实施"是"战略制定"的细致化和应用化,是"战略制定"的延伸和发展。"战略制定"、"战略实施"和"战略控制"均是资源战略管理系统中的有机组成部分。

五、战略控制

作为一个系统,战略控制具有特定的功能作用。战略控制应该渗透到运行的每个关键点,通过一个功能性的系统来实现对整体运行方向性的把握和把控,同时还应保证机体组织的运行活力。这就像是一部汽车,不仅要有动力系统和传动系统,还需要制动系统和方向控制系统,才能保障汽车安全行使,成功抵达目的地。

战略控制应从上而下地实行。控制的根据源自于战略"使命"。战略控制要由首席执行人(首席执行官、总统、国家主席等)直接掌握,而不是由首席运营官掌握。战略控制需要一定的专业组织机构和人员,必要时可在运行组织中设立兼职人员和组织,或者通过其权限,对运行部门、管理部门和各业务部门,实行不同方式和性质的控制。以下介绍五种控制方式:

1. 监督控制

监督控制是通过事前、过程中以及事后的监督,并及时地采取适当的干预措施,对问题予以纠正和处理,对不足之处予以完善,以保证运营的畅通和战略目标的实现。监督控制按其形式可区分为质量监督控制、业务监督控制和管理监督控制；也可以把它们合并在一起，集中到战略实施过程中的核心部分上，统一实施监督控制，例如"全面质量管理"。

2.决策控制

决策是管理的主要内容之一。决策正确与否，不仅事关运营结果的好坏，还关系到战略的成败和生物体的存亡。兹事体大，不可不重视。决策可分为重大决策和日常决策两种。对重大决策要实行流程控制，把决策制定过程细化，分成若干阶段，例如：调查、分析、研究、判断、综合、集成、方案、检测、评估、辨析、抉择等阶段，通过严格审慎的过程加以控制。对日常性决策，主要是通过系统化纠偏方式加以控制，也可以通过其他方式，包括监督控制方式予以控制。

3.协调控制

企业或政府内部的各单位、各部门和各系统之间，需要经常性地互动和协调，以保证总体运行的平衡与效率。一般的组织，其内部均有自行协调机制。在这种情况下，协调控制主要是通过"自行协调控制"机制的维护和管理，来保障运行顺畅。在一些情况下，例如突发事件、外力干扰、内部冲突、系统故障或组织瘫痪等，正常的内部协调难以奏效，就需要一种自上而下的"强力协调控制"力量的干预，方能恢复秩序，保障战略目标的实现。这与交通指挥有些相似。正常情况下，车辆通行只需按红绿灯的指示，协调运行就可以了，但遇到特定情况，便要交警亲临现场，按各种预案或临时措施来解决交通堵塞问题。完善管理的企业、社会组织和政府，均有特定的人员和办法，去执行协调控制职能，确保战略目标的实现。

4.风险控制

风险控制主要针对专业性和系统性运营的风险，实行规避、防范、临危处置、恢复正常和损失补偿的控制与管理过程。例如运营中的安全生产管理，财务上的现金流管理和坏账管理，营销中的投入与回报管理（如广告支出），物流中的库存和运输周期的管理，等等。"系统性风险"与市场变化、经营环境、自然环境、政治法律因素、大型突发事件等因素相关，对此也要有规避防范和处置补偿方面的措施。有关"风险控制"的理论很多，这与过去若干年来商业投机活动和保险业务的快速发展不无关联。

5. 调整控制

"调整控制"顾名思义就是对原有的决策、流程、措施、机构、制度、岗位、机制，乃至系统等方面做出调整，以保证实现战略目标，完成使命。调整控制有大有小，大的调整实际上是对战略计划的反思或再评价，是另一轮战略制定的开始。小的调整是对原计划的补充、改进和完善。调整控制发生的频率与生物体自身发展的速度和环境变化的程度有直接关系，也与战略管理的工作和特点相关。调整控制往往不可避免。

战略控制目前仍然是一个新兴研究领域。战略控制体系建立与否，直接关系到企业运行或国家社会的稳定。战略控制的效果，反映了体制的成熟程度，不可不察，不可不立。

六、案例说明

战略选择确定了使命，再围绕着主要业务流程建立管理体系。在此基础上，制定公司的长期目标和经营目标体系，然后再根据目标和使命的要求，具体实施管理，实现战略控制。

下面用一个作业流程比较简单、管理内容亦简化的火力发电厂的经营体系（图13-1）为例，做一个较为直观的案例说明。

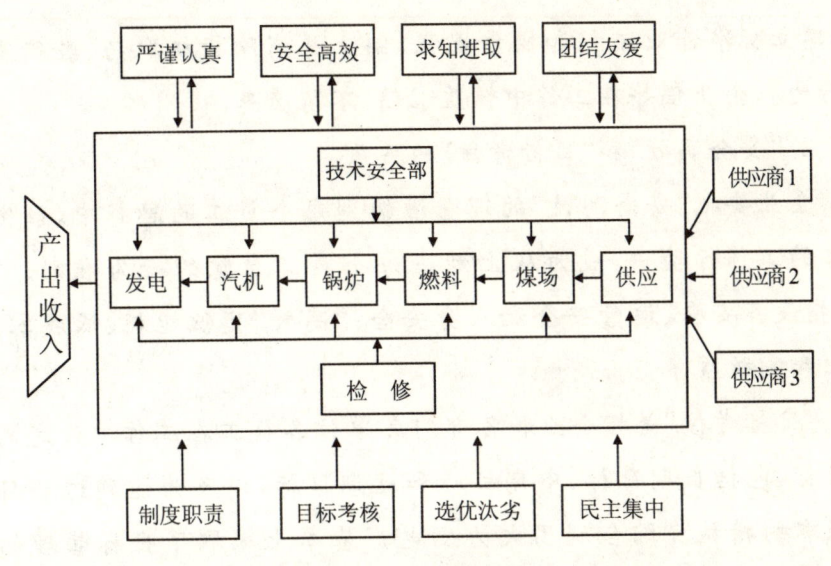

图 13-1　某综合利用火力发电厂经营体系示意图

某综合利用火力发电厂的经营体系可以形象地概括为"一条龙，两个力"。"一条龙"是指以发电产出效益为龙头，煤炭供应为龙尾的生产作业流程及相应的企业内部价值链。企业成本和效益体现在这个流程和价值链上的每一环节。发电为企业提供最优效益，后一个环节要为前一个环节提供最优服务和最优效益。"两个力"是指企业文化的提升力和企业管理的推动力。企业文化包括四个方面：严谨认真、安全高效、求知进取和团结友爱。企业管理也包括四个方面：制度职责、目标考核、选优汰劣和民主集中。

企业文化和管理是相互影响和相互作用的，可以从以下四个方面进行表述：

1. "严谨认真"和"制度职责"的关系

企业提倡严谨认真的工作态度和精神，一切要按规章制度办，按作业流程和操作规范办，一丝不苟，认真负责。所以企业在建立和提倡"严谨认真"的企业文化价值观念的时候，要相应地按发电行业规范和企业实践过程中总结出来的经验教训，不断完善制度、明确职责,建立标准作业流程和操作规程,制止并消除投机取巧、敷衍塞责的行为。企业倡导在工作中精益求精,不留隐患。

2."安全高效"和"目标考核"的关系

企业要把"安全高效"的理念灌输到每个员工的思想中,融化到员工的工作行动中,成为从上到下每个员工自觉的行为准则。"安全"指设备安全、运营安全和人身安全;"高效"指低能耗、低成本、高产出和高效益。

"目标考核"是指企业和各部门各单位各员工在工作中设定的工作目标,包括长期目标、中期目标和近期目标,以及为达到这些目标所采取的措施。综合利用火力发电厂基本上采取了目标管理的方式,提出近期或中期目标,将任务指派下去,各部门上下协同,前后配合,群策群力地完成任务。企业对工作目标达成情况和工作任务进展情况要做严格考核,考核指标要具有"量化"和"时效"两个基本要素,具有客观性和可操作性。考核要与各种激励措施相结合。

"安全高效"的文化理念是与"目标考核"的管理方式相辅相成的,由此产生提升力和推进力。

3."求知进取"和"选优汰劣"的关系

企业提倡"求知进取"的文化理念,要求员工自觉学习业务,不断提升自身的技能、文化和工作能力。企业要建立"选优汰劣"的机制,表彰学有所成、能力提升快的员工,把他们选拔到更适合的岗位,以资鼓励。同时要将不思进取、工作表现差的员工分流下岗,逐渐淘汰。企业作为一个具有共同价值观念和行为能力的群体,要形成自身的鲜明特色。一个企业只有不断地"求知进取"和"选优汰劣",才具有生命力。文化建设和制度建设应该同步进行,培训工作、绩效考评工作、人事选拔和辞退工作、奖励和惩罚工作要同步进行。

4."团结友爱"和"民主集中"的关系

综合利用火力发电厂作为一个新成立的企业,其成员来自各个单位。每个成员都有过去的印记和观念,容易形成门户之见,形成各自的山头和派系。常常因为一些事情彼此争执,影响了公司整体管理和运作,产生了很大的内耗。如果这种情况不从根本上解决,综合利用电厂将很难成为一个具有发展前景的公司。因此,公司要大力倡导"团结友爱"的文化理念和为人处世的态度。不管其来自何单位,具有何背景,都要本着相互尊重的态度、共同奋斗的精神,以团队协作为目标,妥善处理人际关系,进行有效的沟通。每个员工都要具有爱心,爱护集体、关心他人和爱护企业,形成上、下、左、右相互尊重、相互帮助和互相爱护的文化氛围。

在管理上,公司要明确"民主集中"制。要尊重董事会领导下的总经理负责制,服从命令、听从指挥。各级领导在决策过程中要充分听取各方面意见,特别是反对的意见。每位员工在工作中有不同意见,都可以反映和表达。但对形成决议的事情,对有明确指令的工作,一定要责无旁贷地执行,在执行中加强理解。决不允许抵制上级指示,自以为是。上级指令有错误,要反映,要进行总结,并提出改进意见,但不能影响决议或指令的执行。所以公司要明确责任制,由谁负责的事就由谁来承担责任。只有把民主集中制贯彻执行好,把团结友爱的企业文化建立起来,综合利用火力发电厂才能够上下齐心合力,营造良好的工作氛围,提高工作效率,形成整体合力。

以上图示和文字说明部分,只是对一家发电厂管理体制的一般性解释。在实际运行中,还要把经营目标分解到基层,细化成各种部门内、班组内和部门间的技术指标,规定出相应的奖惩办法。其中"技术安全"部门承担着技术指标的制定和考核,实施对质量和安全的控制职责；检修部门负责设备的安全和养护，向技术安全部门和主管运营的领导及时反映情况。公司还应设置专业的和兼职的企管人员，与人事部门和财务部门共同执行考评与惩处事宜。

战略实施方法很多，实际运用时往往交叉使用。例如举例的发电厂的管理分成厂级、部门级和班组级三层管理体制。在厂级层次，可采用目标管理办法。在部门级别以下，可采用绩效管理办法。对煤炭供应、灰渣处理、后勤食堂、保安系统或检修工作，可采用价值管理办法。对工会组织，也可以采用价值管理办法，让员工自由选举，竞争上岗，有效地组织活动，自主管理资金预算。

资源战略管理无定式，每个企业或组织，包括政府部门，均要根据自身的资源（人力、财务等）、业务流程和环境状况，制定和实施符合自身特色的战略方案，建立特定的管理体系，并随着内外情况的变化进行调整或变革。但是，"资源组效原理"和"精核驭大原理"，以及其他基本方法，仍然具有较为广泛的指导意义。

在一定意义上讲，资源战略管理是针对主体部分的综合管理。其他资源的管理，诸如财务资源、人力资源、研发资源、生产供应资源的管理等，均应服从资源战略管理，为战略管理服务。同时，这些专业性的管理，也是战略管理体系中的一个有机组成部分。

资源战略管理作为一种方法论体系，具有很强的实践性和工具性。在实践中，视具体情况而定，选择适合自身特定情况的方法，建立适合自身特色管理体系。所以在本章中，特别列举了许多老式的或新式的管理方式和办法，以资读者参考。

人世间没有"最好"的方法，只有最为"合适"的方法，以及永无止境的追求与进步。

第四篇　生·态·经·济·理·论

经济资源是生态资源中的一类资源,经济体也是一种生态体。把生态体和生态资源理论和方法应用到宏观经济学研究领域,便产生了有别于传统经济学的"生态经济学理论"。

本篇中,第十四章回顾了西方主要经济学理论,提出当代经济学面临的主要课题;第十五章,在说明供给资源和需求资源基础上,建立起国民经济流程模型;第十六章提出了新的商品价值和价值规律理论;第十七章用图示方法说明政府与市场的有机结合关系,提出政府干预经济四原则和干预途径;第十八章提出了新的生态经济成长理论;第十九章探讨了目前国家经济体发展的策略、方向和若干问题。

生态经济学理论采用整体结构、系统流程和角色分析的方法,以此建立起宏观经济理论学说,可以对社会经济活动进行全面地解释与说明。生态经济学理论注重于全局性、动态性和全息性的相互关系,这与传统经济学理论着重于交换行为分析、效益分析、效用分析与交换心理分析的方法,形成了主要的区别。

把生态体和生态资源的理论和方法,与宏观经济学研究结合起来,会对现行经济学理论产生冲击性影响,随着时间推移,其效果会越趋明显。

第十四章　对宏观经济学理论的思考

以史为鉴,可以知兴替;以实践为据,可以检真理。

经济学理论总是与当时所处社会阶段的实际经济状况密切关联,与时代的要求相一致。从历史演进过程的角度看待经济学理论的发展,有利于继承前人经济学说中的合理成分,从而开拓发展出更适合本时代要求的新兴经济学理论。

一、西方主要经济学理论

下面我们从古典政治经济学、马克思经济学、凯恩斯经济学和货币学派经济学四个方面探讨西方主要经济学理论。

1. 古典政治经济学

威廉·配第(William Petty)和亚当·斯密(Adam Smith)是英国古典政治经济学的创始人和集大成者。17世纪中叶,工场手工业已经成为生产的主要形式,英国成为当时整个世界工业最发达的国家。1640年英国爆发资产阶级革命,英国资本主义经济迅速发展,工场手工业日趋兴盛,工业产业资本逐渐代替商业资本在社会经济中占据重要地位。

威廉·配第代表着新兴的产业资本的利益和要求,最先提出了劳动决定价值的基本原理,并在劳动价值论的基础上考察了工资、地租、利息等范畴,他把地租看作是剩余价值的基本形态。

亚当·斯密指出,价值涵盖使用价值与交换价值,前者表示特定财货之效用,后者表示拥有此财货换取另一财货的购买力。他认为,人类有自私利己的天性,因此追求自利并非不道德之事。倘若放任个人自由竞争,人人在此竞争的环境中,不但会凭着自己理性判断追求个人最大的利益,同时有一只"看不见的手"(指市场)使社会资源分配达到最佳状态。亚当·斯密信奉自由贸易,反对政府对商业和自由市场的干涉。如果自由竞争受到阻碍,那只"无形的手"就不会把工作做得恰到好处。他声言这样的干涉几乎总要降低经济效率,最终使公众付出较高的代价。

2. 马克思经济学

卡尔·马克思(Karl Marx)是共产主义运动的创始人和推动者。他继承了古典经济学的劳动价值理论,又发展出剩余价值理论,提出资本积累的一般规律。马克思把价值定义为:价值是凝结在商品中的无差别的人类劳动,即由抽象性的劳动所凝结。价值规律为:商品的价值量由生产商品的社会必要劳动时间决定;商品交换以价值量为基础,遵守等量社会必要劳动相交换的原则。价格随供求关系变化围绕价值上下波动是价值规律的表现形式。社会必要劳动时间是在现有的社会正常的生产条件下,在社会平均的劳动熟练程度和劳动强度下,制造某种使用价值所需要的劳动时间。

马克思指出:"社会的财富即执行职能的资本越大,它的增长的规模和能力越大,从而无产阶级的绝对数量和他们的劳动生产力越大,产业后备军也就越大……,产业后备军的相对量和财富的力量一同增长。但是同现役劳动军相比,这种后备军越大,常备的过剩人口也就越多,他们的贫困同他们所受的劳动折磨成反比。最后,工人阶级中贫苦阶层和产业后备军越大,官方认为需要救济的贫民也就越多。这就是资本主义积累的绝对的一般的规律。"(《资本论》第一卷 P709)

3.凯恩斯经济学

1929年世界性生产过剩经济危机爆发后,约翰·凯恩斯(John Maynard Keynes)感觉到传统的经济理论不符合现实,必须加以突破,于是便在1933年出版了《就业、利息和货币通论》(以下简称《通论》)一书。

凯恩斯主义的理论体系是以解决就业问题为中心,而就业理论的逻辑起点是有效需求原理。其基本观点是:社会的就业量取决于有效需求,所谓有效需求,是指商品的总供给价格和总需求价格达到均衡时的总需求。当总需求价格大于总供给价格时,社会对商品的需求超过商品的供给,资本家就会增雇工人,扩大生产;反之,总需求价格小于总供给价格时,就会出现供过于求的状况,资本家或者被迫降价出售商品,或让一部分商品滞销,因无法实现其最低利润而裁减雇员,收缩生产。因此,就业量取决于总供给与总需求的均衡点,由于在短期内,生产成本和正常利润波动不大,因而资本家愿意供给的产量不会有很大变动,总供给基本是稳定的。这样,就业量实际上取决于总需求,这个与总供给相均衡的总需求就是有效需求。

由消费需求和投资需求构成的有效需求,其大小主要取决于消费倾向、资本边际效率、流动偏好三大基本心理因素以及货币数量。边际消费倾向递减规律使得消费需求不足;资本边际效率递减规律和存在流动偏好陷阱使得投资需求不足。消费需求不足和投资需求不足将产生大量的失业,形成生产过剩经济危机。因此解决失业和复兴经济的最好办法是政府干预经济,采取赤字财政政策和膨胀性的货币政策来扩大政府开支,降低利息率,从而刺激消费,增加投资,以提高有效需求,实现充分就业。

4. 货币学派经济学

自 20 世纪 60 年代末期以来,美国的通货膨胀日益剧烈,特别是 1973～1974 年在所有发达资本主义国家出现的剧烈的物价上涨与失业率居高不下同时并存的"滞胀"现象,凯恩斯主义理论无法做出解释,更难提出对付这一进退维谷处境的对策。于是货币主义开始流行起来,并对美英等国的经济政策产生了重要影响。货币主义的代表在美国有弗里德曼、哈伯格、布伦纳和安德森等人,在英国有莱德勒和帕金等人。

密尔顿·弗里德曼(Milton Friedman)认为,通货膨胀是一种疾病。通货膨胀带来的繁荣是极为短暂的,它只是货币冲击传导过程中的一个初始环节,当传导继续进行下去后,人们很快就发现他们手中的货币虽然数量多了一些,但可购买的东西却少了;工商业企业主发现销售收入虽然扩大了,但成本上升了,这就迫使他们把工资和物价抬得更高,否则将遭受通货膨胀的损失。于是恶果开始呈现:被抬高的物价、有效需求的衰退、通货膨胀与经济停滞连在一起。如果不采取强硬措施有效地制止通货膨胀,这种恶果将越演越烈,不仅破坏市场活动的正常进行,导致经济混乱和危机,而且将带来政治动荡,如果不及时医治,它可能毁掉一个社会。弗里德曼认为,通货膨胀的真正原因在于货币供应增长率大于经济增长率,而货币量过多的原因都是出自政府的错误政策和行为。通货膨胀所表现出来的普遍、持续的物价上涨,就是由于货币发行过多所致。弗里德曼相信,制止通货膨胀的办法只有一个,出路只有一条,即减少货币增长。他认为,只有把货币供应增长率最终下降到接近经济增长率的水平,物价才可望大体稳定下来。

弗里德曼突出强调货币需求函数是稳定的函数,正在于尽可能缩小货币流通速度发生变化的可能性及其对产量和物价可能产生的影响,以便在货币供应量与名义国民收入之间建立起一种确定的可以做出理论预测的因果关系。在短期内,货币供应量的变化主要影响商品产量,部分地影响物价,但在长期内,产出量完全是由非货币因素(如劳动和资本的数量,资源和技术状况等)决定的,货币供应只决定物价水平。

弗里德曼强烈反对国家干预经济,主张实行一种"单一规则"的货币政策。这就是把货币存量作为唯一的政策工具,由政府公开宣布一个在长期内固定不变的货币增长率,这个增长率应该是在保证物价水平稳定不变的条件下,与预计的实际国民收入在长期内会有的平均增长率相一致。稳定的货币需求函数成为货币学派理论及政策的立论基础和分析依据。

二、对以往经济学理论的反思

1. 劳动价值论和劳动价值规律

古典政治经济学反映了新兴的产业资本的利益和要求,驳斥了旧的重商主义学说强调国家贮备大量金币的重要性,否决了重农主义者的土地是价值的主要来源的观点,提出了劳动的基本重要性。只有本身价值绝不变动的劳动,才是随时随地可用以估量和比较各种商品价值的最后和真实标准。劳动是商品的真实价格,货币只是商品的名义价格,从而提出了劳动决定价值的基本原理。马克思基本上继承了劳动价值论,把价值定义为:价值是凝结在商品中的无差别的人类劳动。即由抽象性的劳动所凝结。

从今天的社会实践反思劳动价值论,我们只能把它看作是反映了当时历史要求的阶段性研究成果,是抽象思维的产物。劳动并非不变,甚至也不是均质的,人们很难把"复杂劳动"换算成"简单劳动",然后变成"抽象的、无差别的人类劳动"。现实中的劳动作为统一交换尺度,实际上是无法比较的。今天人们从事生产产品、创造"价值"的劳动,不再是三百多年前那种以简单工具生产简单日常用品,只需要很简单的工艺流程就可以完成的"简单劳动"时代了。在现代化和社会化大生产条件下,除劳动之外的其他各种生产要素,包括机器、设备、技术、信息、原料、能源、土地、资本和其他生态资源要素(含环境保护),等等,均发挥主要甚至是关键性作用。而且生产和消费之间的链条也大大地拉长了,如果仅以产业工人的劳动作为创造"价值"的劳动,再把仓储运输、商业销售和其他各种服务行业的劳动排除在创造"价值"的劳动之外,就难以解释当今的社会经济活动。此外,马克思把价值规律定义为:商品的价值量由生产商品的社会必要劳动时间决定;商品交换以价值量为基础,遵守等量社会必要劳动相交换的原则。该"劳动价值规律"无论在历史上的苏联和中国中央计划经济的时期,还是对西方的市场经济,以及对当今世界的"混合经济",均难以发挥理论对实际经济活动的指导作用,或许它仍然需要一些"桥梁"来实现理论对实际经济活动的指导。尽管如此,"劳动价值规律"仍然具有一定历史和逻辑的合理性。马克思发展和创造的剩余价值理论,对国际共产主义运动还是起到积极推动作用;他论述的"资本主义积累的绝对的一般的规律",在今天还是有一定的借鉴作用。

亚当·斯密是古典经济学集大成者。他认为:看起来似乎杂乱无章的自由市场实际上是一个自行调整机制,自动倾向于生产社会最迫切需要的货品种类的数量。如果某种需要的产品供应短缺,其价格自然上升,价格上升会使生产商获得较高的利润,由于利润高,其他生产商也想要生产这种产品。生产增加的结果会缓和原来的供应短缺,而且随着各个生产商之间的竞争,供应增长会使商品的价格降到"自然价格",即生产成本。谁都不是有目的地通过消除短缺来帮助社会,但是问题却解决了。用亚当·斯密的话来说,每个人"只想得到自己的利益",但是又好像"被一只无形的手牵着去实现一种他根本无意要实现的目的,……他们促进社会的利益,其效果往往比他们真正想要实现的还要好。"(《国富论》第四卷第二章)。但是如果自由竞争受到阻障,那只"无形的手"就不会把工作做得恰到好处。他经常反复用最强烈的言辞痛斥垄断商人的活动,坚决要求将其消灭。《国富论》中记有这样一个典型观察:"同行人很少聚会,但是他们会谈不是策划出一个对付公众的阴谋就是炮制出一个掩人耳目提高物价的计划。"他对农工大众的利益颇为关怀,同情工人,认为合理工资对占社会多数的工人是必要的。亚当·斯密这些思想,至今仍然在世界上影响和指导着各个国家的经济决策者。

2. 关于凯恩斯经济学

凯恩斯经济学理论以解决充分就业问题为中心,而充分就业的逻辑起点是有效需求原理。凯恩斯认为,由于存在"三大基本心理规律",从而既引起消费需求不足,又引起投资需求不足,使得总需求小于总供给,形成有效需求不足,导致了生产过剩经济危机和失业,这是无法通过市场价格机制调节的。凯恩斯为当时的西方经济问题开出两味药方,一是膨胀性的货币政策,二是赤字财政政策。他提出的这套理论和政策在第二次世界大战后西方经济的恢复和发展中起了很重要的作用,影响了各国政府和后来的一大批经济学家。

今天世界经济格局发生了很大变化,人口众多的中国和印度已经崛起,成为世界市场的主要组成部分,这些国家失业人口数庞大。

而以美国为主的西方经济经多年"宏观调控"后,仍然存在着大量失业人口。实践已经证明,而且还将继续证明,在市场经济条件下,失业是一个常态,不宜作为宏观经济理论的出发点和回归处,也不能作为宏观经济总量特别是货币供应总量的平衡点。就业充分与否的问题取决于很多其他因素,诸如:①人口自然增减;②生育计划;③移民政策;④国民教育;⑤职业培训;⑥新兴产业;⑦社会福利等,而不仅仅是居民储蓄、投资和流动偏好的纯经济因素。所以,其理论前提和归属值得商榷。从市场经济法则方面看,有竞争就会有优胜劣汰。马克思指出:"产业后备军的相对量和财富的力量一同增长,……这种后备军越大,常备的过剩人口也就越多,官方认为需要救济的贫民也就越多。"这是一般的规律,既是社会规律,也是自然规律,失业人口问题需要更多的社会实践,由各个国家根据各自情况,从多个方面来逐步解决。

　　凯恩斯提出的膨胀性货币政策,从最近四十几年各国的实践来看,效果很不好。从中长期看,膨胀性货币政策并没有增加社会总需求,反而削弱了社会总需求的增长。通货膨胀大大缩减了居民和企业的储蓄,加大了货币和资本产品的泡沫化。美国在20世纪70年代中发生的滞胀,在2000年的股票市场泡沫,以及在2008年由房地产引发的金融危机,均与膨胀性货币政策相关联。中国在1988~1989年、在1992~1995年,2003~2007年,以及在2009~2012年发生的通货膨胀和随之而来的"调控"与"着陆",同样也与"宽松"的货币政策相关联。通货膨胀歪曲了社会真实需求和成长性需求,歪曲了价格与价值的走向,让价值规律无法发挥作用,从而引发危机。

　　凯恩斯提出的赤字财政政策,在实践中效果也不好。美国联邦政府庞大的债务和持续的财政赤字,已经形成了巨大的潜在危机,早晚要引爆。美国地方政府债务危机已经开始。欧洲国家的主权债务危机已经开始。中国地方政府债务危机正在起始阶段，有些地方政府主张再增收"房产税"。其实，房产税无助于减轻危机，反而会加速债务危机来临。中国地方政府机构庞大的开支，低效率运行，官场腐败，过多的"政府作为"，是将要发生债务危机的主要原因。中国政府如果能果断地进行政治体制改革，大规模改组政府机构，转变职能，消减冗员，降低政府开支，才有可能化解政府债务危机，把其危害控制住，否则债务危机结果难以预料。另外，边际消费倾向递减规律只限于少数高收入人群和消费方式变化较慢的社会环境，以及社会福利差，社会危机多或者前景不稳定的社会环境。美国社会中的现行消费者们和中国1980年以后出生的新一代消费者，均呈现出了另外一种"提前消费"的倾向，与"边际消费倾向递减规律"恰恰相反，应该予以关注。

　　无可否认，凯恩斯是一个经济学理论上的天才和经济活动的实践者。他用总需求和总供给的均衡关系来说明国民收入的决定，正式把资源利用的宏观经济问题提到日程上来，反对放任自流的经济政策，明确提出国家直接干预经济的主张，建立了一套货币理论，并用这种方法分析了货币、利率的关系及其对整个宏观经济的影响，等等，其理论和观点至今还使我们在经济学研究上受益匪浅。

　　3. 关于货币学派经济学

　　弗里德曼认为，通货膨胀是引起物价长期普遍上涨的一种货币现象。他正确地分析通货膨胀的诱惑与危害，以及通货膨胀的原因，提出对通货膨胀的治理措施。货币学派在多个方面矫正了凯恩斯主义的不当主张，反对国家干预经济，主张让市场机制充分发挥其调节经济的作用，在一个可以接受的失业水平下，保证整体经济稳定地发展。货币学派自20世纪70年代至21世纪初，对西方经济的恢复与发展，起到积极的引导作用。但是，货币学派也有自身的局限性：

第一,货币学派沿用实证方法,侧重于对人们心理、行为、偏好、效用和收益等传统需求因素的分析,忽视对国民经济整体结构和系统运行的宏观思考和认识。弗里德曼在凯恩斯流动偏好函数基础上作了一些发展补充,建立自己的货币需求函数。货币需求函数是指人们平均经常自愿在身边储存的货币数量与决定它的为数不多的几个自变量(如人们的财富、收入、预期收益率、效用和通货膨胀率等)之间,存在着一种稳定的并且可以借助统计方法加以估算的函数关系。他把这种个体行为模式抽象为按人口平均的货币持有量和实际收入,使得函数能适用于整个社会。我们且不管这个需求函数的自变量与函数因变量之间的统计相关性有多高,因为弗里德曼已经强调货币需求函数是稳定的函数了,关键在于这种货币需求函数的行为模式是否适用于快速变化中的社会发展？是否适用于其他国家和地区？如果货币需求函数不是稳定的函数,那么货币供应函数还能够实行单一规则的货币政策,长期采用一个相对不变的货币供应增长率吗？过去四十多年中,美国政府虽然采纳了货币学派的一些政策主张,但至今没有任何一个货币管理当局,能够真正地实行过这种"单一规则"的货币政策,包括对控制通货膨胀最尽心的美联储前主席格林斯潘。在其十八年的任期内,格林斯潘也是根据经济发展的客观需要,经常地调整货币供应数量的。

第二,货币学派强调单一的货币供应数量,把货币推到极端重要的地位,却忽略了货币存在的不同形态,以及货币执行的不同职能,因而无法采取有区别的货币政策,分别调整处于不同形态中和流转过程中的货币,调整执行不同职能的货币。"生态货币理论"将弥补货币学派的这一不足。有关论述可参见本书二十章至二十三章的具体内容。2008年美国金融危机和当前的欧洲主权国家债务危机充分显示出,即使是在货币供应总量保持稳定的状况下,由于消费信贷的泛滥和国家举债消费的原因,同样可以引发国民经济动荡,爆发大规模的金融危机和债务危机。投资产品交易市场上的流动货币,也可以形成泡沫,引发相关市场和国家的经济危机和金融危机。所以一定要区别对待,采用更为精确制导的方式,监控不同领域、不同渠道、不同市场和不同形态的货币资金流动,从而有效地维护整体经济运行的稳定,而不是放任自流。

三、对当代经济学理论的要求

当代经济学面临的主要课题是经济发展失衡,包括人类经济体自身的失衡,以及与自然生态资源的失衡。

1. 人类经济体自身的失衡

人类经济体自身的失衡具体表现为经济供求总量的失衡和产业结构性失衡,其中产业结构性失衡尤为突出。自 2008 年以来,由美国金融危机引发的全球性经济衰退仍在持续,主权债务危机和过度消费造成的信用危机阴影尚未去除。美国过去十多年来,严重依赖房地产和金融业,民众在资产泡沫中大肆消费,产业结构性失衡,最终演化成金融危机和经济衰退,致使国民经济总量上失衡的状况继续恶化。中国当今经济严重依赖外销市场和投资带动的需求,而内需消费市场疲软,众多行业产能过剩,产业结构严重失衡。日本曾经依赖外销市场快速发展,金融产品和房地产价格急剧攀升,在泡沫破灭后一直处于产业结构和内需与外需市场的调整过程中。欧洲主权债务危机和过度消费造成的信用危机正在蔓延。前苏联更是畸形发展,国防工业和宇航业处于世界领先地位,但农业和轻工业却十分落后,产业结构性失调问题突出。人们每天为了购买食物而排长队,往往要等一个小时或者数个小时。最终,前苏维埃社会主义联盟共和国和她的计划经济体制,在 1991 年骤然解体,之后彻底地消亡。

2. 人类经济体与自然生态资源的失衡

当今世界面临着生态环境的严重挑战。对自然资源无节制地大规模消耗,造成能源危机和其他资源迅速枯竭。污染物的大量排放、水资源短缺、气候变暖、土地荒漠化、众多动植物物种灭绝,等等状况持续地存在,致使生态环境日趋恶化,直接威胁到人类的生存与发展。

追求人与自然生态的和谐,建立可持续的生产方式和消费方式,引导经济走上健康成长道路,是时代的要求和挑战。

研究人类经济体自身的平衡关系,以及人类社会与生态资源之间的平衡发展关系,提出应对之道,也是历史赋予当代经济学的责任。

第十五章　供给资源和需求资源

鉴定经济资源的组成,描述经济体的架构,说明经济资源在经济体中的流转与循环过程,是生态宏观经济学的基础与首要步骤。

"经济体"由"经济资源"组成,经济资源又在经济体内转移和流动。这与"生态体"和"生态资源"之间的关系是一样的。经济体是生态体的一种,而经济资源也是生态资源的一类。

经济资源主要分成两种,即用于供给活动方面的经济资源(供给资源)和用于消费活动方面的经济资源(需求资源)。在认识供给资源和需求资源基础上,就可以逐步了解宏观经济体的整体构造、宏观经济体内系统及其循环流转的运行方式。

一、供给资源和需求资源

供给资源指参与产品生产和服务提供的各种生态资源,包括形成生产要素的劳动力、资本、土地、管理、技术、信息;包括参与生产过程的初级产品(服务)、中间产品(服务)和最终产品(服务)的生产性供给资源;还包括参与消费过程的运输、商业、法律、金融、资讯等各种服务。概括起来就是参与产品和服务提供全过程的各种劳动、资金、物质、信息、土地、资源和能量,及其管理、转移和转换等方面的活动。

需求资源包括消费需要和支付能力两部分。

供给资源与消费需求资源相对应。供给资源所提供的产品和服务必须与需求资源相交换,才能成为商品,具有价值。从图15-1可以看出,二者存在既相互对应,又相互关联的关系。

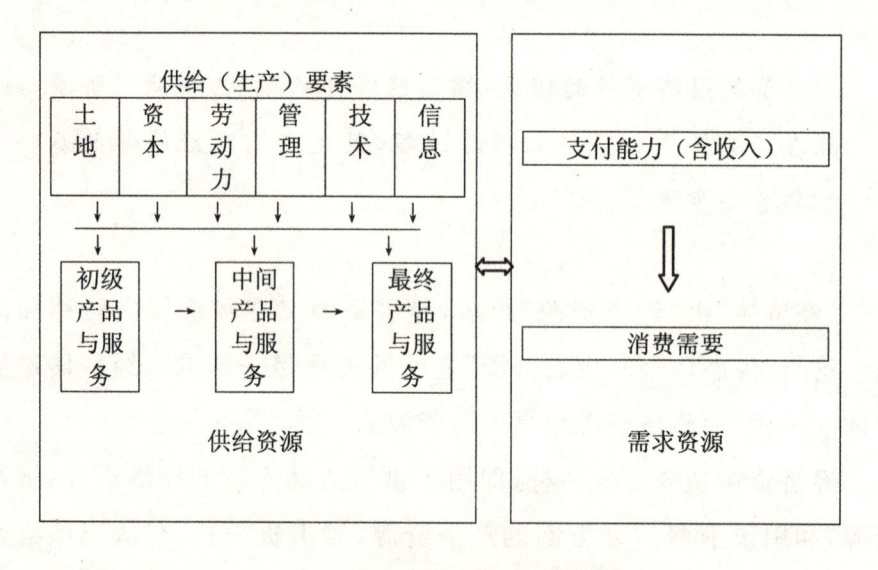

图 15-1 供给资源和需求资源的关系

1.供给资源

(1)初级产品与服务。包括:农副产品、矿产品、初级能源产品(石油、天然气、煤、风力发电、水力发电、太阳能发电等)、林业产品,以及其他与土地开发相关的产品。初级产品具有资源性、再生性、不可再生性和稀缺性等特点。

(2)中间产品和服务。以制造业为主,包括:材料产品(钢、铁、铜、铝、有色金属、稀土产品、木材、塑料、纺织面料、基本化工产品等）、粮食油料产品、机械设备、工装具、电子原配件、零部件等以及相关的服务业，包括：运输业、仓储业、批发行业、金融业、保险业、广告信息服务、工商业性不动产等。燃煤、燃天然气和核动力的火力发电可以列入中间产品和服务范围。

（3）最终产品和服务。包括：食品、饮料、服装、鞋、家具、药品、汽车、家用电器产品、计算机、电话、日用品、文化产品、房地产等，以及各种服务性产品，包括：餐饮服务、医疗服务、旅游服务、健身服务、客运服务、邮递托运服务、媒体信息服务、教育、文化、娱乐服务、金融服务、零售商业服务、理发美容服务等，还有对居民的电力供应、天然气供应、自来水供应、电讯服务等。

（4）供给（生产）要素。包括：土地、资本、劳动力、管理、技术和信息。供给要素是指在生产和服务过程中，一般应具有的要素或至少应部分具有的要素。不管这些要素是以投入的方式、自备（供）的方式，还是购买或租赁的方式获得。有些要素在简单生产或服务中是以合并要素方式出现的，例如个体工商业者集劳动力、管理、技术和信息为一身，从事产出活动，但其拥有的要素属性还是有区分的。

以上供给资源中，初级产品和服务、中间产品和服务，以及最终产品和服务，是通过商品市场交换之后的销售收入（进项）来取得回报；而供给（生产）要素，则是以不同的方式，获取回报和收入的。土地以地租、增值或"资源费税"的方式获取回报。资本分成借贷资本和投资资本两种，其借贷资本（贷款、债券等）以利息收入为主；投资资本则以利润分红和溢价（股本增值部分）收入为主。劳动力以工资和奖金收入为主，还有公司代付的劳动保险、退休金、医疗保险等福利性收入。管理人员收入除工资、奖金、福利之外，还包括其他特定性报酬，例如利润提成和期权等等。管理人员作为与其他劳动力，包括技术人员和信息管理人员相区别的主要因素是,他对资本这一货币形式的综合生产要素(供给要素)负有直接责任。资本的利润和股东投资回报,主要依靠管理人员的综合运作能力和管理工作结果来实现的。技术人员主要获得工资福利收入和技术成果转让费(包括专利性和非专利性技术)。信息人员获得工资和福利性收入,以及信息转让、广告、版权、咨询、中介、代理等收入。

总之,供给资源包括从采矿、采伐、农业生产,到产品加工、深加工、工业制造、物流运输、供应配送及各项商业服务的全过程;也包括各种物质性供给要素,例如土地、资本、劳动力,以及非物质性要素(如管理、知识、技术、信息等),可以说是全方位的生态供给资源。如果空气和水加入到供给过程,并且具有可计算的成本,例如二氧化碳排放指标,废气、废水污染控制和治理成本,均应计入其中,成为商品成本或商品价值的一部分。

2.需求资源

需求资源包括消费需要和支付能力两部分。消费需要资源包括消费者数量、消费量、消费习惯、消费方式,等等。支付能力包括现金、储蓄、债券、股票、房产、艺术品、古董、集邮、投资和其他可以变现、用来满足消费需要的财产净值部分。消费需要和支付能力是需求资源中两个各自分离,而又相互关联的有机组成部分。

消费需要既有基于消费者的自然生理需要的,例如吃饭、喝水、居住、行动、生儿育女、健康维护,等等;也有基于消费者的社会生活和发展需要的,例如学习、社会交往活动、娱乐、体育、文化,等等。消费需要与消费者所处的国度、民族、文化、传统、时代等因素相关联,也受生产力发展水平影响,形成了一定时期内或一定地区内所特有的生活方式和消费方式,形成了一种带有惯性的消费习惯。消费方式和消费习惯随着社会发展,在新的物质基础上,在新的产品和服务的影响下,会不断改变,具有极大可塑性。消费需要包括了消费者的消费欲望或消费倾向,但这不直接等于"需求倾向"。因为消费需要是一种客观存在的需要,不是单独受制于心理主观欲望的一种购买倾向。需求倾向往往受制于支付能力,对价格变化有较大敏感度,与购买倾向与供应方的广告和宣传刺激有关。

支付能力是消费需要转化为消费需求的一个必要条件。支付能力不仅仅制约(约束)消费者的消费需要,还往往是消费者选择产品和服务时的一个充要条件。支付能力包括消费者的收入,诸如工资、利息、利润分红、租金等收入,还包括消费者自身财产净值和增值的部分,所以支付能力不仅是一种购买商品的支付手段,也是财富增值手段。就支付能力本身而言,它对最终产品(服务)在市场上的"实现",具有重要意义。支付能力必须依托消费者的实际消费需要才能发挥作用。但是支付能力在投资产品市场(证券、房地产、古董、保险等市场)上,却可以直接产生需求,为购买投资性产品而支出。投资交易活动对经济成长也具有推动作用。

有些消费者基于传统意识和消费习惯,对支付能力(财产净值)的使用比较谨慎,消费开支远低于实际收入,而将一部分收入储蓄起来或投资出去。一些消费者则偏好于风险,在支付能力不足的情况下,愿意以预支方式、贷款方式或借他人钱的方式去消费。在微观经济学分析上,可以把消费者行为设定为"追求效用最大化"、"规避风险意识",以及"消费选择的时间偏好"等因素加以数量化,并进行分析。但从宏观经济学角度,则要从制度上,从社会保障体制、投资体制、金融放贷体制等多方面的因素上,综合性地考察消费开支的特点和结构,用实际统计数据来建立需求资源用于消费需要支出的模型和用于购买投资性或增殖性财产的支出模型,进行分析和研究。

二、封闭型供需资源运行机制

如果暂且不考虑进出口贸易和其他国际收支活动,以及政府在国民经济体制中的作用,单就市场经济本身而言,可以建立如图 15-2 所示的"封闭型供需资源运行流程"。

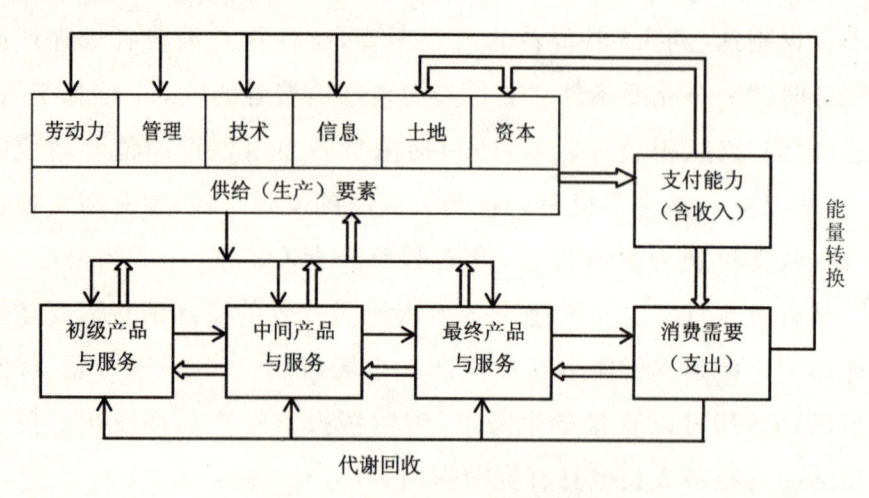

图 15-2 封闭型供需资源运行流程

图中单线箭头表示产品、服务以及供给要素的流向,双线箭头表示货币的流向。

图 15-2 可以看成是一个流程模型图。从左上角开始的供给要素有:土地、资本、劳动力,以及管理、技术和信息。土地涵盖了大部分自然资源,包括土壤、农田、草场、森林、湖泊、河流、养鱼池、水塘,等等,也包括了地下矿产资源、能源资源。资本包括投资资本和借贷资本。资本可以组合各生产要素,购置厂房、土地、生产设备,等等。供给要素直接投入到产品与服务的生产和供应方面。在图 15-2 的左下部,由初级产品(服务)开始,形成了产品(服务)的供给链;产品(服务)经中间产品(服务)过程后进入到最终产品(服务)的供给(生产)

领域；再通过与右下部分消费需求（包括需要和支付能力）实现交换，最后产品（服务）进入消费领域。消费者享受各种产品和服务后，将能量转化为劳动力、管理、技术和信息，再生成为新的供给（生产）要素，实现生态资源的产品（服务）循环过程。如果考虑到消费代谢回收过程，即垃圾分类处理和用于再生产的过程，我们又推出了代谢性回收路线，实现再生利用的生态循环。

另外，我们从右上角"支付能力"上看，支付能力将收入和其他财产净值部分，以货币形式分出一部分用于消费需要，经过消费支出进入最终产品（服务）供应领域，再流向中间产品（服务）和初级产品（服务）领域，成为各领域内供给者的销售进项收入。而这些销售收入中的一部分除了用于支付原料、材料、能源、设备和其他服务外，主要部分以对供给要素的回报方式返回到供给（生产）要素领域，成为供给（生产）要素的收入。而该类供给（生产）要素收入，则又以货币和其他财产（例如股票和期权）形式进入到"支付能力（含收入）"领域内。其中一部分收入以储蓄、债券等借贷资本方式，返回到资本供给要素中，一部分收入以投资方式例如股票、股权、土地、房屋等方式，返回到供给要素领域；另一部分收入再次成为消费支出，进入消费需求和产品（服务）供给领域，从而实现了生态资源的货币循环过程。两种循环有机地结合起来，构成生态资源在封闭型机制下的整体循环过程。

本流程图有助于量化分析，可以用于构建教学模型和计算机编程，也可以用于教学和研究分析。

三、开放型供需资源运行机制

在封闭型流程模型图基础上，再增加国际收支中经常项目，以及资本和金融项目（暂且将储蓄资本和净误差与遗漏两大项忽略不计),经修改后的生态资源开放型运行流程模型如图 15-3 所示。

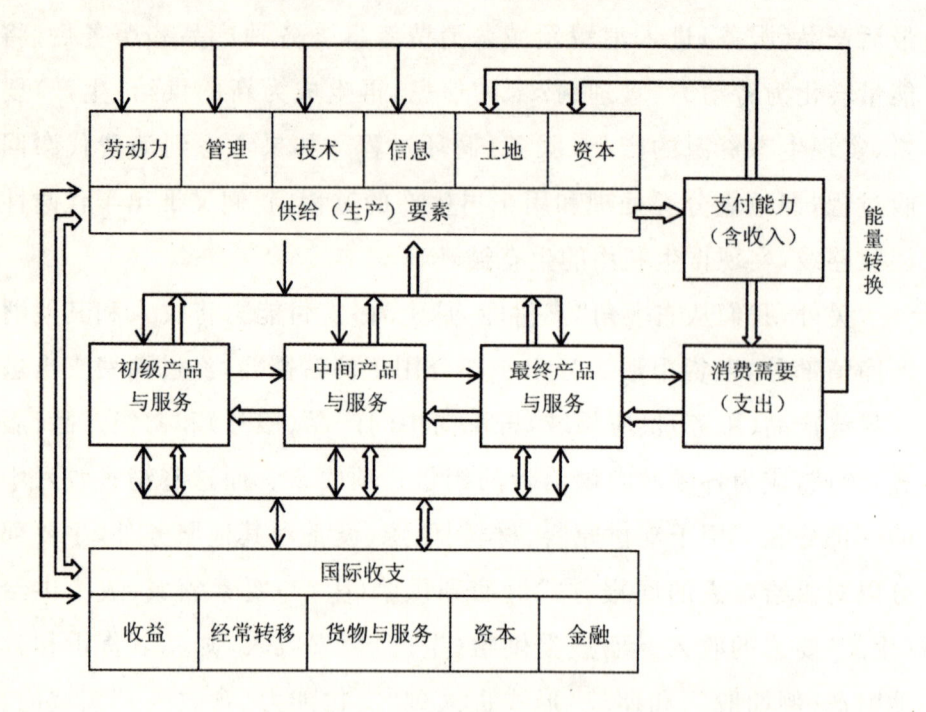

图 15-3　开放型供需资源运行流程

图中单线箭头表示产品、服务以及供给要素的流向,双线箭头表示货币的流向。

1. 国际收支中的经常项目项

(1)货物和服务。货物是指通过海关的进出口货物,以海关的进出口统计资料为基础。服务包括:旅游、运输、通信、建筑、保险、金融服务、计算机和信息服务、专有权使用费和特许费、各种商业服务、个人文化资源服务,以及政府服务。

(2)收益。收益包括职工报酬和投资收益两类。职工报酬是指本国居民在国外工作(一年以内)所得到并汇回的收入,以及支付外籍员工(一年以内)的工资福利。投资收益包括直接投资项下的利润、利息、再投资利益、证券投资收益(股息、利息等)和其他投资收益

(利息)。

(3)经常转移。经常转移主要包括外汇、无偿捐赠和赔偿等项目,涵盖货物和资金形式。

2.国际收支中的资本和金融项目

(1)资本项目。包括资本转移和非生产、非金融交易。资本转移主要包括固定资本转移、债务减免、移民和投资捐赠等。非生产、非金融资产交易是指非生产出来的有形资产(土地和地下资源)和无形资产(专利、商标、商誉和经销权等)的所有权转移。

(2)金融项目。包括直接投资、证券投资和其他投资三大分类账户。

从开放型流程图可以看到,国际收支中的经常转移项目,与国民经济中的初级产品(服务)、中间产品(服务)和最终产品(服务)发生直接关系,其中居民出国旅游消费,通过最终产品和服务供给渠道完成。劳动收益以及投资收益(利息、服务等),均通过供给(生产)要素的方式体现在流程图中。另外,资本和金融项目主要通过供给要素收入和转移方式与国民经济发生关系。

政府可以通过各种行政手段、财政税收手段、货币手段以及法律手段来直接调节国际收支状况,解决失衡引起的相关问题。

四、其他类型的资源运行机制

(1)政府与其他生态资源之间的运行机制。详见本书第十七章内容。

(2)代谢性和增殖性生态资源。将在本书第十八章详细说明和讨论。

第十六章　商品价值和价值规律

在生态体运行过程中，各个组分、角色和系统，其自身和相互之间均要保持着各种方式的平衡，它们受制于生态体运行规律。在经济体运行中，各企业、各行业、各部门、各综合领域和消费群体，无论是其自身内部还是相互之间，以及在经济总量上，均要保持一定均衡关系，它们受到商品价值和价值规律的支配。

商品价值和价值规律是宏观经济学理论的核心部分之一。传统经济学理论，比较注重于对历史进程的考证，注重对生产活动、交易行为、消费心理、经济效用和投资收益等微观因素的分析，在此基础上建立起传统的商品价值理论学说。生态经济学则相反，运用"机"理论，注重于宏观经济的整体构成与组成，注重系统循环的流程，在对机制、机能和机体的探讨中，去研究商品价值，从而建立起新的生态价值理论。

一、商品（服务）的市场交换属性

商品（服务）具有以下四个基本市场交换属性：

第十六章　商品价值和价值规律　191

(1)受用性。商品具有实用性、可用性，能够满足特定需要。受用性指商品对使用者或服务对受用者，均应具有可用性质，具有能够满足特定需要的作用。在消费领域中，商品和服务应该满足消费者生存的需要、关联的需要、成长和发展的需要；在生产和供应领域中，商品和服务应该满足采购方或客户的特定需要。供应(生产)要素也是商品，也必须具有受用性质。资本性产品，例如股票、债券、房地产、银行定期存款，等等，要有保值和增值效用；劳动力能够为雇主和社会创造价值；信息、技术、管理和土地也必须具有受用性或使用性。

(2)竞争性。商品是在具有市场竞争机制的条件下，以公平、公认的生产效率和服务效率提供的产品和服务。竞争性是市场经济，也是商品经济的特有属性，有别于自然经济和计划经济。在自然经济中，农民盖房子、织布缝衣、男耕女织，不存在商品交换关系，不具竞争属性。农民盖房子、织布的效率不具社会公平和公认的效率属性。因为是满足自身需要，也没有社会公认的必要性。在计划经济社会中，一切产品按指令性下达的计划生产，效率高低不具社会公平性，也没有竞争性，所以计划经济社会的"商品(服务)价值"，严格意义上不是商品经济及生态资源价值论中的商品(服务)价值，因为它不符合竞争性这一价值属性。

(3)实现性。可以在市场交换过程中被买方支付，换句话说，可以在商品交换过程中被实现其价值。实现性是产品和服务作为商品存在的一个基本条件。产品和服务不仅能够进入流通领域，而且必须能够完成交换，获得支付，才能实现商品的价值。实现性是产品和服务作为供应资源完成转换，成为新的供应资源，或者进入消费领域，转换成新的供应要素的一个关键步骤。

(4)协同性。协同性特指用来提供该类该种商品和服务的供给资源，是在整个经济体平衡运行的状态下，与整体经济运行保持一致的,具有整体协同性的供给资源。市场交换实际上是不同产品之间的交换,是从事不同社会分工和不同生产分工的角色之间的交换,是不同产品之间产出能力的交换。从本质讲,市场交换反映了社会经济生态体的整体协同性,所以必须从社会整体经济关系上来把握市场上的商品交换,来理解商品价值,不能仅从生产该种产品的同一"角色"中不同"生物体"(生产厂商)之间的竞争关系来定义价值的形成。

以上四个属性中,受用性和竞争性符合生物体法则中的需要法则和竞争法则;而实现性和协同性符合生态体法则,例如符合生态体的依存和制约等法则。

二、商品(服务)的价值

商品(服务)的价值是:供给资源通过自由竞争的市场,在整体经济协同和供求均衡条件下,与需求资源相交换而实现的,用于单位商品(服务)而获得的收入。

以上商品(服务)价值定义包括四层含义:

(1)商品(服务)价值是供给资源用于单位商品(服务)而获得的收入,包括各种供给要素用于单位商品(服务)的损耗支出和收益。

(2)商品(服务)价值是供给要素,经整体协同机制调整后,在各部门间达到合理使用状况下,通过自由竞争的市场机制来达到有限供给资源的最优配置的作用体现。

(3)商品(服务)价值是在供求均衡条件下与需求资源相交换的供给资源。

(4)作为价值来源的供给资源和它们的产出商品,必须具备能够在交换中被需求资源实现的可能性质。此处强调价值是单位商品

(服务)的"收入",而不是"价格",就是要表明价值是商品(服务)交换的结果,而不是交换的起点,或是单方面的"要约"。在现实生活中,人们对"商品价值"的评估,也常常是依据商品售出后的市场价格来推算出同类近似产品的合理价格或"交换价值",而不是用产品的生产成本来推算"商品价值"。

供给资源不仅包括生产要素,诸如劳动力、土地、资本、管理、技术、信息,还包括各种专业服务和消费性服务。在信息化发达的今天,专业化的服务从生产和流通中分离出来已经成为一种趋势,这些服务(包括消费性服务)在价值创造过程中发挥作用,也应该计入商品的价值。有些供给资源,例如水和空气,也应该计入商品的价值,如果它们具有交换性和在价值创造过程中产生了成本支出。

我们强调商品(服务)价值要在交换中被需求资源来实现,只是说明作为社会分工产物的商品(服务),其目的是用来交换,而其价值也只有在交换中才有存在的必要,需求在价值决定中发挥作用,但不是说商品(服务)价值产生于消费者的主观效用(欲望等得到满足的度量)。消费者主观效用差别太大,缺乏可比性,无法在整体上和较长时期内来真正决定商品(服务)的价值。需求与价格的弹性分析,以及其他分析,诸如产品需求替代弹性分析等,在微观经济学中有较大用处,但在宏观分析中,把同类可相互替代的竞争性产品放在一起,通过较长时期的观察就可以发现,效用和边际效用对价格产生较明显的影响,在一定程度上说明价值实现的状况,但不能决定价值的形成。由价格假象引发的泡沫早晚要破灭,届时过剩也就发生了。消费者作为个体的主观效用是生物体的法则,不能构成生态体的法则,也不能决定生态体的运行规律——价值规律。

另外,在生态资源经济理论中,我们把需求资源分成消费需要和支付能力两部分。其中"消费需要"除了那些满足基本生存需要的产品效用外,其他"效用"都是基于客观物质条件和周边消费环境产生的,更多情况下是由供给方面开发和推广出来的,例如手机和电脑等。当然,一个全新的产品要打开市场是一项非常困难的工作。

拥有资源不等于拥有"价值"。只有资源被开发出来,能够利用时,才具有价值。生产任何一种商品,均要考虑到生产资源的拥有、整合、利用和维持。销售任何一种商品,均要考虑到客户资源的拥有、整合、利用和维持。当供给资源和需求资源处于一个在较长过程中呈现出来的均衡状态,该商品的"价值"就在商品交换中体现出来。

从表象上看,商品(服务)的"价值",同时也是相对于货币关系,以货币形式表现的一种单位商品(服务)标准交换尺度。以货币形式表现的商品价值,往往会受到货币供求关系的影响,受国家货币政策的影响,受货币生产和流通状况的影响。就实质而言,商品(服务)价值是一种循环再生性的社会交换关系;是一种处于公平竞争条件下,供应要素的形成、组合、组合的产出与产出成果能够实现的循环过程;是处于综合性平衡和稳定状态下的市场交换关系。

三、价值的形成与实现

一个小故事可以启迪思想。在一次中国与欧洲企业合资项目谈判中,因为对技术投入的估值产生了争议,双方据理力争。这时,一位欧洲企业家站起来,提出了自己的观点。他说:"钱不能自行生产出更多的钱来,只有技术才能够生产出更多的钱。"他的意思是讲,资金投入只是一个方面,而技术的投入更为重要。这位企业家引以为据的命题很有趣,它可以引人深思:钱为什么能够生出更多的钱来?同样它也可引申出另一个问题:价值是如何被创造出来的?

我们已经说明了目前有六种供应要素存在,它们是:劳动力、技术、管理、信息、土地和资本。这六种要素中,任何两种或两种以上的要素组合在一起,便可以产出商品或服务。当这些产出品是以公平市场竞争效率进行交换,通过交易获得收入,价值就实现了。以上六种要素角色,可以有不同的人或载体来担任,也可以由同一人或载体来担任。这是从静态过程中,对价值形成与实现的一个阶段性的描述。

在循环和流动过程中,可以将价值的形成与实现,分割成四个阶段,即供应要素的形成阶段、供应要素的组合阶段、供应要素的产出阶段,以及产出成果实现阶段。

1. 供应要素的形成阶段

对人类社会而言,劳动力、技术、管理、信息、土地和资本,这六种供应要素,并不是与生俱来的现成物质,都需要一个形成、培育、开拓和整合的过程。其中,劳动力、技术、管理和信息,主要是通过消费支出和投入,通过长时期的学习、钻研、实践、培训、积累、付出和收获后,才得以逐渐形成;而土地和资本,则主要是通过支付能力和已有的财富转移来形成的。当然土地资源,无论是地表资源还是地下资源,都需要开发才能被利用。

供应要素的形成阶段,也是一个综合竞争过程。中国的孩子从上小学开始,就开始了激烈的竞争。美国的学生,在中学阶段也开始竞争。

有一个华裔的美国女大学生,曾经讲过她个人上大学的经历和体会:她自己非常刻苦,为了省钱,每周只能在学生餐厅吃10顿饭。在大学里她发现,因为州政府预算紧张,给学校的财政拨款减少了。为了增加收入,学校设置了许多不必要的必修课,自己还要投入更多的学费和时间才可毕业。为此她常常郁闷不乐,曾经反复地思考,为什么来上大学,做这些自己不喜欢的事情呢?后来她逐渐地想通了,为了将来在工作市场上更有竞争力,她不得不为此而付出。

见微知著,不仅劳动力市场要竞争,技术市场、管理人员市场、信息市场、土地市场和资本市场都要竞争。当然,要素市场障碍越少,流动性越强,竞争越激烈,则要素的形成与配置就越合理和越有效。

2.供应要素的组合阶段

资本与管理、信息,等等,劳动与技术、土地,等等,均需要以不同方式组合在一起,才能开始生产、供应和服务的过程,而形成实际的生产力。在当今社会中,要素组合主要是通过各种市场运行机制来完成。商品和服务市场为要素组合的产出提供了要求和机会。资本市场、管理人员市场、劳动力市场、技术市场、信息市场、土地和资源市场,保证了要素的流动性、多样性、竞争性和选择性。要素市场使要素组合更为便利,决策过程缩短,组合进程加快,由此促使产出和服务更为快捷。市场机制是目前要素组合的最佳方式,远远优于计划经济方式,优于历史上的封建社会和奴隶社会的其他方式。经济全球化为市场机制的建立提出了更高要求。发达国家要进行更为深层次的市场经济体制性改革。发展中的国家和新兴国家,更有待于建立、健全和完善各种市场机制,建立适合于自身历史和特征以及适合于自身资源条件的市场经济体制。

要素组合直接关系到劳动就业和社会稳定,与政治体制和经济体制的变革及运行密切相关。美国苹果公司前首席执行官乔布斯,生前与美国总统奥巴马会面时,曾被总统问及,为什么不把苹果公司的畅销产品的制造机会留给美国人?乔布斯当即坦率地告知,这些工作机会不可能流回美国了。后来他又提出条件,如果美国可以培养和提供大批适用的技术人员,他也可以考虑把苹果的产品制造放在美国。奥巴马深知,失业问题不解决,他连任总统就会非常艰难,即使连任后,日子也不会太平。不解决劳动就业和国民收入问题,经济发展便无后劲,政府财政就没来源,债务危机将会加剧。由此可见,经济全球化为各个国家提出了新的挑战,市场机制已经成为国家发展的战略制高点。

要素组合贯穿国民经济的全过程,可再参阅图15-2。

3. 供应要素的产出阶段

"供应要素的产出"是价值形成和自动调节的关键阶段,主要表现为:第一,供应要素的产出决定国民经济运行的速度、结构、比例、效率和节奏,等等;第二,供应要素的产出一头连接着各种要素市场,而另一头连接着商品服务市场,起到轴心的作用;第三,要素投入、组合及产出,一方面会为客户、用户或消费者提供商品和服务,另一方面则获得营业收入(Revenue),支付对各种要素的报酬(Income),在此基础上价值才会形成,并通过这个机制自行调节市场,并不需要政府去强加干预。

要素是"价值"的来源,但不能直接决定价值。具体的要素报酬(Income),则要受制于该"要素"参与的要素组合,以及组合后的产出效果。"价值"最终决定于市场竞争机制条件下"要素组合"的产出。所以,要素报酬也须通过恰当的竞争机制,而由已经形成出来的要素组合及产出来实现。北京有位著名经济学家,在网上发表了一个新闻访谈,认为中国国内消费需求(内需)的潜力巨大,国家应该积极推动内需,建议给中低收入的人群涨工资。该观点听起来似乎不错,但有意思的是,不仅没有受到网民的肯定,反而引来一片谴责声。网民认为:国家干预工资收入只会促进物价上扬,使消费更为艰难,而且涨不涨工资的决定权在企业老板手中,在于你加入工作的公司的经营效益。政府只能决定公务员的工资和国有企业员工的工资,这两种人群的收入目前已经很高了。还有一些网民认为:地方政府依靠土地经营的垄断权力,人为炒高了地价,歪曲土地成本,与开发商一起搜刮老百姓的存款和收入,是内需不振的主要原因。有的网民举例说:他把十几年的积蓄,搭上几代人的资助,全买了房子,再加上以后十几年的分期付款,根本无力再消费了。网民虽然不懂"经济学",但从切身经验和体会中得出的结论,却要准确得多,也高明得多。读到此处,不得不赞叹群众的智慧。

显然,如果没有科学的经济学理论作指导,执政当局过度地去"作为",盲目地干预经济,破坏市场机制的正常运行,不仅于事无补,还会带来灾难性的后果。正确认识价值形成和对市场的自行调节作用机制,具有很大社会实践意义,可以为社会和公众节省许多不必要的"学费"。

4. 产出成果实现阶段

在健全的市场竞争环境中,商品和服务的产出,使得"价值"开始形成。但是,如果产品与服务不能进入市场交换过程,不能在交换中获得支付,则不是真实的"价值"。换句话说,价值没有被实现。"产品与服务的价值"是市场经济在动态循环过程中的一个自我调节机制,也是一个量化指标。在交换中被"实现"了的价值及其所依附的商品和服务,能够进入消费过程,开始另一轮的"要素形成"阶段的循环流程。

在市场经济生态中,产品与服务价值的实现,应该是一个自行运动的,自然而又合理的流动过程。但由于无序竞争及其引发的资本积累和积聚,由此形成的各种垄断组织和垄断企业均会破坏价值形成和实现机制,造成产品库存积压,形成周期性的经济衰退或危机。此外,各级政府对资源的独占和垄断,对经济不当的干预和控制,也会产生类似破坏作用。要素市场不健全,运行不通畅,也会阻断价值形成的循环过程,对市场调节机制产生负面影响。

在价值实现阶段上,政府对经济的不当干预,还表现为:用通货膨胀方式、政府赤字财政方式,以及不加控制的使用消费信贷的方式,来干预经济运行。政府用这些宏观经济政策或杠杆,试图人为地拉抬社会需求和支付能力,在一定期间内起到揠苗助长的效果,但在实质上,它们也破坏价值实现机制,误导了价值形成和要素形成过程,最终政府还是要自食恶果。美国政府于2000年以后,直至2008年期间,无节制地发放信贷,特别是对投资性的房地产方面的信贷,而引发的次贷危机和金融危机,就是一个很好的例证。目前世界性的金融危机又转化为政府债务危机,还会转化为世界性的货币危机。违背价值规律,一定会受到惩罚。

通过以上所述,知道商品与服务价值形成和实现的全部流程,及各个阶段中的具体作用方式,就不难理解"价值规律"了。

四、生态价值规律

生态价值规律可表述为:在特定的生态资源条件下,通过健全的市场竞争机制,使国民经济供给与需求之间在总量上达到平衡,同时在各产业及其细分市场的结构上也协同地达到平衡,从而实现生态资源最优配置的经济规律。

以上生态价值规律的表述分为五项内容:

(1) 在特定的生态资源(包括环境)限制条件下,经济运行要与资源和环境取得共同平衡,不能超越和破坏生态资源。

(2) 通过健全的市场竞争机制,实现生态资源最优配置。该市场竞争机制不仅包括商品和服务市场,也包括生产(供给)要素交易市场,其中资本与管理交易市场最为重要,因为资本作为货币形式涵盖了所有其他供给资源要素,管理也是一种综合性要素,管理从开始就可以保障投资项目的可行性,资本项目的运营效益和投资的长期回报。

(3) 使国民经济供给与需求之间,不仅要在总量上达到平衡,同时在各产业及其细分市场的结构上也协同地达到平衡。"协同"不仅包括数量和质量,也包括效率、速率、比例、比值、节奏等多方面的关系。

(4)管理、信息和技术在维护供给与需求之间的平衡方面,将扮演越来越重要的角色,管理团队与投资人相结合,信息和技术与投资项目相结合,能够克服许多障碍,发挥生态价值规律的调节作用。

(5)生态价值规律既适用于稳定运行状况中的经济体,也适用于快速变化状况下的经济体。

生态价值规律对市场经济的调节作用,起始于"供应要素组合成果"的实现阶段,即商品(服务)的市场交换阶段。生态价值规律以商品价值被实现为出发点,去影响和决定"供应要素的产出",继而影响和决定"供应要素的组合",最后影响和决定"供应要素的形成"。其作用力运行方向与"价值"形成方向正好相反,与货币运行方向一致。换句话讲,生态价值规律的作用起点、方向和程序是:市场需求决定产出(包括品种和效率);产出决定要素组合;要素组合(包括要素的质量和数量)决定要素的收入;要素的收入决定要素的形成;而要素的形成,又在一定程度上影响或决定消费方式,以及人口的生育和教育方式;消费方式、人口数量和质量,以及收入和其他支付能力,又决定了市场需求,包括需求倾向、结构和数量;从而形成了一个循环往复的运行与发展过程,同时,在整体上推动并调节国民经济活动。生态、价值规律作用传递循环流程参见图 16-1。

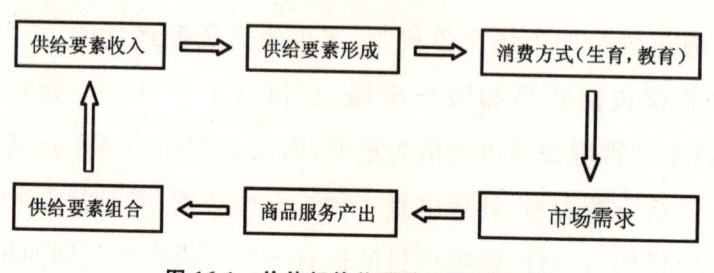

图 16-1 价值规律作用传递循环流程

生态价值规律的这一作用原理，与传统工业化企业运行方式不一样。传统工业企业的实际运行是从劳动力招聘和原辅材料采购开始，生产出产品后再去设法推销。因而导致市场与生产供应之间存在着很大间隙和不确定性，容易引发生产过剩的危机。该不确定性传导到"供应要素形成阶段"，又会形成失业状况或"招工难"的状况，以及二者并存的局面。

自20世纪90年代开始，工业生产开始逐渐脱离传统工业企业运营模式。工业企业是根据销售订单来制定生产计划，然后依据生产计划去制定原辅材料采购计划、库存计划、人力资源计划、能源使用和保障计划、工装配套和设备计划以及基本建设计划，等等。特别在各种专业化生产服务快速发展，并逐渐地实现社会化后，供应要素的组合就更为便利，要素运行效率会更高，库存也可以大大减少。在生态文明社会中，由于信息交换更为快捷和便利，生产供应过程与价值规律的作用过程趋向一致，市场机制更为合理，生态价值规律对经济运行调节的副作用也将减少。

生态价值规律是角色法则和生态资源运行的三个规律在宏观经济领域内的具体应用。生态价值规律是通过市场经济生态体的运行机制来发挥作用。市场经济的运行作用机制，与其他生态体中的运行作用机制有雷同之处，能够使生态价值规律通过一个"看不见的手"对经济实行调节作用。

生态价值规律主要是通过执行不同职能的"两种货币"（"交换货币"和"赢利货币"）在经济体内的循环流转过程中，去实现生态价值规律对国民经济的调节作用。当人类社会真正认识了"赢利货币"，生态价值规律就会从"看不见的手"现身成为"可见的手"，其作用机理便会广为人知。对此，本书在生态货币理论部分还要详细地论述。

在人体生态体中，人体的消化系统、呼吸系统、泌尿系统、生殖系统、内分泌系统、心血管系统、免疫系统等之间形成了自动平衡的运行机制，并不需要大脑时刻去指挥与调度。在企业生态体中也一样，企业一旦建立了业务流程和岗位责任相结合的标准操作规范（SOP）系统，建立了监控、纠正、预警、风险和错误防范的系统，建立了以目标管理为中心的计划和激励系统，建立了鼓励创新进取和实行选优汰劣相结合的人力资源体系，建立了正确决策和贯通执行的体系等运行系统和管理体系之后，企业就会形成自动平衡的运行机制，企业主要领导就可以摆脱日常工作，做一些调研性、前瞻性和社交性的工作，以及其他工作。企业的CEO常常会感到，只要方向正确，体系好，用人恰当，让别人做总比自己亲力亲为更好。健全的企业生态体，也具有自动运行和自行调节的机制。在人类生存的自然生态体中，各生物种群之间也维持着一种自然的生态平衡，令人感叹这是大自然的造化，甚或是"上帝"的安排。自然生态体通过多种循环系统，诸如食物链系统、水循环系统、气态循环系统和沉积循环系统，来实现生态体的自然运行和自然平衡。

所以，要想让生态价值规律发生作用，使国民经济不仅在经济总量上达到平衡；在产业及其细分市场的结构上共同达到供给与需求之间的平衡；同时还要与可利用的生态资源（包括环境）条件之间达到平衡，政府就要构建好"市场运行机制"，建立与市场调节机制相适应的社会经济体制，及其与之相配套的决策管理体系、经济运行系统和风险控制体系。

五、相关的数理性研究成果

以上关于价值和价值规律的论述，特别是对价值形成与实现整个循环流程的分析，有助于对国民经济做进一步的量化的研究，而最终能够进入一个更高级别的境界,能够较为准确和全面地理解和把握市场经济生态体的运行,减少宏观经济管理上的失误。

因作者目前条件所限,只好把有关价值规律的数理分析,在此暂付阙如了。以下将各国学者们有关价值规律作用方式或均衡理论的数理性研究成果,做一个简单的回顾,供读者借鉴。

1. 影子价格

在 20 世纪 30 年代末,荷兰经济学家詹恩·丁伯根(Jan Tinbergen)首次提出影子价格(shadow price),他认为影子价格是对"劳动、资本和为获得稀缺资源而进口商品的合理评价",是运用线性规划的数学方式计算的,反映社会资源获得最佳配置的一种价格。1954 年,他将影子价格定义为"在均衡价格的意义上表示生产要素或产品内在的或真正的价格"。

前苏联经济学家列·维·康特罗维奇(Leonid V. Kantorovich)根据当时苏联经济发展状况和商品合理计价的要求,提出了最优价格理论。其主要观点是以资源的有限性为出发点,以资源最佳配置作为价格形成的基础,即最优价格不取决于部门的平均消耗,而是由在最劣等生产条件下的个别消耗(边际消耗)决定的。这种最优价格被美籍荷兰经济学家库普曼和原苏联经济学界视为影子价格。

丁伯根的影子价格与列·维·康特罗维奇的最优价格,其内容基本上是相同的,都是运用线性规划把资源和价格联系起来。但由于各自所处的社会制度不同,出发点亦不同,因此二者又有差异:前者的理论被人们看成是一种经营管理方法,后者的理论则被作为是一种价格形成理论;前者的理论主要用于自由经济中的分散决策,而后者的理论主要用于计划经济中的集中决策。

2. 投入产出分析方法

投入产出分析方法是由美国经济学家瓦西里·列昂惕夫

(Wassily Leontief)创立的。他于1936年发表了投入产出的第一篇论文《美国经济制度中投入产出的数量关系》,并于1941年出版了《美国经济结构,1919——1929》一书,详细地介绍了"投入产出分析"的基本内容;到1953年又出版了《美国经济结构研究》一书,进一步阐述了"投入产出分析"的基本原理和发展。列昂惕夫由于从事"投入产出分析",于1973年获得第五届诺贝尔经济学奖。

投入产出模型是指用数学形式体现投入产出表所反映的经济内容的线性代数方程组。投入产出表是指反映各种产品生产投入来源和去向的一种棋盘式表格。编制投入产出表需要建立相应的线性代数方程体系,综合分析和确定国民经济各部门之间错综复杂的联系,分析重要的宏观经济比例关系及产业结构等基本问题。通过编制投入产出表和模型,能够清晰地揭示国民经济各部门之间、产业结构之间的内在联系;特别是能够反映国民经济中各部门之间、各产业之间在生产过程中的直接与间接联系,以及各部门之间、各产业生产与分配使用之间、生产与消耗之间的平衡(均衡)关系。正因为如此,投入产出法又称为部门联系平衡法。此外,投入产出法还可以推广应用于各地区、国民经济各部门和各企业中类似问题的分析。当用于地区问题时,它反映的是地区之间的内在联系;当用于某一部门时,它反映的是该部门各类产品之间的内在联系;当用于公司或企业时,它反映的是其内部各工序之间的内在联系。投入产出法的特点如下:

(1)整体性是投入产出法最重要的特点。它从"国民经济是一个有机整体"的观点出发,综合研究各个具体部门之间的数量关系(技术经济联系)。

(2)反映产品的价值形成过程和运动过程。投入产出表从生产消耗和分配使用两个方面同时反映产品在部门之间的运动过程。

(3)测定和体现了中间产品与最终产品之间的数量联系,以及它们与社会总产品之间的数量联系。从方法的角度,它通过各系数反映在一定技术和生产组织条件下,国民经济各部门的技术经济联系。

(4)投入产出分析法实现了数学方法和电子计算技术的结合。

3. 其他相关的研究成果

(1)保罗·萨缪尔森(Paul A. Samuelson)。1947年,萨缪尔森出版了《经济分析基础》一书。该书以数学为工具,使各种理论和方法获得基本统一的表述,并以此总结了新古典经济学的主要成就。这本书把最大化原理和均衡原理结合在一起。使新古典经济学的主体内容有了经典的数学表述形式。

1958年,萨缪尔森与R. 索洛和R. 多夫曼合著了《线性规划与经济分析》一书,为经济学界新诞生的经济计量学做出了贡献。这部书把价格理论、线性规划和增长理论成功地结合起来。

(2)阿弗里德·马歇尔(Alfred Marshall)。1890年,马歇尔出版了他的重要著作《经济学原理》,建立了经济学的"静态分析范式"。他的方法主要可概括为:①把推导理论模型的抽象方法与历史描述方法结合起来;②吸收了进化论的观点,提出的"只有渐进,没有突变"的连续原理,用以分析各种商品现象;③把数量关系分析法更明确地演化为边际增量分析法,不仅用它分析价值问题,而且把它推广到其他经济问题的分析上,如国民收入要素的组合替代原则,生产过程中各类资源的配置原则等;④把力学中的均衡引入到经济分析中,创立了静态的局部均衡分析法,运用这种方法来分析相反经济力量的关系,如均衡价格的形成,这种分析方法奠定了现代微观经济学分析法的基础;⑤运用数学公式、几何图形以及图表来解释各种经济现象,例如供给表和需求表、供给曲线和需求曲线、弹性公式等。此外,马歇尔在《经济学原理》中把传统经济的供给决定论和边际学派的需求决定论进行了有机结合。他认为,需求和供给都是价值决定的因素,二者相互作用,最终形成均衡价格。

(3)里昂·瓦尔拉斯(Léon Walras)。早在1874年,法国经济学家里昂·瓦尔拉斯就建立了一套被后人称为瓦尔拉斯一般均衡的理论。他在完全自由竞争社会制度这一假设下,创立了一种数学模型,其中生产要素、产品和价格会自动调节达到均衡。这样,他把生产、交换、货币和资本各方面的原理联系起来。提出了一般均衡理论。他认为:要使整个经济体系处于一般均衡状态,就必须使所有的 n 个商品市场都同时达到均衡。瓦尔拉斯通过在 n 个价格中选择一个"一般等价物"来衡量其他商品的价格,并进行化简,可得到一个恒等式,使得所有市场的供给和需求都恰好相等,即存在着整个经济体系的一般均衡。

以上数理或数量分析方法,虽然年代久远,却仍然具有一定的借鉴价值,可以抚今追昔,还能寄望于未来。

有关商品的价值和价值规律的探讨仍将继续。应该更多地将"商品价值"看成是一个社会经济资源,特别是供给要素资源在循环过程中得以稳定运行的机制,而不能简单地把它看成为是一种产品的定价机制。"价值规律"则在该循环运行机制中发挥着调节与平衡的作用。

第十七章　政府与市场的有机结合

　　政府要明确自身在社会生态体中的"角色"定位,并依据"角色"要求来发挥作用,要与生态体中的其他角色和系统保持一种协调关系。然而十分遗憾的是,目前世界上大多数政府,均没真正认清自身角色。政府官员在权力与欲望之中,往往难以自制。本章内容仅是抒发一己之见,希望能起到抛砖引玉的效果。

　　保罗·萨缪尔森,作为美国当代权威经济学家和凯恩斯主义集大成者,在经历了20世纪下半阶段的历史之后也表示:自己相信政府上演奇迹的能力的乐观主义,已经消退了。他认为,不同寻常之处不在于政府在多大程度上掌控经济活动,而在于在多大程度上它不掌控经济活动。假如政府变得太大,太多的国家收入要流经它的手中的话,政府将会丧失效率,而且对于满足人们的需求变得迟钝,因此,它将开始威胁到人们的自由。但是,萨缪尔森依然坚信,政府和市场,它们单独任何一个,在没有另外一个的帮助之下,都无法服务于公共福利。

　　美国政府当前主要通过财政收支政策、货币政策和立法、司法来实行"国家干预"市场经济。中国政府目前主要通过财政收支政策、货币政策和行政体系,对国民经济进行"宏观调控"。无论是国家干预还是宏观调控,从当前各国的实际执行结果上来看,情况都并不令人满意,此课题仍然在继续研究和探索之中。

一、政府与市场是一个有机整体

政府和市场是国家生态体中的不同角色,相互依存,相互关联,又相互制约,构成了一个有机整体。在本书第十五章图 15-3 表示的供给资源和需求资源运行流程中,已经建立了包括进出口在内的国民经济流程模式,如果再把政府加进去,并进行必要的简化,而后该图便会呈现出如图 17-1 所示的人体模样。

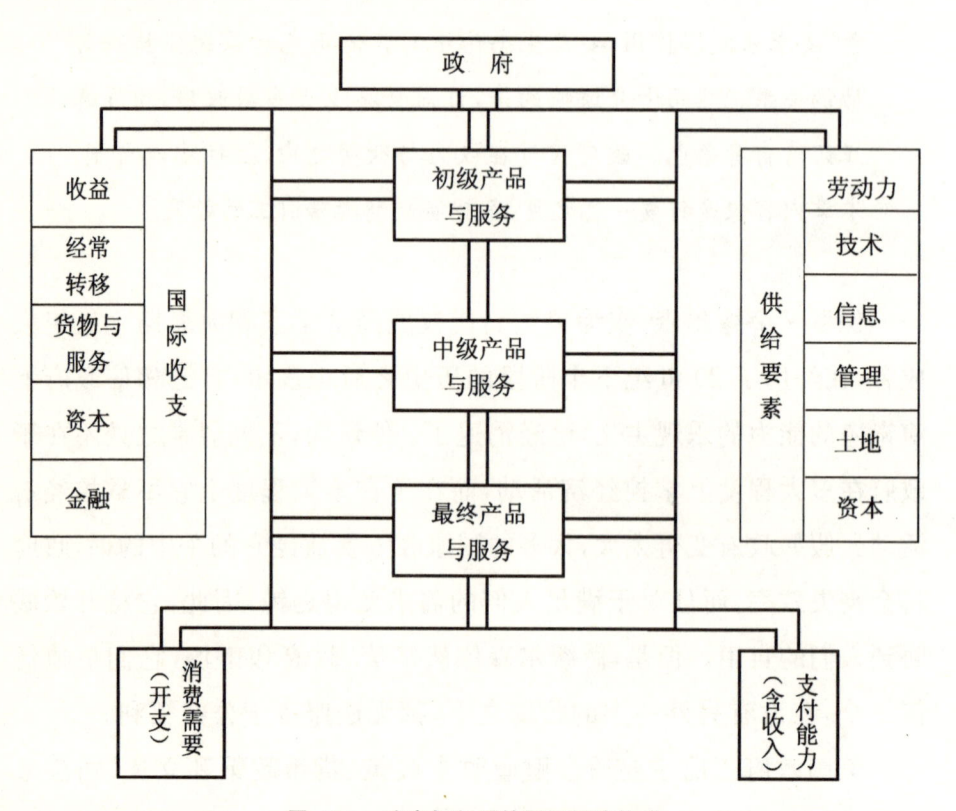

图 17-1 政府加入后的国民经济构成

政府在这个人体模型结构中处于"头"的部位,产品和服务的供给过程处于"躯体"部位,按对面观看,供给(生产)要素处于人体的"左臂"部位,国际贸易和其他国际收支活动处于人体的"右臂"部位,支付能力(含收入)处于人体的"左腿"部位,而消费需要则处于人体的"右腿"部位。

政府作为国民经济的头部,具有大脑和中枢神经的功能。产品和服务的供给过程作为国民经济的躯体,具有输入生态资源、消化、吸收、输送营养、滋养全身的功能。该供给过程包括了初级产品和服务、中间产品和服务、最终产品和服务全过程,也包括了国民经济全部或绝大多数产业部门。供给(生产)要素作为"左臂"部位,包括了资本、土地、劳动力、管理、技术和信息。国际贸易和其他国际收支活动作为"右臂"部位,包括了产品进出口、劳动力输出和输入、资本的输出和输入、服务活动的输出和输入,等等。支付能力(含收入)作为"左腿"部位,不仅包括了供给(生产)要素的收入,而且包括了政府的财政收入和开支。开支中的一部分返回到资本和土地市场,用于公共设施建设等。而消费需要作为"右腿"部位,主要用于个人、家庭和企业对最终产品和服务的消费需要,也包括了政府转移支付的消费需要,政府自身的消费需要,用于国防的需要,国民教育的需要,技术研发的需要,信息采集、处理和输送的需要,以及对劳动力就业、培训、救济和退休的需要等。

从以上分析可以看出,政府作为大脑和中枢神经,可以部分地直接控制作为支付能力(含收入)的"左腿",作为消费需要的"右腿",作为供给(生产)要素的"左臂",以及作为国际贸易和其他国际收支活动的"右臂"。政府不容易控制,也最好不要控制躯体部分。政府不直接控制国民经济产业部门,并不是说政府完全不投资或经营这些部门,只是要把对这些部门的投资项目,交给市场来调节和控制。政府和市场的关系,就如同人体大脑和中枢神经与身体躯干的关系一样,彼此分工明确。大脑和中枢神经可以驱动四肢,移动躯体,但不会具体地指挥躯体中的器官组织如何工作,不会有意识地去指挥心脏如何跳动,血液怎样流动,以及肠胃道如何蠕动、消化与吸收。躯体由另外一套神经体系来调控,让生态体的规律来调控。国家也一样,国民经济躯体由市场来调节,由价值规律来调控。政府无需"事必躬亲",但是政府还是可以通过运动"四肢"来干预市场,对市场间接发挥影响力。

政府可以通过其货币政策来影响市场。但最好不使用通货膨胀政策,少使用赤字财政政策。

通货膨胀如同吗啡和激素,用起来似乎很见效,可以消减赤字和政府债务,还可以对国民储蓄再分配,可是通货膨胀破坏了市场调节机制,国民经济失衡状态要延续很久才能慢慢地恢复。就像人体机能对吗啡和激素的反应一样。稳健的货币政策应作为常态保持下去。

赤字财政政策在我们上述图形中又称"瘸腿政策",左腿跛行,短时期内可以,数额不大也讲得过去,但是长期如此,数额巨大,像美国今天的情况,怎么办?留给下一代?大搞一次通货膨胀,坑害债权人?还是宣告破产?无论采取以上任何办法,最终将害了自己。政治家制定经济政策弊病很多,只要自己任期做满,退休后领取总统待遇即可,其他的事情可以留给下一任来"完成"。所以每位美国总统竞选时都说要减少财政赤字,离任时总的财政赤字并没有减少。所以从长期看,赤字财政政策不可取。

政府应该在平衡规律或协衡规律指导下,适当地干预国民经济运行。应该持"无所为而为"的哲理行事。以下就改善政府决策体制,健全市场机制和执行经济干预政策三个方面来分别探讨。

二、发育"大脑",决策体制要创新

人类迄今为止对经济规律的认识还十分有限,政府应花大气力开发这方面的智力。

经济决策本身就具有很大的不确定性,如果仅仅让政府行政官员单独承担这方面的责任,容易演化成政治斗争,还让国家和人民蒙受苦难。中国1958年发生的"大跃进",以及随后各种各样的政治斗争,包括"无产阶级文化大革命",使经济停滞了几十年。美国也一样,经济政策与政治斗争搅在一起,脱离了科学研究范畴,成为一种情绪化的表演和煽动。所以,经济决策应该由经济学理论工作者和实践工作者,根据其专业化特点及实践领域,共同组成的工作团队来制定,并在执行过程中调整。

老子有一段关于悟"道"和为"道"的论述,可为政治家们深思,也可为经济学学者以及经济学理论实践者借鉴:"古之善为道者,微妙玄通,深不可识。夫唯不可识,故强为之容;豫兮!若冬涉川;犹兮!若畏四邻;俨兮!其若客;涣兮!其若凌释;敦兮!其若朴;混兮!其若浊;澹兮!其若海。孰能浊而静之徐清;孰能安以动之徐生。保此道者,不欲盈。夫唯不盈,故能蔽而新成。"

其意是:古代善于实行"道"的人,幽微精妙、深远通达、深奥得无法记述。因为不可记述,所以只能勉强对他做些形容:他小心谨慎啊!就像严冬冒着寒冷趟水过河;疑虑谋划啊!就像害怕四方邻国来围攻;庄重严肃啊!就像做宾客;涣散不羁啊!就像冰凌消融;敦厚无知啊!就像未经雕琢的素材;积厚混沌啊!就像江河的浑水;烟波澹荡啊!就像宽广的大海。混浊的水静下来,慢慢就会澄清。安静的东西动起来,慢慢就会产生变化。保持这个"道"的人,不求满足,正因为不贪求满盈,所以能安于陈旧有所亏缺而不尽完满,他就能永远不会穷尽。老子只能勉强通过各种比喻来描述悟道和得道之士的举止风貌、人格形态、超常能力和行为准则。总之,有"道"的人,他们的精神境界远远超出一般人。其中老子讲"孰能浊而静之徐清。孰能安以动之徐生"。这是说悟道之士的静定工夫和精神活动的状况。悟道之士在"浊"态中,通过"静"的工夫,定心自养,转入清明的境界。这说明掌握执行权、处理日常事务的行政官员,与能够静下心,以严谨的治学态度来研究经济学规律,以慎重方式处理经济关系的政策制定者,是不同类型的两种人,应该在角色上有所区别。

虽然目前各国政府大多数都有智囊班底,但出方案的人与经济政策执行效果之间往往没有很大的利害关系或利益关系,社会上有贤之士也难以为国家做贡献。中国自古以来就有"大隐隐于市"之说,所以各代明君到处访隐士贤人,开科举考试,为国家寻求人才。现今社会,也应该为社会精英们设计一种竞争机制,开通一条为国家效力之路,这样就可以给国家积聚正生态资源,同时又离散负生态资源。

决策体制创新在于把"节目播放"和"节目制作"责任分开。政府官员主要负责的是发布和执行政策,反馈信息,评估政策执行效果等"节目播放"性任务,就像人体的中枢神经系统一样。而新政策的制定,类似于"节目制作"性任务,则要通过竞争机制,选择另外一套制作班子来完成。并要把政策制定和执行效果,与制作班子成员个人利益直接挂钩。选择制作班子应依照严格程序办理,用发包、招投标、或集体议定等方式,评选出理论基础雄厚,实践经验丰富,工作作风扎实,以往业绩好的领军人物和工作班子来承担该项任务。政策制定班子要从接到新政策课题或提出新政策课题之日起,无论是开始下基层,还是做研究,都要承担日后的责任。新政策制定后要经过严格质询,反复运算,进行模型推演,试点成功后,才能通过并开始实施。如果政策制定成功,成果沛然,国家应依照合同给予重奖,以资鼓励。

关于这个想法,还是受中国建设银行一位副行长的启发。1994年,中国房地产深陷泡沫破灭的萧条之中,银行的建筑贷款收不回来。本书作者给当时的副总理兼人民银行总行行长朱镕基写了一份建议书。建议在中国开始实行消费者住房贷款业务,不仅可以搞活经济,同时也能藏富于民。这份建议书被建设银行一位副行长通过其他渠道看到后异常高兴,马上表示:国家应该给你重奖。以后建设银行率先开始做起消费者住房贷款业务,非常成功。该行长的思路是对的,一旦国家建立起一个有关经济研究的竞争与奖励机制,将成果与效益挂钩,其受益会远远大于其投入。

中央政府应该自己投资,鼓励民间投资,或由各地方政府投资来兴办各种研究咨询机构,有计划地促进"脑库"发展,发育"大脑",让无效能的脑细胞自行凋零,让有生命力的新细胞增殖。通过竞争机制发育出来的"大脑",也可同时用来引导企业去投资,克服信息不畅障碍,使市场协调机制充分发挥作用。

在行将到来的生态社会中,国家权力机构有可能包括:国策、行政、监察、立法和司法等不同的组成部分,其中国策部门的地位愈加重要,远远超出中国政府目前设置的"国家发展改革委员会"的职责范围。国策部门将执行各种相关职能,包括研究社会和自然规律;研究制定国家发展的战略策略和长远规划;制定相关制度、规则和规范;提供方案,交由立法部门建立相关法律体系和体制;建立各种职能系统和社会经济运行机制;尽可能地通过对内生机制的调节,实现"激励引导"、"有序竞争"和"整体协调"的生态社会运行与治理方式。国策机构与行政机构的角色区分和职责界定,将会随着社会实践与发展而逐渐完善。

三、扶正固本,市场机制要健全

"扶正固本"是中国传统医学的一种方法,强调从整体出发,调动机体内在因素,提高机体抗病能力,以达到治疗疾病的目的。同样的道理,从整体上健全了市场机制,让价值规律能够发挥调节作用,提高了国民经济抗衰退、抗通胀、抗震荡能力,也是政府在目前阶段必须选择的途径。既然政府无法直接控制从初级产品和服务,到最终产品和服务之间的国民经济各产业部门之间的经济运行,就像人的大脑无法直接控制身体内在器官组织运行一样,不如提供好的条件,创造好的环境,让市场发挥作用。

在19世纪末20世纪初,主要资本主义国家先后形成了各种资本主义垄断组织,比较著名的有卡特尔(Cartel)、辛迪加(Syndicat)、托拉斯(Trust)和康采恩(Konzern)。第一次世界大战后,资本主义垄断组织迅速发展,自由竞争的市场机制不断萎缩,使得创新受到阻碍,资源无法合理使用,市场调节机制难以发挥作用。本书作者经常可以收到美国芝加哥的"Freeborn & Peters LLP"律师事务所发来的新闻电子邮件。他们一直代理诉讼"反垄断和不公平竞争"(Antitrust and Unfair Competition)案件。美国把保护市场运行机制视为政府与公众的主要工作。欧洲和日本也注重发挥市场调节机制。中国虽然开始正视这一事实,但谈何容易?

中国情况很复杂,但是至少要做以下三件事:

第一,司法体制要改革,具备了公信力,才能主持公平正义,才能具有维护市场秩序的功能作用。中国目前的司法系统自"文化大革命"后恢复,还在持续地演进与变化中。司法体制的改革应该与市场机制的建立同步,应该逐步承担全面维护市场机制的职责。在中国打官司往往要靠"关系"。经过多年经营,一些司法人员已经结成了一个上下左右的关系网络,热衷于既得利益,幕后交易,趋钱逐利,同时也会推托责任,少找麻烦。一些法官获得"铁饭碗"稳定收入和相对独立的办案权后,就开始积极做起幕后交易。所谓交易,当然要找有钱人。为了能拿到钱又不找麻烦,这些法官就要依附有实力(钱)的人或组织,所以弱势群体的利益便很难得到保障。看看互联网上的消息,只要政府组织和开发商看上了那块地,往往有居民和农民住房保不住,无奈之下就有了自焚或上访的产生。此时,法院的作用安在?维护公平竞争,保护弱势群体,主持社会的公平正义,是人民法院的职责,也是司法体制改革的要求。为了制约和限制目前授予法官的这种过于宽松的裁决和判决权利,是否可以采取人民陪审团(员)制度?或者通过其他方式来改进司法系统,使之能够主持公平与公正,较好地维护市场运行机制。

第二,要拆除各种行政樊篱,制止"雁过拔毛"的行为,净化市场环境,形成全国一体化的,运行通畅的完整市场。中国市场中产业或行业门槛太高,垄断势力太强,小型和微型企业很难生存。地方势力与地方政府又往往会串成一气,见到对方有竞争威胁,就想方设法地把他赶走,更有甚者,还会让当地公安局把他抓起来,弄个罪名关在监狱十天半个月,先"修理修理",放出来后还要让他经常回来向公安汇报,逼走了事。此种事情在江苏省的扬州地区就发生过。另外举例来说,2008年至2011年期间,山西煤矿的采煤全部成本约在每吨100元人民币。但是煤炭的市场价已到了600~700元/吨,有的地方甚至高达1000多元一吨,简直是暴利。当地政府和企业把来自浙江省的民间投资人排挤走了,把民营企业家的股份"改造"了。而且各地政府纷纷效法,搞煤炭企业"国有化"。于是乎,市场煤价不断上升，弄得全国发电企业全面亏损，已经快到资不抵债的地步了。发电厂的资产负债率普遍达百分之八十以上，银行也不敢给发电企业贷款了。发电企业没资金是无法运营的。2009年冬天，全国电价上升后，煤炭仍然供不上，很多地区不得不拉闸限电。2010年秋天，电价又涨了，还是跟不上煤价上涨。2011年煤价还在上涨，发电企业不得已，到北京"上访请愿"，国家又一次地提高电价。河北省煤炭企业把最大的医药集团买走，把汽车集团也买走了。煤炭集团获取的暴利是让全国人民买的单。如果中国市场不被条条块块分割开，生产要素和资源可以自由流动，竞争可以进行，情况会怎样呢？

第三，要严格监管市场，惩罚恶霸和垄断势力，保证公平竞争，保护广大投资人、储蓄人和消费者的权益。用旧瓶装新酒的话讲，对欺行霸市的黑恶势力要铲除，对地方小霸要惩处，对全国性或世界性的垄断经营也要限制。要查办各种假、冒、伪、劣产品和各种欺诈行为。要治理那些操纵市场，虚假陈述，不当取利以及囤积居奇和哄抬物价的行为，特别是那种组织性的行为。要防止"利用合同买空卖空"的活动，特别是指利用衍生性金融工具的欺骗性活动，杜绝"融资融券"和"股指期货/期权"类赌博性交易。广大投资人和储蓄人的钱是发展内需经济的必要条件，必须妥为看护好。

如果政府能够建立起健全的市场机制，扶正固本，就可以达到治疗上述煤炭供应之类"疾病"的目的了。

中国在完成上述"补课性"任务的同时，可以与发达国家一样，甚至可以较其他国家为先，尽快地向生态社会的治理方式过渡，实现"有序竞争"和"整体协衡"的运行方式。

老子讲："天之道，其犹张弓欤，高者抑之，下者举之，有余者损之，不足者补之。天之道，损有余而补不足。人之道，则不然，损不足以奉有余。孰能有余以奉天下，唯有道者。"意思是：自然的规律，就如同上弓弦：高了时就压低些，低了时就抬高些，多余时就减少些，不够时就补足些。所以自然的规律，是减少多余的去补足不够的；人世的规律却不是这样，是削减不足的而供给有多余的。谁能够把多余的东西拿出来而奉献给天下呢？只有能够遵循自然规律的人吧。以上老子讲的"天之道"是我们所说的生态体的运行规律，或者是价值规律；而"人之道"讲的是生物体行为法则。事实上，实现有序竞争和整体协衡的市场，完全可以把个人谋取私利的活动与公共利益的实现有机地结合起来，能够造福桑梓，恩泽百姓。人们在市场机制和其他社会机制的"激励引导"下，能够认识自我，展示自身的价值，从而真正实现社会的公平与正义。

四、慢动"四肢"，干预措施要慎重

市场经济具有自我调节机能和机制，并不需要政府时常去干预或调控，就像正常人的身体一样，无须不停地吃药或打针。

一般而言，通过内生机制的协调，通过实现有序竞争和整体协衡的改造，是最好的自行调整办法。

当然，市场经济体也有处于"非健康"或"生病"的时候，此时采取必要措施，干预经济体的运行，使之回归正常运行轨道，还是必要的。但干预一定要讲究方式和方法。政府通过运动"四肢"，由"外动"引起"内动"，来干预市场经济，看起来要更为合理一些。

1. 政府实行干预经济的四项原则

实行经济干预比较复杂，因时、因市、因势不同，而有所不同。实施"干预"时选择的对象，实施的手段，实施的力度，以及频率的快、慢与时间的长、短等均有所不同，很难一概而论。这里仅提供"四项原则"以资探讨。

原则1：顺应引导，少加干预

国民经济大市场如同海洋，波涛汹涌，博大精深。从观念上看来不合理的事物，在现实中却是合理的；从局部看来是异常的现象，在全局上看却是正常的；就昨天情况看来是错误的事情，在今天却是正确的。价值规律的调节，体现在整体，体现在全局，体现在长期。

市场蕴含着方向，体现着时代的潮流，也暗藏着风险。所以，政府应该首先顺应市场，多了解和研究市场。然后，通过完善市场机制的方式，通过政策和法律引导的方式，来调动积极因素，排除或减少负面因素，降低经济运行中的风险，尽可能地让市场去发挥调节作用。

老子云："治大国，如烹小鲜。"他是说：治理大国，好比烹煎小鱼一样，不能常常去搅动它。政府要尽量摆脱官本位思想，本持着服务的理念去工作，恪尽职守，减少对市场运行施加人为的干预性措施，而其效果，往往会比过多的干预要更好。

自古以来，善习武者，深藏不露；善用兵者，不战而屈人之兵。老子又曰："重为轻根，静为躁君。""轻则失根，躁则失君。"意思是说：重是轻的根本，静是躁的主宰。轻浮就失去了根本原则，躁动就丧失了主宰的地位。政府对经济运行"少加干预"，反而会使执政当局更为强势，会更具正面影响力。

原则2：需要干预，早动缓释

如果到了必须干预的时候，政府则应有预见，尽量提早动手，把问题解决在萌芽状态中。干预措施一定要适度，不能过急过猛，慢慢地动作，缓缓地释放作用。干预措施有一个传导过程，有一个被吸收的过程。要考虑时滞因素，观察干预的效果，评估后再策划下一步行动。就像打太极拳一样，动作虽慢，却能真正地养护身体，健壮体魄。

原则3：货币干预，精确到位

货币干预政策要在一定范围内使用。利率、准备金、公开市场操作等杠杆都可以用，但干预措施要慎重，特别不要引起货币发行量的过度增加，不能超出限度。一般性的货币干预政策要适可而止，金融杠杆少用为佳。国家最好用法律来限制货币干预措施的不当实施。货币干预要更为精确，区分出处于不同形态和执行不同职能的货币，提出有针对性的综合措施，建立监督、控制和管理的内生调节机制，形成系统化、流程化的长效管理体系。本书第二十一章至第二十三章的有关论述，为"精确制导式货币政策"，提供了基本理论依据。

原则4：财政干预，大小咸宜

财政干预政策丰富多样，可以长短结合使用。政府开支的干预政策，效果来得快，例如政府采购、转移支付和补贴政策，诸如家电下乡补贴等。有些项目也具有长期性和持久性，例如尖端技术的研发，基础设施的建设，对各种创新活动的投入和支持，等等。税收政策也具有灵活性和长期性效果。税收政策在某种程度上可以实现老子所说的"天之道"，做到"损有余而益不足"，促进国民经济的再分配。总之，财政干预政策比较容易控制，效果直接且明显，符合以间接方式来影响市场经济和引导市场经济的"慢动四肢"原理。当然，实行财政干预也要量力而为，"干预措施要慎重"。

2. 慢动"四肢"式的干预途径和方式

除了必要的货币干预外，政府实施对经济的干预应主要通过供给要素、国际收支、支付能力和需要开支四个途径来进行。

(1) 供给要素

政府应干预、掌握和控制土地的规划和使用，包括地面植被和地下资源；运用产业政策和财政政策，影响要素组合和资本的形成、数量和流向；引导劳动力市场，提供各种国家培训和就业支持；通过良性互动，培育和支持优秀管理者和管理团队的形成与发展；国家鼓励支持或直接投资发展技术；采集和处理数据，开发、积累和传播信息。

(2) 国际收支

国家通过关税和其他方式，包括财政、税收、商检、卫生防疫等，可以直接干预产品和劳务的进出口；通过对汇率的直接或间接干预措施影响国际收支；通过对资本输入和输出的干预措施，实现国内市场的调控和国际资源与国内资源的对接。

(3) 支付能力

国家对支付能力的干预要从"收入"和"财产"两方面进行。①收入：收入上要考虑结构与比例。对劳动收入、管理收入、资本收入、土地收入、技术收入和信息收入的数量、比例、结构、效率、速率与节奏，对财政收入和居民收入的数量、比例、结构、效率、速率与节奏，都可以适当干预和调节，从而实现对市场经济运行的干预和调节。②财产：国家要充分保护居民的财产，特别是那些具有增殖能力的财产，诸如房产、储蓄、债券、股票等。对打劫居民财产的投机与通胀活动，对侵犯和掠夺居民财产的行为，政府要坚决而又及早地实行干预。政府对财产调节方法的使用，包括对各种财产持有和转移的税收政策和规定，一定要考虑国家发展的长远利益，不能把它们仅仅看成是获取财政收入的途径，致使为眼前利益所驱动，竭泽而渔，自毁基础。

(4) 需要开支

国家在国防开支、公用开支、基础设施开支、教育开支、卫生防疫开支、社会福利开支、公共安全开支、环境保护开支，以及在技术研发开支和信息开发、搜集、处理、传输和传播等方面的开支，会直接或间接影响市场运行，从而实现政府对经济的干预。

恰当地慢动"四肢"，可以保障国民经济健康地运行，有效地维持经济平衡，按预定轨迹持续地发展经济。

需要注意的是:慢动"四肢"不等于强化政府对经济的调节和控制作用,恰恰相反,要减少经济对政府的依赖,通过经济体自身的机制,逐渐愈合或康健,恢复机体的活力。医生抢救病人时,用输液和输氧方式来挽救生命,待病人恢复后,就要拔去输液管和输氧管,否则病人便会产生依赖性。靠输液和输氧来维持生命,不过是苟延残喘,又能延长多久呢?

当前世界资本主义面临的状况是:背离了市场经济规律,依靠政府干预或介入方式,为经济体强行"输液和输氧",人为地拉抬"社会总需求"。这虽能缓解一时矛盾,暂时赢来人们的赞美和选票,但最终还是要自食恶果。美国金融危机和欧洲债务危机对此已经发出警告,实行的这种社会主义与资本主义混合式经济模式,将难以为继。

生态社会治理方式,会慢慢地被多数人所认同,最终将能汇集细流而成河川,蜿蜒曲折归入大海。

生态社会治理方式的实现,将把政府与市场融合起来,组成均衡运行的有机整体。其犹如扬帆乘船,驶入大洋深处,极目远眺,海空一色,浑然一体。

第十八章　生态经济成长理论

在说明了"代谢性资源"与"增殖性资源"之间的区别后,本章提出新的经济成长理论,认为促进经济成长的内在因素是"增殖性供给资源"和"增殖性需求资源",由此确定了经济成长的公式,解释了经济成长的起始点、作用方式、作用机理和作用机制,以及普通商品市场和资本产品市场既相互依存,又相互制约的关系,并指出了"资本要素"在其中的特殊性质。

回顾中国过去三十多年来的改革发展情况,不难看出一个简单线索:在生产供应不足,供给不能满足需求的状况下,通过简单扩大产能、增加供应量就可以促进经济发展。但随之而来的往往是库存增加,产能过剩,开工不足,工厂倒闭,工人失业,经济徘徊不前。于是,政府不得不下令"淘汰落后产能",造成生态资源的严重浪费。

有些地方政府把刚盖好几年的住宅楼,以重新规划的方式又拆掉,造成居民再搬迁问题。这里有追求 GDP 统计数据和考核指标的原因,有官员素质和规划工作质量的原因,也有利益再分配的原因。

同样的情况还出现在"新农村建设"过程中,形成被要求搬迁的农民与地方政府和开发商的对立与冲突。中国社会应该寻求更合理,更健康的经济发展方式。生态资源经济成长理论,为此提供了一个新的思路。

一、代谢性资源和增殖性资源

代谢性资源从名义上是指,为维护新陈代谢需要和基本生存活动的生态资源。增殖性资源名义上是指,为繁衍生息,扩大种群需要的生态资源。但在生态经济学理论中,代谢性资源和增殖性资源在不同领域中具有特定的含义。

1. 供给资源中的代谢性和增殖性

在供给资源中,用于提供市场上已具有需求的供给资源,却不能增加新的需求的供给资源,被称之为"代谢性供给资源"。

在供给资源中,不仅满足了市场上的需求,而且自身还能创造出新需求的这部分供给资源,被称之为"增殖性供给资源"。与一般的扩大再生产活动不同,增殖性供给资源不是靠扩大现有产品生产规模和产能来实现增产和发展的,而是通过包括以下方式,但不局限于以下方式,来促进经济增长的:

(1) 开发出新的原料、材料和能源动力;
(2) 提供新用途、新性能、新质量等方面的新产品;
(3) 提供新式服务,满足消费者新需要;
(4) 开辟新型服务领域,改变消费生活方式;
(5) 采用新技术、新工艺、新生产方法;
(6) 在物流配送和商业领域中引发新的需求和升级改造;
(7) 开辟出一个新的市场,产生新的需求;

(8)建立新的商业和服务组织,提供新型商业活动和服务模式;

(9)改造或新建生产组织,提供新管理方式、新作业方式、新工作流程和新工作方式,用来满足需要,方便客户,提升客户满意度。

2.需求资源中的代谢性和增殖性

在需求资源中,其支付能力在满足消费者需要后不能再生或保值,则称之为"代谢性需求资源"。例如看电影、旅行、吃饭、买衣服、买用品、买电冰箱、买汽车、买电视机、买计算机,等等。耐用消费品虽然可以按二手货卖掉,换回现金,但仍然无法保证按原价值收回,所以也是代谢性需求资源。

在需求资源中,其支付能力在满足消费者需要后还能够保值、增值,能够再生并扩大再生支付能力,则称为"增殖性需求资源"。例如买房产,买股票、债券,到银行储蓄,买贵金属,买古董,买高档硬木家具,集邮,接受教育和职业培训,投资办企业,为个人新职业或再就业置办与投入,等等,均可以带来支付能力的再生和扩大再生的效果。当然,购买这些产品也有一定风险,不能保证一定保值或增值,但并不改变它们作为增殖性需求资源的性质。

二、增殖性资源对经济成长的作用方式

生态资源成长理论认为,生态经济体的健康成长方式,主要依靠内在的成长要素,靠内在因素引发的动力和能量,维持自身可持续地发展和成长。增殖性供给资源能够创造出新的需求;增殖性需求资源可以再生或扩大再生支付能力,提高或扩大需求购买力,二者构成生态经济体可持续发展的内在因素和内在动力。经济政策制定者应该关注、引导和利用这两种资源,提高生态经济体运行效率和运行质量,走出一条绿色的新型发展道路。

1. 增殖性供给资源对经济成长的作用方式

增殖性供给资源可以存在于供给资源中的初级产品(服务)、中间产品(服务)以及最终产品(服务)的整个供应链中的任何一部分中,也存在于供给(生产)要素当中,例如存在于技术、管理和信息等方面。增殖性供给资源创造了新产品、新服务、新消费方式或工作方式,因而刺激消费需求,带动了消费市场和投资市场。在这个过程中,增殖性供给资源又通过对新生需求的放大作用方式、扩散作用方式、拓展作用方式和替代作用方式,创造出更多的需求。

(1)放大作用方式

一项新产品(服务)如果可以形成沿着供应链上游或下游扩大需求的作用,就称它具有乘数法则。例如个人计算机(PC)的发明,立刻向供应链上游传递,引起 PC 机组装厂、主要部件生产工厂、零配件工厂、设备生产厂、原料供应商等一系列新的市场需求。乘数的大小与供应链长短及相关联的产业规模相关。同样用 PC 机做例子,当英特尔(Intel)或 AMD 公司研发出一种新的中央处理器芯片(CPU),马上就会对下游厂商产生连锁性传递效应,硬盘生产厂就要与之匹配开发出新产品,PC 机等组装厂便马上推出新性能产品,生产 RAM 等部件的工厂也会有新产品配套。当然微软公司也可乘机推出新的"视窗"操作软件,也形成了从产业链中、上游到下游的放大性效应。

(2)扩散作用方式

当一种新产品或新服务推向市场后,与该产品(服务)相配套的各种产品或服务的新需求便产生了,因而带动了相关市场需求,产生扩散性作用。例如新住房的建设和装修,不仅带动了对建材、装修材料和施工队伍的需求,也带动了对厨房设施、卫生设施(备)、家具、家用电器、家庭用品的新需求,以及对物业管理、家政服务市场的需求。新型移动电话机的上市,也带动了上网服务、广告业务以及短信服务业务的发展。新旅游点的开辟,带动了周边的餐饮、住宿、交通、商业的发展,等等。

(3) 拓展作用方式

一种新产品(服务)上市后,经常会伴随着应用创新的新需求,开发出新功能、新用途、新规格和新样式的新型产品和服务,从而形成了拓展性的作用方式。例如家用空调机上市后,又出现变频空调、无氟变频空调、物联网空调、氧吧空调,等等。又如计算机应用软件开发,建立医院信息系统(HIS)和企业资源规划(ERP)软件系统,等等。手机由接听电话,开发成有照相、计算、闹钟等功能的多用途产品也是一个例子。此类新型产品的开发和启用,可以深耕市场,细分市场。

(4) 替代作用方式

新的产品(服务)替代了销售市场中原有产品和已进入消费领域的产品,形成了替代老产品或对原有产品升级换代的作用方式,因而产生的新的消费需求或市场需求。例如家庭音响设备原来是磁带播放设备,后来升级到 CD 和 DVD 播放设备,现在又用芯片存储器替代了 DVD,播放设备的外观更为小巧新颖,引发了替换老产品的需求。电视机也是一个很好的例子,从电子显像管到背投式电视机,又换代到液晶式数字电视机。产品的升级换代引发的新一轮需求,在计算机和手机(移动电话机)上表现最明显。年轻人或追潮流的人,几年甚至几个月就可能换一款新机型。在工业生产领域,设备替代性作用的现象十分普遍。国家药监局出台了一个药品生产厂必须实行 GMP 认证和药品供应商必须实行 GSP 认证的政策,撬动了巨大的制药设备和厂房设施的更新换代的市场需求。各家药厂通过兼并重组,或用贷款方式,彻底改造了原有的生产设施,使中国的制药工业上了一个很大台阶,管理也规范了,产品品质达到新的标准,基本上具备了冲击世界市场的硬件条件。

2.增殖性需求资源对经济成长的作用方式

增殖性需求资源主要指用于投资、储蓄以及购置可以保值和增值的其他财产,这些财产可用于将来变现后再行支出。增殖性需求资源对经济成长有以下四种作用方式:

(1)提供资本产品市场的需求

增殖性需求资源直接形成资本产品市场的需求,带动证券市场、房地产业、金融服务业、古董、典当、各类艺术品收藏等行业及相关产业的发展,形成新的产业增长点,创造更多的就业机会。增殖性需求资源在这些行业中也带来更丰厚的投资回报。

(2)形成实体经济的新增投资性需求

用于资本的资金(包括直接投资,购买股票、债券)和用于储蓄的资金,均作为资本要素返回到供给领域,成为供给领域新增投资资本或借贷资本,又在供给资源市场上形成投资性的新增需求。例如:建设厂房,购买设备,聘用新雇员,购入材料,支付能源费用,等等。

(3)形成市场上的新增消费需求

在增殖过程中获取的收入,必然会分解出一部分支付能力进入直接消费需要的开支中,用于改善性需求或升级性需求。例如,购买高档轿车,参加新兴景点或观光项目的旅行团,或对自家住房进一步装修,等等。另外,消费信贷也可以扩大住宅市场和耐用消费品市场的需求,带动相关行业的发展。

(4)成为未来经济增长的充要条件

经保值或增值的净资产,可随时在将来变现后进入消费领域,成为未来经济发展的保障。例如,北京、上海的老年人有一两套住房,价值可达上百万或几百万,他们完全可以通过银行房屋净值贷款的方式(国外通行作法),将钱预支出来后消费,支付家政服务、家庭护理或家庭病房等方面的支出;也可以转让给子女或孙辈,用于后代的教育支出和贴补后代的生活支出。

三、经济成长的原生动力和作用机理

1. 需求曲线与需求原理

从图 18-1 可以看出普通商品的需求曲线与投资性产品的需求曲线正好相反。

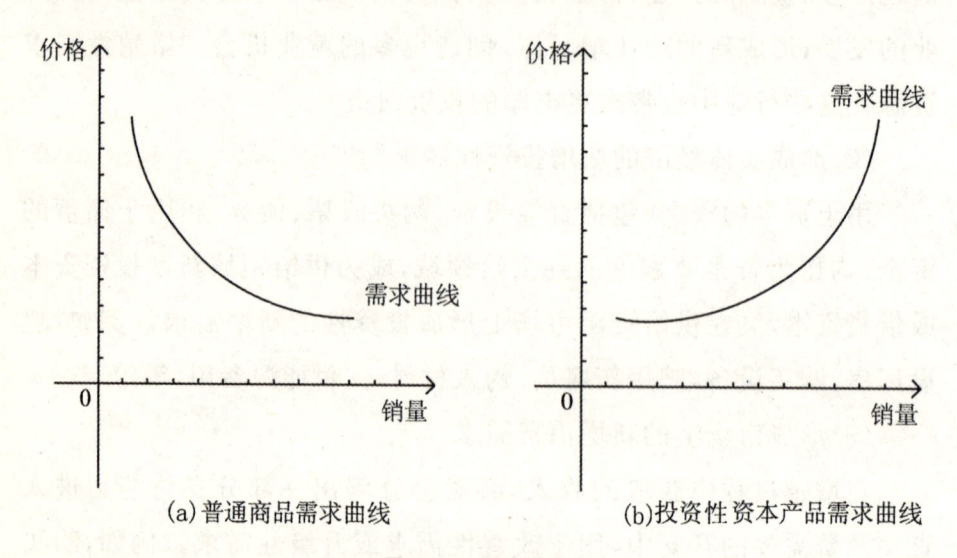

(a) 普通商品需求曲线　　　　(b) 投资性资本产品需求曲线

图 18-1　需求曲线

普通商品的需求曲线是沿左上方向右下方滑动。说明当产品价格下降,销量就会增加,价格降低消费者就会增多。在日常生活中,经常可以见到老百姓在超市中找促销降价的产品购买。相反,投资性产品,例如股票、债券、房产等,是随着价格上升而购买量增加的。老百姓见了"牛市"就冲进股市或房市,希望尽可能地多赚钱;见了"熊市"就抛售,或持币观望。所以投资性产品需求曲线是从左下方向右上方移动的,正好与普通商品的需求曲线相反。

当普通商品价格降到了一定程度后,产品的销量就不会增加了,无论厂商如何促销,行业内总的需求达到饱和,便形成了生产过剩状况。一些企业要倒闭,员工要被裁掉,资本没有收益,甚至本钱都损失了。

当投资性产品上升到了一定价位后,就很难再找到买主了。因为资本产品价格太高,远远超出市场实际可接受或可接手的价格,于是投资性产品价格就得回落或下降。当价格从高向下走时,销量反而缩小,沿右上方向左向下方移动,价格越低,买的人越少,形成了"熊市"。一旦房市和股市进入"熊市",形成长期下跌走势,泡沫便破灭了,老百姓财产就会被套进去,或者会受到严重损失。

分析上述两组曲线和需求原理,可以得出以下的结论:当企业不从事创新活动,只是一味地扩大原有产品的产能时,到了一个节点上,就会导致为了把产品销售出去而不得不降价的情况发生。降价使利润下降,股价也随之降低,并且会逐渐地形成整体合力,带动股市进入"熊市"。所以,如果没有增殖性供给资源作为新的需求增长点,投资性产品不会获得合理回报,甚至有可能亏损。没有新的经济增长点支撑,投资性产品价格上升到一定高度后难以为继,必然下跌。房地产和金融服务业没有主体经济作支撑,到了一定程度后也失去了成长动力和自身平衡,让主体经济的停滞将其拉下来,而且较之于实体经济的生产过剩形成的萧条与经济下行,其下跌得还要更为严重。

2. 经济成长的原生动力和作用机理

经济成长的原生动力在于找到能让投资获得丰厚或合理收益的新需求和新市场。

当增殖性供给资源快速发展、不断创造新的需求,通过放大作用方式、扩散作用方式、拓展作用方式和替代作用方式,将新的需求放大，产生了更大的需求和发展动力，并源源不断地向各种供给（生产）要素提供回报，以要素（劳动、资本、管理、信息、技术、土地）的收入方式，变成支付能力。其中一部分转化为消费支出，购买产品和服务；另一部分又作为投资和借贷资本，返回供给资源领域，形成新的投资性需求。在这个基础上，给房地产行业、股票市场、债券市场、银行保险业，以及其他的资本市场带来的新需求，才能成为持续上升的动力，而不是吹泡泡。所以，在这个意义上我们可以得到一个公式：

经济成长＝增殖性供给资源＋投资收益＋增殖性需求资源

经济成长的原生动力首先来自于增殖性供给资源，要找到或者开发出能让投资获得丰厚或合理收益的新需求和新市场，然后通过资本收益机制，去补充需求资源（支付能力），再让增殖性供给资源和增殖性需求资源同时发挥作用。

资本是供给（生产）要素的综合体现。较高投资收益是一个指标，是一个桥梁，也是一个机制，它把增殖性供给资源和增殖性需求资源连接起来，既能回馈主体经济，增强各种作用方式，也支撑了资本产品市场的发展，维护了未来购买力。

生态经济成长是通过循环往复的流动来促使自身经济"细胞"增殖，实现整体上的发育（参见图15-2）。经济体在这个运行与成长过程中，应保持自身的动平衡。

第十九章　国家经济体的发展

本章把生物体行为方式和生态体的运行方式结合起来，探讨国家经济体的发展和扩张问题，分析中国面临的机遇和挑战，提出了新的见解和建议。最后，说明市场资源在未来经济关系中的关键作用。

国家经济体具有双重性质，对内是生态体，对外是生物体。二者有机结合起来，形成了较为复杂的对内对外政策体系。本章则将生态体法则和生物体法则结合起来，讨论国家经济体发展的几个具体问题。

一、国家经济体发展策略

世界上各个国家都会根据各自国情，以及本国所处历史发展的特定阶段，提出适应于本国和本届政府的国家发展策略。

老子提出了一个原理，可供我们参考和讨论。老子在《道德经》第五十七章中说："以正治国，以奇用兵，以无事取天下。"意识是说：

用正道来治理国家,用奇妙的战术对外用兵,用清静无为的策略来掌握天下。

国家生态体讲究相互依存,相互制约,维持整体平衡,有序发展和进步。而国家生物体则要审时度势,了解自身的优势和劣势,知道竞争对手的长处和短处,然后出奇制胜,取得竞争中的优势地位。所以,生态体以"平衡"为目的,生物体以"赢胜"为目标。

"以无事取天下"既是一种策略,也是一个方针,与我们主张的政府对市场经济要"顺应引导,少加干预",也有暗合之处。

例如有关中国要"推进城镇化建设"一事,就应十分慎重,不要去刻意作为。目前中国的一些地方政府,要把农村自然村和行政村拆除,将农民集中到小型城镇的楼房单元房中居住,相对远离了自家的农田,或者完全丧失了土地和宅基地。从理论上讲,一些政策制定人认为,随着工业化发展,农村人口必然流进城市,所以政府应该去推动,让农业人口加速转成城镇人口。从实践上看,地方政府认为,城镇化建设是地方政府财政收入的一个好途径;房地产开发商认为,城镇化建设是商业住宅地产开发的一个好机会。基于利益驱动,地方政府和开发商不惜采用各种办法,对农民"劝导"、"利诱"、"威吓"、"使用暴力"、"政府强制",以及"法律强制",连刚刚进城上中等专业学校、上大学的孩子也不放过,要求农民放弃自己的宅基地和承包土地。这种"城镇化建设"和"推进"方式,在政治上很危险。它会造成大量无土地、无住房、无工作的农民成为新型城市贫民。它偏离了中国共产党"三个代表"、"科学发展观"和"建设和谐社会"的执政方针。从经济学理论上讲,中国社会目前处于由工业化向信息化、生物技术化社会迅速发展的经济阶段上,与一百多年前的西方社会工业化发展状况相距甚远,中国不可能照搬西方历史上的经验。

工业化社会的特点是:"集中"、"效率"和"标准化"。而信息化社会的特点是:"分散"、"活力"和"个性化"。从工作方式上看,工业化社会要求工人和专业人员集中起来,按着分工要求,一天工作八小时,每周工作四十多小时。工业化采用标准作业方式和自动化流程工作程序,效率大大提高,产品也尽可能统一标准,便于生产和质量控制。工业化生产方式从工厂延伸到餐厅,西式快餐连锁店就是典型的工业化产物。而在信息化社会中,人们的工作方式已经大大改变,不必集中在一起工作。用信息网络将工作人员连接起来,调动工作人员的积极性和创造性,不硬性规定上班和下班的作业时间,由个人灵活掌握。所以人们反而主动延长工作时间,一天工作十几小时,周末不休息也司空见惯。信息社会讲究"个性化服务",根据消费者或客户的特定需要,专门配制或制造产品,通过配送上门的方式,实现以订单为龙头,再由储运、制造和采购共同组成的一条龙服务体系,彻底改变了以采购为龙头,标准化制造,然后想方设法地去推销产品的工业化经营方式。

中国农村正面临着深刻的信息化和生物技术化发展时期。农民利用近海和沿海岸的海水养殖方式,大量生产海产品,改变了单纯捕捞的传统作业方式。各种养殖业在内陆地区快速发展,其中也包括了内湖、内河和水塘中的水产养殖业。温室大棚已经向工厂化、生物技术化方向转变。这些新型农业和养殖业,往往需要人们住在工作场所,一天二十四小时地监护。所以,新兴产业和生产方式,对那种八小时工作制,上班来,下班走的传统工作方式也产生了冲击。

从上述信息化和生物技术化发展进程看,中国广大农村、农业、农民具有后发优势,更适合新的生产方式。目前西方社会已将居民吸引到城市,而又无法为城市居民提供更多就业机会和社会福利,引发工人大罢工、市民大游行和无业居民的流窜等一系列社会问题,已经到了积重难返的状况。所以,我们推进城镇化建设一定要慎之又慎,千万不要舍自己的优势,取他人的劣势,反其"道"而行之。

从以上的例子,我们就可以体会"以无事取天下"策略的含义。从执政者的角度,希望有所作为可以理解,但要注意不要被那些特殊利益团体利用了,造成逆向效应,把农民能够利用承包土地和宅前屋后的条件发展生产、安居乐业的国家"正生态资源",变为无地、无业、"无事生非"的国家"负生态资源"。

中国现代史上,实行工业上的"大跃进",兴土法上马大炼钢铁;推行农村中的"人民公社",虚报亩产万斤粮食造奇闻。这些都是由当时的政府官员们刻意"作为"出来的,导致随之而来的全中国范围内的"三年灾害",让饿殍村野,生灵涂炭,社稷蒙羞。殷鉴不远,不能不引以为戒。

在国际政治中,这种过度作为,反受其害的例子也很多。美国发动越南战争、伊拉克战争和阿富汗战争,从主观计划上看,这些战争是一种很容易成功,又可获取大量回报的"好事"。例如控制了伊拉克,就可以控制石油,从而控制中东和世界。但实际结果却截然相反。越南战争使日本受益;伊拉克战争和阿富汗战争使中国受益。所以,采用韬晦之计,清静无为,或无所为而为之的国际政治策略,反而成为更高明的策略。

"以正治国"是一个客观规律,必须遵守。"以奇用兵",知己知彼而能取胜,是一种智慧。"以无事取天下"是一种战略策略,应该秉持。

二、发展本国经济的着力点

发展本国经济不仅仅要使本国经济持续增长,更重要的是让本国经济在世界范围内获得竞争优势。

在本书第十八章的经济成长理论中,我们得出一个公式:

经济成长＝增殖性供给资源＋资本效益＋增殖性需求资源

现在我们用简单方法表示:

经济成长＝创新＋投资回报＋支付能力

这个公式表明,经济成长取决于三个方面的条件。经济成长始于创新;创新为"供给要素",特别是为资本要素带来丰厚的回报;这些回报成为社会支付能力(财产净值),用来扩大消费支出,同时又可再用于资本产品市场(股票市场、房地产市场等)的投资,进一步拉动经济成长。如果创新浪潮过去,而新一波创新又迟迟无法产生,经济成长将趋缓。所以一个国家经济的增长动力和国际竞争力就体现在:第一,创新能力;第二,优质的公司及管理团队;第三,可用于消费和投资的支付能力。

以这些标准来衡量和评价美国、日本、中国等国家,就可以看出彼此的优劣、强弱和长短了。

美国现任总统奥巴马在他的《无畏的希望》一书中写道:"……我们取得经济成功并不是我们拥有丰富的自然资源,我们的优势是社会管理体系一代代美国人鼓励不断创新,锐意进取,以及资源合理配置。"美国拥有世界上最强大的创新体制和创新资源,拥有完善管理的公司体制和管理团队。美国人可以通过创新,带动供给要素的回报,最终弥补"支付能力"不足的"短板",迅速回到经济成长的轨道上。最近美国政府正在利用手中发行美元的权力,每月增发一千亿美元,鼓励创新,增加资产价值,刺激经济成长。所以,在新一轮竞争当中,美国仍然处于主导和领先地位。

中国经济在创新能力和公司经营能力上,远远落后于美国、日本、韩国等国家,这是中国经济竞争力不足的主要劣势所在。稍感庆幸的是,中国当前拥有较大的国内和国际支付能力,并且还拥有经多年招商引资,在沿海地区建立了多个综合配套的工业生产基地。中国具备了综合加工和制造能力。中国另外一个资源是拥有13亿人口和巨大内需市场。但是,从2009年底开始至2011年越演越烈的通货膨胀,正在侵蚀中国社会的"支付能力",所以中国经济发展的机会比较美国、日本、韩国而言,仍然是暂时的,有可能稍纵即逝。中国举国上下应该有危机意识,有迫切感,否则当机会错失,危机来临时,悔之晚矣。

中国领导人已经开始强调"创新"的重要性,也意识到中国企业整体的管理能力不足、赢利水平较低的短处。中国企业尤其不擅长国际化经营。1998年,当时中国最具创新和品牌影响力的青岛海尔集团,到美国去开设工厂,开始了国际化第一步。人们对它寄予了厚望。十年过去后,我们仍然很难在美国市场上找到海尔的产品。希望情况会逐渐改善。然而,比海尔集团晚进入美国市场的韩国LG冰箱及其他家电产品,韩国三星的家用电器产品,却充斥了美国的商场,而且品种齐全,甚至挤压了美国本土产品。

十年前,一家韩国贸易公司到中国北方的一个大城市,用十万人民币的投资,与一家拥有一亿多元人民币资产的国有皮革厂合作,成立了由韩方控股的中外企业合作公司。韩方通过该"合作公司"控制了中方全部皮革制品的外销权,结果是韩方获得了外销产品全部利润,中方只获得了区区的加工费和领导干部的几次出国观光机会。对国际市场运作的茫然无知,只能看着钱让别人挣,污染留在自己家乡。这种情况至今没有多大改善。如果中国企业不能深入国际市场,建立自己的销售通路和产品品牌,直接掌握客户资源和市场上的消费者资源,纵有再多的技术发明和工艺上的改进,也只能让那些拥有市场资源的韩国商人、日本商人、美国商人们挣钱。

如果中国公司的管理团队无法证明自己在国内市场上有创新和

赢利能力,在国际市场上同样具有创新和赢利能力,也就无法把创新的成果转化为"供给要素"的回报,真正变为社会支付能力。如果投资不能得到可观回报,股票市场、房地产市场便没有上升的支撑点,最终社会支付能力要变成泡沫,中国又将陷入新一轮的"经济调整"过程中。

当然中国还有国内市场,还寄希望通过内销带动经济增长。但仔细观察国内市场,具有影响力的连锁超市大多控制在法国人、美国人、韩国人和我们同胞台湾人,以及泰国公司手中。其状况与外销有些类似。中国的企业仍然不具规模化赢利能力。唯一讲得过去的还是国有股份制的大型公司,在国民经济中具有一定影响力。但这些企业也是凭着国内市场的垄断地位在经营。国有股份制的大型公司仍然需要证明,它们能够在世界市场上具有竞争力。

中国政府应该尽快运用多年积累下来的外汇和政府财政收入,支持中国企业,包括国有股份制公司和民营企业走出去,占领国外市场资源,建立自己的品牌;支持民族私人企业,参与国内市场资源的竞争,取得产品创新、技术创新、服务创新、组织创新、商业模式创新的投资回报,以此带动新一轮经济成长,同时增强中国经济在全球的综合竞争力。目前国际市场低迷,正是走出去投资兼并的大好时机,时间留给中国人的机会并不多。

中国应该进行下一轮经济体制改革,使整个社会更具创新力和进取心,培育出在世界市场上具有强大竞争力的民族企业群体。

三、以市场为导向的未来经济

从18世纪中叶开始的工业产业革命至今,已经过几百年的发展,人类社会已经由生活资料相对匮乏,转为物资产品极大丰富;经济发展从"产品导向",转化为"市场导向";竞争主战场从产品生产领域,转入到市场营销和销售领域;产品和技术的稀缺性,逐渐转为资源的稀缺性,特别是市场资源的稀缺性。这个趋势仍然在演变中,越来越趋于明朗。

在生活资料相对匮乏的年代,谁能用更低的成本、更高的效率,生产出适合大众的产品,谁就具有竞争的优势。1908年福特汽车公司生产出世界上第一辆属于普通百姓的汽车——T型车,世界汽车工业革命就此开始。1913年,福特汽车公司又开发出了世界上第一条汽车生产流水线,这一创举使T型车一共达到了1500万辆,缔造了一个至今仍未被打破的世界纪录。但是到了1925年,竞争由产品价格转入产品品种多样化时期,通用汽车公司为适应多种需求模式的转变,实行"一种车适合一种财力和需求目标"和每年推出一种新车型的战略,使汽车设计更为现代化,从而把福特汽车公司远远地甩在了后边。到1927年,通用汽车公司一跃成为美国汽车工业的霸主,其国内市场占有率达到43%,并一直维持领先地位直到2008年。

20世纪五六十年代,在半导体革命时期,日本的电器公司信奉"自来水"经营哲学,以大量生产和降低价格的方式,达到"人人消费"和"生活美好"的竞争优胜目标。

到了20世纪八九十年代,同样的竞争方式又在个人计算机生产领域中重复一遍,这一次由中国台湾和中国大陆取得了廉价生产的竞争优势。

从20世纪90年代起,经济发展开始从"产品导向",转化为"市场导向"。大型跨国公司发现,由于技术进步频率加快,市场需求的多样化要求,使得产品生产逐渐变为"小批量和多品种",依靠外包方式,贴牌生产方式,可以大大地降低生产成本,加快产品上市速度,节省了投资和经营风险。戴尔计算机公司以此方式起家,获得巨大成功。其他计算机公司紧随其后。苹果公司干脆把新产品生产都包给台湾和大陆企业,自己获得最大的赢利,其股票价格也扶摇直上,一跃成为"技术创新"的领导者。而真正拥有生产技术的台湾和大陆公司,只是挣了个加工费。

在以市场为导向的经济发展阶段,竞争焦点从价格和质量转到功能、款式、品种、档次和服务上,市场划分越来越细,产品升级越来越快,满足客户或消费者多样化需求,实现个性化服务,成为竞争的优势之所在,也是利润的真正来源。技术和产品的开发以市场为导向,必须符合市场上的客观需求。没有市场营销和销售能力,技术再先进,也只能被封存,或者被别人买走。"创新"已经不再局限在技术和产品上了,更多的"创新"是营销的创新,是服务的创新,是商业模式的创新。竞争主战场从产品生产领域,转入市场营销和销售领域。

在丰裕社会中,产品和技术已经不再是稀缺资源了。新产品和新技术的独特性获利周期越来越短,而自然资源和市场资源开始变得"稀缺"。尤其是市场资源,它离现金收入来源最近,成为商家必争之地。已获取市场资源的企业,将在未来竞争中取得优势地位。这就是麦当劳连锁餐厅经营的"垃圾食品"一直被人诟病,而麦当劳公司的股票却一直攀升的主要原因。中国企业要想在世界市场上具有竞争力,必须学会走出去,直接掌握市场资源。

中国有13亿人口,而且日渐富有,这也是未来国家最主要的竞争力之一。希望政府能够珍惜这个资源,利用好这个资源。

历史就是这样演变的,对供应资源的占有和争夺,总是集中在相对"稀缺"的这一方面。奴隶社会土地广袤,人口稀少,劳动生产率低下,用于劳作的奴隶人口成为生产供应方面的"稀缺"资源。到了封建社会,铁冶炼技术和铁器应用有了长足的进步,以自耕农和手工业者为主体的生产者增殖很快,土地变得相对"稀缺"了。在资本主义工业化社会中,低成本的规模化生产能力是一种"稀缺"资源。到了信息技术快速发展的今天,通过信息的传播和积累,通过产品供应和配送服务的长期经营而逐渐拥有起来的市场资源,已经开始成为"稀缺"资源。对市场资源和其他生态资源的占有,将成为生态文明和生态主义(Ecolism)社会的主要经济特征。

第五篇　生·态·货·币·理·论

货币理论是宏观经济学中一个有机组成部分。由于货币理论有其特殊性质,专业性较强,在经济关系中自成系统,所以本书将货币理论独立成篇,与其他经济学内容分开论述。

生态货币理论与生态价值理论一脉相承,是对价值规律运行机制的深入说明和进一步的阐述。将那只"看不见的手",呈现为"看得见的手",而且还对调节经济运行之手的"五指",做了较为详尽的描述,逐一地说明它们与经济运行之间的关系,最后将"五指"合拢,对数理方式和相互关系进行探讨,初步表达了如何运用综合性的货币运行机制,来达到促进整体经济均衡运行的基本思路。

本篇第二十章叙说了货币的三个基本属性,开始进入生态货币理论;第二十一章解释了货币的主要职能,提出"赢利货币"的新概念,比较系统地说明赢利货币的存在形态和流转方式,进一步解释赢利货币的资源调配职能;第二十二章在逐一分析赢利货币三种形态与经济运行的关系后,建立了新的生态货币供应公式;第二十三章结合货币基本属性和货币职能,阐述生态货币的基本特征,并尝试着把生态货币理论与当今世界与中国的社会经济实践活动结合起来,提出可供参考的策略。

第二十章　货币的基本属性

　　货币之所以能够流通，为市场中各方所接受，并不是完全基于它自身的"商品价值"，而是基于它所依托的社会信用保证体系和一个相对稳定的社会循环交换系统。货币的本位制只是货币信用属性的一种表现形式。任何货币，必须同时具备尺度属性、信用属性和流通属性后，才能充当其在经济体中被赋予的角色，发挥其特定作用。

　　市场经济的基本活动与货币息息相关。无论是商品的生产、供给、需求和消费，还是劳动力和土地资源等生产要素的流动和分配，以及价值规律对经济结构和经济总量的调节，都需要通过货币这一特殊媒介来发挥作用，从而实现经济体的合理运行。在这个意义上讲，对货币的研究和认识，就是对国民经济整体运行的研究和认识，也是对价值规律作用机制的研究和认识。

　　本章重点研究货币的三个基本属性。基本属性是货币之所以成为货币而必须同时具备的属性。当货币执行不同职能时，又具备了不同的特殊表征，具有执行该特定职能时的特殊属性。

任何货币都必须同时具备"尺度性"、"信用性"和"流通性"这三个基本属性。

一、货币的尺度属性

货币是从商品交换中演化出来的一种介质,具有可以衡量其他商品价值的功能作用。货币在历史上也是商品,在人类生产和交换活动的不同时期和区域,表现为不同的商品和物质形态,例如绵羊、粮食、贝壳、贵金属,等等。经长期演化,在人类历史上多数时期和多数地域,不同程度上采用了贵重金属质地的货币,用来执行价值尺度功能。贵金属不仅可以分割,具有度量其他商品价值的特点,而且还具有质地均匀、便于携带、能够保存、在流通中又不易损耗、自身有价值和较为稀缺等特点,成为多数地区和多数民族群体所中意的价值尺度介质。

随着跨区域活动增加,贸易规模越来越大,对货币的需求也越来越高。各种流通中的金属货币,由于种类不同,成色不均,重量各异,远途携带风险较大,使得从事货币兑换业务的商号开始兴起。例如,中国近代历史上出现的钱庄和票号。它们以贵金属存储量为抵押,开出"银票"和"庄票"一类的纸介质货币,既方便携带,又有利于结算,极大地促进了商业贸易活动,由此逐渐演化出后来的纸币。中国民国时期通行的法币和中华人民共和国发行的人民币,以及现在市面上通行的,以人民币为基础货币的银行支票、本票、汇票、信用证等,均是纸介质货币。

中国历史上的纸币最早出现在宋朝,当时在四川地区发行了一种"交子"纸币,类似于现在的汇票。在元朝也发行了大量纸币,还引发了当时特有的"通货膨胀"。明朝建立后,明政府印发了"大明宝钞",在市面上流通,曾经风行一时。从纸币发行年代上看,中国也是世界上最先使用纸票的国度之一。

自从 20 世纪 80 年代起,计算机和因特网在美国得到广泛应用,电子货币发展起来并逐渐普及到全世界。例如中国的银联卡、美国的运通卡、VISA 卡、MASTER 卡以及快速发展的网络银行网上电子结算和转账方式。

从货币发展的历史上看,无论采用何种介质,作为衡量其他商品和服务的一般等价物,作为价值尺度属性的货币,都必须具备以下特征:

(1)度量特征。自身标识明显,能够用于度量其他商品的价值,具有标明商品或服务价值或价格的功能作用。

(2)均质特征。货币必须质量可靠,成色一致,质地均匀,可等量分割,能够被同质地制造。

(3)持有特征。货币无论以何种物质形态存在,均能为拥有人所持有。货币不可能只是观念中的一个符号或汇账单位。货币具有所有权等社会和法律的内涵。

(4)储运特征。便于储运携带,交换过程中损耗小,可以更换与承兑,能够储藏。

(5)客体特征。尺度属性还表明货币应具有客观独立物体的特性,社会经济交往关系越加发展,经济体越加成熟,货币作为价值尺度的客体特征就越加明显。

现代货币的发行机构已经开始独立于政府部门,成为超脱政治权力的客体化经济"心脏"。例如欧元的发行机构"欧洲中央银行",美元的发行机构"美国联邦储备系统",以及英镑的发行机构"英格兰银行",等等。这些银行的所有权均与发行国政府的所有权相分离,成为独立于政府的货币发行机构。

货币流通性在物理层次上与货币的价值尺度属性是一致的。上述相关联的五个特征是货币尺度属性的具体说明,构成了货币尺度属性的基本特征。

二、货币的信用属性

任何货币都具有信用属性,以保证该货币能够为交换的另一方所接受、并愿意持有它,而且还能在将来转让出去,换回自身需要的商品和服务。没有"信用"保障的货币是无法进入流通领域的。

历史上货币的信用主要来自金银(贵金属的价值)、实权(实力与权力)、抵押(债权)以及物资(各种大宗物资保障)等方面。

1. 金银信用

作为贵重金属的代表,黄金和白银具有天然的高纯度、稀缺性和开采的高难度,使其自身具有公认的价值信用。黄金和白银是贵重金属中可以不通过铸币,仅以自身的重量来充当货币的价值尺度,实现其自身信用的少数金属。黄金和白银具有天然价值信用,可以在不同国度和货币辖区之间自由流通。

金银信用的优点是能够被广泛接受和直接用来储藏保值。缺点是由于它们的稀缺性而使货币流通数量受到限制,不能随经济规模的扩大而相应扩大货币的发行量,造成通货紧缩,阻碍了经济成长和发展。金银货币另一个缺点是容易受主要生产国和储藏国的控制,实行金本位和银本位货币的发行容易受到黄金或白银市场供应的操纵,货币发行机构和货币发行国家会因此失去货币发行的自主权力。

2. 实权信用

实权信用是货币发行者以经济、政治和军事实力为保证,依靠在该类实力基础上产生的统治权、管辖权和治理权,并依托这些权利,通过强制推行和法律规定等方法发行的货币而产生出来的货币信用。

在历史上,实权信用往往与贵金属信用结合起来使用。例如中国历史上黄帝时期的铜仿具与钱镈(币),春秋时期的圜钱(圆形方孔或圆形圆孔),西汉时期的三铢钱,王莽时期的错刀、契刀,唐朝的开元通宝钱,等等。中国历史上的实权信用主要采用铜作为制钱的材质,辅之以金和银。近代和现代则采用纸张作为印刷钱币的材质。

实权信用的优点是,可以根据商品流通和经济发展规模而随时调整货币发行量,促进经济成长;同时也可以保障发行国的货币发行和金融系统的主权。实权信用的缺点是,由于权力过大而难以自制,容易不受约束地发行货币,造成严重的通货膨胀。即使在历史上使用铜币的时期,统治者也往往会增加铜矿开采和降低铜币中铜含量的方法,扩大铜币发行规模,用超出经济对货币的正常需要量而引发物价上升,使得货币贬值。

3. 抵押信用

抵押信用是以金银、政府债权以及其他有价信用作为抵押,而建立的一种适合于西方资本主义工业化社会的货币信用体系。典型的代表是英国的中央银行"英格兰银行"(Bank of England),以及美国的中央银行"联邦储备系统"(Federal Reserve System)。这两家中央银行均吸纳私人股本,并以私人股份为主体而建立,成为独立于政府部门之外的货币发行银行,发行著名的英镑和美元。

为了获取货币信用,英格兰银行和美联储均采用借助贵金属金银信用和政府实权信用的方法,以金银和政府债券作为抵押来发行货币。美联储发行美元以政府公债为抵押,流通中的美联储券(Federal Reserve Note)即美元,代表着政府欠着美联储的债务。所以美元发行是依赖于政府这个公权机构的未来税收收入,以国债作抵押的具体方式而产生的信用。

抵押信用的优点是,把金银信用的保值特点和实权信用的主权特点结合起来,形成相对独立于政府之外的中央货币机构,能够稳定地发行货币,掌握并控制着货币政策。抵押信用的另一个优点是通过债权、债务关系较易调控发行量,并且货币发行量也受到金银储备量和政府债务的限制。

抵押信用的缺点是,一旦货币发行与金银脱钩,就会失去金银信用保证。美国政府在1971年金融困境中宣布美元与黄金脱钩,从而使美元失去了金银贵金属的信用保证。抵押信用的另一个缺点是,如果政府滥发债券,挥霍无度地开支,失去了偿还债务的能力,货币也将因此而失去信用。用来做抵押的被抵押品一旦失去了价值,抵押信用也就不复存在了。这就像今日美联储和英格兰银行面临的状况一样。美国政府和英国政府债台高筑,难以为继,美元和英镑信用将何在？令人十分困惑:是否要搞通货膨胀,甚或开始向另一种信用过渡呢？

4. 物资信用

在货币发行者掌握了大量关系国民经济生计的物资,例如粮食、棉花、棉布、石油、钢材、木材、水泥、食用油、铜、铝等大宗商品的供应储备和调拨能力,以及用于进一步生产的土地和矿山资源,就产生了货币发行的物资信用。国家可随时利用手中的物资平抑物价,对抗国际和国内的投机活动,维持物价稳定,保证货币的信用。政府可以通过出售物资,回流货币的方法,减少流通货币的数量来降低通货膨胀。反之,如果物价下降,通货紧缩,政府就可以增发货币,收购物资,增加流动性。

中国人民银行发行的人民币,便是此类物资信用的典型代表。从1948年12月1日中国人民银行在河北省石家庄市宣告成立,一直到1955年3月1日发行人民币新币,这期间中国政府就是采用物资作为储备,随着物价的涨落,由政府机构,例如工商局,随时吞吐物资,调节货币流通数量,以保持币值和物价的稳定。

物资信用的优点是,货币有直接的物资保证,社会各界容易接受,且符合社会经济规模,满足发展需要,同时可以制衡因实权信用而产生的任意发行货币而引发的大规模通货膨胀的缺陷。

物资信用的缺点是,通过政府大规模采购、储备和销售物资容易产生官僚腐败,降低物资生产和社会效率,弱化或阻碍了市场调节机制的作用。

从以上四种信用的产生和发展历史上看,四种信用之间往往是交叉作用,彼此融合。

5. 生态信用

随着信息化社会的到来,我们可以期待着一种新的货币信用——生态信用的产生。该信用将融合金银信用、实权信用、抵押信用和物资信用的优点,避开它们的缺点。新货币发行机构的"所有权人"代表政府和商业组织,需要经常保持自身财政(财务)预算平衡和国际间的收支平衡,并且需要对处于不同形态的货币和执行不同职能的货币,进行"精确制导"性的调配,从总量上和结构性数量上同时控制住货币发行量,从而能够建立新的"生态信用"。生态信用还受到自身发行中所拥有的资源的保证与支持,诸如客户资源、渠道资源、组织资源、信息资源、管理资源、人脉资源等。"生态信用"已经部分地体现在目前欧元的发行过程中,但该信用仍然需要实践活动来进一步发展和检验。有关生态信用的详细说明,可参见本书第二十三章的内容。

货币之所以能够被人们接受,主要取自于它本身的信用属性。货币自身拥有的价值,以及货币发行人的保证和信用,首先必须被社会各方认同和认可,符合货币持有人和受让人的利益。由此,货币才有可能在经济交往活动中为社会各界普遍接受。

三、货币的流通属性

货币之所以为货币,也是因为它能够在特定时期、特地区域或特定范围的市场内持续流通,广为使用,成为价值尺度、支付手段、流通媒介和储藏手段。实践中,货币不仅仅充当一般等价物,还能充当财富的象征和代表,并被用以继续赢利,为人们增殖财产。

货币的流通属性不仅在于它能够被商品交换各方面接受,在经济活动中被广泛地使用;还在于货币拥有特定的流通方向和流通通道,可以循环往复,持续运行,发挥调节经济活动的作用;同时,又在于货币的发行仍需借助特定的金融网络组织功能,来发挥其流通和服务客户的作用,满足社会活动和经济运行各方面的需要。

货币的流通属性可以首先从以下几个层次来理解:

第一,货币应该具有广泛的使用性和兑换性,可以随时被社会大众接受,换回货币持有人需要的各种物质资料和其他财富。

第二,货币流通性还在于货币发行中所借助的各种金融组织与流通渠道,使得货币可以迅速地流转开,遍布各地区甚至遍布到各个国家。同时,货币还能回笼,实现周而复始的循环。

健全的金融服务是货币被广泛使用的重要条件。中国历史上的钱庄、票号,以及近代通行的银行体系,在很大程度上保障了货币的流通性质。各种金融组织和经济组织,对货币的流通性具有较重要的意义,特别是跨地区和跨国度的货币发行。现代货币发行非常有赖于一个发行网络,需要有主发行渠道和匣密细布的网络组织,以及多方面的支撑点。中央银行可以把货币发行到各个经济单元,同时又能及时回笼货币,形成通畅的回流通道与循环系统,就像人体的主动脉和主静脉、支动脉和支静脉,以及毛细血管一样。

第三,中央银行发行的"基础货币",需要由存贷款类金融机构发行的"存款货币"相辅相成,形成覆盖广大市场的完整金融资源,满足各种消费者或客户多方面的需要。商业银行的"存款货币",因此就构成了"基础货币"(亦称"高能货币")流通属性中不可分割的一部分。

第四,在货币发行银行的存款准备金制度安排下而形成的同业市场,以及货币市场和信贷市场,均会随央行货币政策的变化影响整体经济活动,发挥货币发行的宏观调控力,形成一种体制性的机能和机制。这也是货币流通属性的一种表现方式。

第五,货币的流通属性仍需要政府对流通货币做法律上的规定确认,也需要货币流通中的各方,在货币的支付、存储、持有、兑换,以及在货币流通中的各种转换方式做出统一的规定,以合同方式、惯例方式予以确定,这样,才可以保障货币的流通属性从法律层面上被建立和体现出来。

货币的流通属性,不仅仅是建立在尺度属性和信用属性上一般性的货币发行结果,它往往需要经过发行者的长期努力,经过实践活动后,逐渐具备起来的一种特殊的属性。例如1975年,美国与石油输出国组织(OPEC)产油国(包括伊拉克、伊朗、沙特阿拉伯、委内瑞拉等原油出口大国)进行多次磋商,终于达成了只以美元进行原油贸易的协定。也就是说,美元成了国际原油计价和结算的货币。原油价格的上涨会增加市场对美元的支付需求,使美元成为最重要的国际储备和结算货币。因此,美国能够开动印钞机生产出大量美元,并在世界范围内采购商品与服务;而其他国家则需要通过出口,换得美元后,进行对外支付。许多国家为了进口石油,必须从辛辛苦苦建立的外汇储备中拿出相当一部分，支付给石油输出国。由于美国仍然拥有强大的经济实力和发达的资本市场，寻找投资渠道的"石油美元"又被吸引回流到美国，变成了美国银行的存款，或者变成了股票和国债等证券资产，填补美国的贸易与财政赤字，维系居民的超前消费，从而支撑着美国的经济发展。美国以其特殊的经济金融地位，保持着石油美元环流，经济亦得以在这种特殊的格局中增长。

货币的流通属性是货币发行的基础和结果。其流通范围取决于发行者的努力，取决于该货币的竞争力和当时所处的条件与环境。

任何一种货币，均需要同时兼备尺度属性、信用属性和流通属性。其中信用属性最为关键，其他属性也不可或缺。例如：国际货币基金组织（IMF）的特别提款权（SDR），作为国际储备资产、记账单位和货币定值单位，具备了尺度属性和信用属性，却没有在市场上对商品和服务进行直接支付的流通属性，所以它不是真正意义上的货币。尽管人们称 SDR 为"纸黄金"，但在使用它时，必须兑换成其他货币。特别提款权（SDR）不能流通。

"货币的基本属性"和"货币的主要职能"共同构成生态货币理论的基础。

第二十一章　货币的主要职能

货币在充当一般等价物时,实行等价交换原则和所有权属随交换而转移的原则,充当此角色的货币被称为"交换货币"。当货币充当赢利载体时,则实行利益回报原则和所有权属不转移原则,此时的货币可称为"赢利货币"。赢利货币具有三种形态,分别是"资本要素"、"投资交易"和"消费融资",还可分为Ⅰ、Ⅱ、Ⅲ和Ⅳ四种流通类型。"赢利货币"充当财富增值角色,在经济体中执行资源配置职能,也是价值规律调节经济活动的直接作用介质。

货币作为商品交换的媒介,充当商品流通介质的职能,已为人们所熟知。但是,货币作为"资源配置介质"和"运行促进介质"的两个职能,却很少被理论研究人员所关注。货币在执行不同职能时又具有特殊的经济特征和法律特征,适用不同的运行原则。本章重点说明货币的这三个职能。

一、货币的流通介质职能

货币最主要也是最原始的职能是充当商品流通介质。商品流通中的任何一方首先要与货币持有者进行交易,卖出商品,换回货币后才能购买自己需要的其他商品。货币成为商品所有者之间交换的媒介,成为"一般等价物"。在生态经济学中,我们把这种"一般等价物"式的媒介体,称为执行商品流通介质职能的"交换货币"。交换货币在经济体中流转循环,引发商品和服务的流转,带动经济体的运行。

货币执行流通介质职能时有两个显著特点:第一,在商品交换中实行等值交换原则,交换双方进行的应该是平等互利、有偿等价的交易;第二,实行所有权转移原则,每一次交易(换)完成后,货币的所有权从付出方转让出去,由货币的接受方获得了该货币的所有权,成为该货币新的所有者。从法律上讲,货币的所有权随商品交换活动而不断地转移和变动,在货币的不同持有者之间流动转换。所以"等值交换"与"权属转移"是货币执行流通介质职能(交换货币)所单独具有的两个特定性质,与执行其他职能的货币有明显区隔。

货币看上去是一种流动介质,在经济活动中流转和循环,具有一般液态物质的特征。在自然生态体中,水循环构成了地球物质循环的主要方式;在人体生态体中,体液循环,例如血液循环和消化管中的润滑促进性体液,也构成了人体生命过程中的主要运行方式。同样,在一个发育健全的经济生态体中,货币的发行和循环,构成了该经济生态体的主要运行方式。

交换货币在生态经济体中运行如同血液在人体中运行一样,具有特定的去向通道和回流通道,如图 21-1 所示。

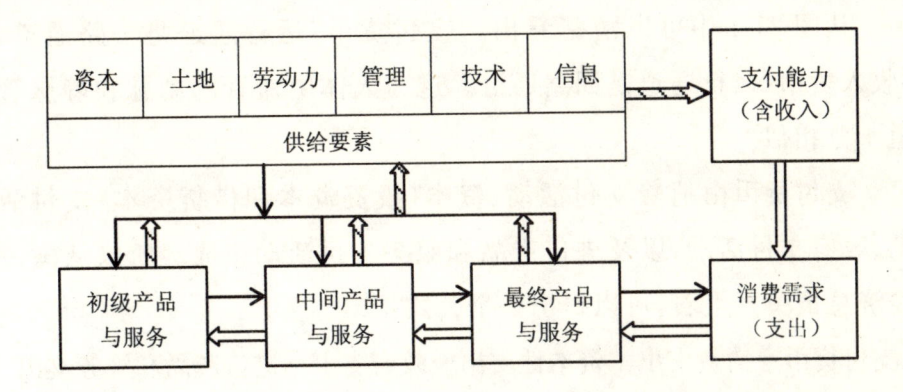

单线箭头表示供应要素和商品（服务）的运行流向；空心双线箭头表示流通货币在商品（服务）的生产、供应和消费领域的运行流向；双线斜斑马箭头表示流通货币在供给要素收入分配领域的运行流向

图 21-1　交换货币循环图

图 21-1 可以直观地看到货币在经济体中的整体流向，以及在不同领域中经历的不同过程。我们把交换货币在商品供应和需求领域中的流通途径称为流程Ⅰ，又称为支付流程。交换货币在此流程阶段以支付手段方式执行其流通介质职能，可以简称为"支付货币"。购买方的支付（Payment）和卖出方的销售进项（Revenue）是支付货币的主要运行方式。

当交换货币进入供应要素分配领域，交换货币则进入流程Ⅱ，又称为收入流程。交换货币在此流程阶段以收入（Income）手段方式执行其流通介质职能。例如给员工发工资，向银行支付利息，上缴利润，交房租，纳税以及支付各种财务和法律费用等。在此阶段中，供应要素以各种方式（工资、奖金、福利、管理费、咨询费、信息广告费、会计师费、律师费、土地出让、房租、红利、利息等）获得收入，然后转化为"支付能力"，再用于消费、投资、储蓄等方面的支出或支付活动。在这个流程阶段，执行流通介质职能的货币，以收入分配的方式运行，又可简称为"收入货币"。

从图 21-1 中可以清楚看出,"支付货币"运行通道是去路通道,"收入货币"运行通道是回路通道。这与人体中血管的动脉和静脉管道十分相似。

支付货币由消费支付活动、资本(投资资本和借贷资本)支付活动、政府支付活动,以及进口产品和服务支付活动组成。所以从国民经济总量关系上看,可以得出一个公式:

支付货币＝消费支出＋资本性支出＋政府支出＋进口产品和服务支出

收入货币由要素分配收入、政府财政收入以及出口收入组成。所以也可以从国民经济总量关系上得出另一个公式:

收入货币＝要素收入＋政府收入＋出口产品和服务收入

假定支付货币和收入货币数量相等,那么就可以得出下列等式:

消费支出＋资本性支出＋政府支出＋进口支出
＝要素收入＋政府收入＋出口收入

这个等式对理解国民经济总量关系有帮助;对理解处于支付阶段的交换货币和处于收入阶段的交换货币之间的关系,对把握支付货币的数量和收入货币的数量,对保证交换货币整体运行的通畅性在理论上均有一定的借鉴意义。

需要指出,以上等式只是对以普通商品市场中的交换货币运行为主要研究对象,而分析推导出来的关系式。该关系式并没完全涵盖货币的资源配置介质职能对投资产品市场的作用范围。实践中往往容易混淆。例如:人们发现用于投资活动的货币和用于消费支出的货币之间的差异性质,因而区隔出"投资货币"和"消费货币"两个概念。事实上,"投资货币"也只是反映了用于投资活动的开支,属于上述等式中的一项,只是交换货币的一种用途或一种运行方式,并没涉及货币作为资源配置介质的本质特征和基本运行方式。所以,以下将重点说明一个新的货币职能概念——赢利货币。

二、货币的资源配置介质职能

货币在以资本投资和借贷方式进入实体经济后,产生了配置供给要素和调整供给资源的职能。货币以消费贷款或其他消费融资方式进入消费领域后,提高了支付能力,改变消费方式,又产生调配消费资源的职能。货币进入投资产品市场,用于交易各种证券、贵金属、房地产、大宗商品和收藏品等,也直接或间接地调配了供给资源和消费资源,同时成为这些市场上的运行介质。

由于以上的功能和用途,流通中的货币因此而形成了另一个新的职能,即货币的资源配置介质职能。我们又把执行资源配置介质职能的货币简称为"赢利货币"。

1. 赢利货币的概念、形态和运行通道

(1) 赢利货币的概念

赢利货币是指以本金为基础,以谋取较大收益为目的,而实行交易性活动的流通介质。换言之,赢利货币是用来实现将本求利活动的载体式货币,而不是一般等价物。赢利货币执行资源配置职能,是价值规律发挥对国民经济调节作用的媒介,发挥着"看不见的手"功能的作用介质。

货币的资源配置介质职能与货币的流通介质职能具有截然相反的特征。货币在执行流通职能时,实行"等值(价)交换原则";而货币执行资源配置职能时,则实行"赢利回报原则",即"钱"要"生钱",要有一定回报。"交换货币"在流转过程中,其所有权是完全转让的。可是,执行资源配置职能的"赢利货币"在流转过程中,不但货币的所有权不转让,而且还要依据其所有权去索取本金和利息,或者依据所有权去管理和控制被投资的公司和项目,由此产生了追索和管辖的权利。当然,"赢利货币"的借贷和投资活动也要冒一定风险,可能会出现蚀本的情况,所以赢利活动一般均与亏损风险并存。执行资源配置职能的货币所具有的以上的特殊属性,在各国的法律中也有相应明确的规定。

(2) 赢利货币的形态和运行通道

"赢利货币"与"交换货币",二者均产自于"支付能力"这个源泉。交换货币以满足消费需求为主要目的,进入商品和服务供应市场,形成图21-1的循环流程;赢利货币则以满足对支付能力的保值和增值需要为主要目的,具有自身的流动通道和流通方式。

传统的赢利货币,无论是投资还是贷款,基本上是与商品和服务市场中的供给资源结合在一起的。支付货币与收入货币的等式反映的就是这样一种情况。

当股票交易市场、债券交易市场、房地产交易市场、收藏品交易市场迅速发展成为一个独立的投资产品市场,特别是当消费融资快速发展起来后,赢利货币又产生了另外的流动领域和流动通道。所以需要对赢利货币的流转通道和存在形态,做出较为全面的再认识。

执行资源配置职能的赢利货币虽然在外观上与交换货币难以区分,但在运行通道和运行方式上还是很容易区别开来。参见图21-2。

在当代,赢利货币主要由用于"资本要素"的转换、"投资产品"的交易和"消费融资"的支付,由这三个部分的形态和用途组成。其中资本要素形态又可分为传统的资本要素存在形态(赢利货币Ⅰ)和经过金融市场再转化的资本要素存在形态(赢利货币Ⅱ),以及"投资产品"交易的存在形态(赢利货币Ⅲ)和"消费融资"存在形态(赢利货币Ⅳ)。

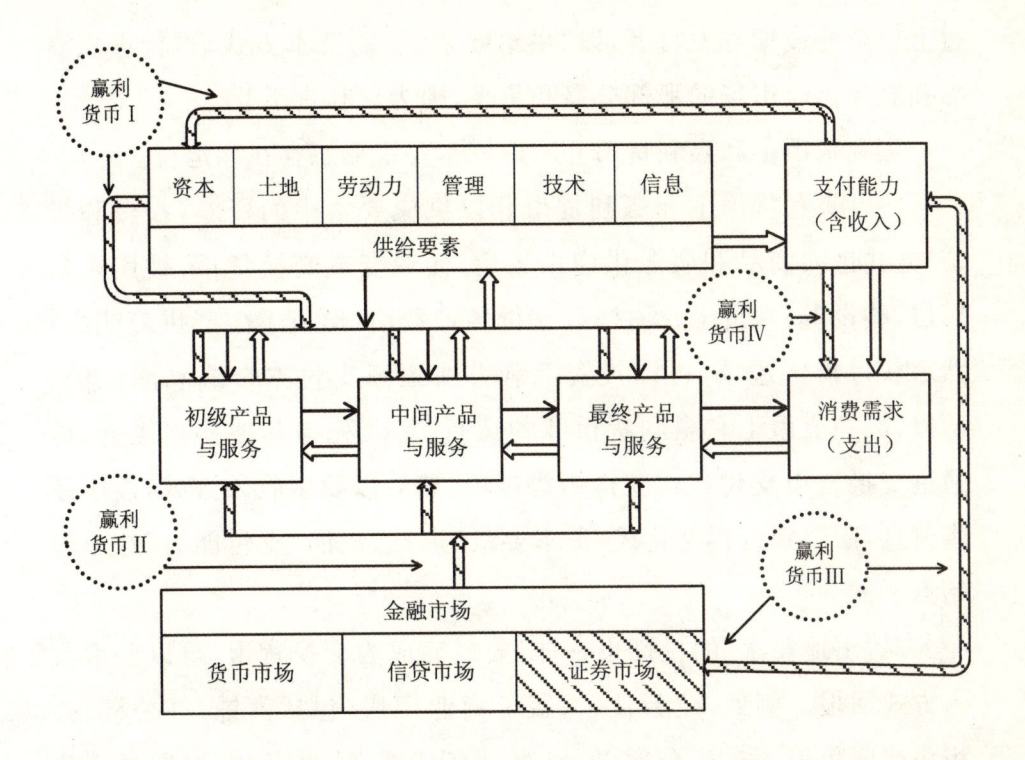

单线箭头表示供应要素和供应资源（商品和服务）的运行流向；双线空心箭头表示交换货币的运行流向；双线斜斑马箭头表示赢利货币的运行流向和运行通道

图 21-2　赢利货币的运行和存在形态

①充当"资本要素"的赢利货币

资本要素是供应要素中的一种资本要素与其他供应要素相结合便形成了创造商品价值的供应活动，同时也形成了产出收益。

赢利货币因其流程不同，而有所区隔。赢利货币从"支付能力"流出，其中一部分通过"资本"供应要素进入图 21-2 的循环流程，我们称该部分为"赢利货币Ⅰ"。而另一部分则要通过资本产品市场，主要是通过金融市场，经过特定的融资活动，再进入商品和服务供应市场，我们称该部分为"赢利货币Ⅱ"。例如，通过证券市场上的债券发行，新股发行（IPO），定向增发或私募（Private Placement）等渠道；通过上市企业或债券发行者,以"供给要素"中的资本方式,再行进入商品和服务供应市场的那部分赢利货币,则为赢利货币Ⅱ。

赢利货币Ⅰ和赢利货币Ⅱ均以资本要素形态存在和运行。

一旦赢利货币Ⅰ和赢利货币Ⅱ以供应要素中的资本(投资和借贷)方式进入商品和服务供应市场后,便蜕变成交换货币,被用来盖厂房、购设备、雇员工、买材料、支付各种费用,形成了生产供应能力,然后获得销售进项,再以投资毛利方式逐渐支付本金或利润(息)。所以,赢利货币Ⅰ和赢利货币Ⅱ的运行,是要先与其他要素组合,再通过交换货币支付方式获得销售进项,然后以要素收入方式,逐步还本付息,回归到或再羽化成"资本要素"形态,流回"支付能力"这个起始点。

对"土地要素"的投资也一样,要蜕变成为交换货币,再以要素收入方式回报。例如,建新住宅,盖工商业用房,包括商铺、办公楼、公租房或廉租房、宾馆、仓库、厂房等,均为"要素"投资,需要通过销售进项或出租收入的逐年回报,来还本付息或付利。作为资本要素的租赁房受租金收入的限制,而租金又受使用者收入的限制。所以,用于租赁的房屋很难成为投资产品市场上的那种单纯用于住宅的房屋,而具有上不封顶式的涨价潜力。对此类主要用于租赁房地产的贷款或融资,应该按商品和服务供给市场方面的货币政策执行。

②充当"投资产品"交易活动的赢利货币

投资产品交易是指市场上把预期的资本回报收入,换算成当期价格,把已投资的项目,公司的股权、债权,大宗商品交割权、预期投资收益权等,通过证券化转换方式,变为可流通的"投资产品",例如股票和债券;以及把房地产、收藏品、贵金属等其他可供直接交易的"投资产品",在交易者之间用货币进行来回地交易。这些交易以牟利为目的,博弈性非常强,往往是你赢我输或我赢你输,很难体现等价互利原则。在投资产品市场上,赢利货币能够获利,往往是因为交易的产品能够产生利润或有收益,另外,也在于交易者的经验、判断力和决断力,对交易时机的把握,以及运气成分。

投资产品交易活动主要是在投资产品市场上进行的。投资产品市场范围广阔,包括金融市场、房地产市场(以豪华住房和二手住宅房为主)、各种收藏品市场(艺术品、古董、名贵产品、家具、邮票、其他珍藏品等)、贵金属市场,以及期货市场等。

一部分"赢利货币",以牟利为目的,直接进入投资产品市场。这些"赢利货币"只在交易者之间交易,然后,再回流到支付能力池子中,并没有进入商品和服务供应市场。我们把这部分以"投资产品"交易活动形态运行的赢利货币,称为"赢利货币Ⅲ"。

赢利货币Ⅲ随投资产品市场扩大而不断地增长,逐渐成为货币发行中的一个重要部分。它对货币发行量的控制,对调节国民经济的发展,至关重要。

③作为"消费融资"的赢利货币

消费融资发展很快,涉及范围广,其中包括各种耐用消费品的贷款、住房抵押贷款、房屋净值贷款、信用卡,以及用于各级政府的消费性支出而发行的政府债券,等等。消费融资已经成为国民经济中的一个主要资源配置手段。许多支柱产业的发展,均有赖于消费融资的支持,例如汽车产业、建筑业和房地产业等。许多由政府采购支出主导的行业,如军工产业、宇航业、基础研究以及公共教育和公共医疗事业,也在不同程度上依赖消费融资的实施。

以消费融资形态运行的赢利货币,从"支付能力"出发,直接以消费信贷方式,或者经金融市场发行债券融资后,进入消费支付活动中,蜕变成为交换货币的形态,流入商品和服务市场中,与其他消费支出汇集一起,流向供给资源的提供者,之后再以供应要素收入方式回到支付能力池中。我们把这种以消费融资形态运行的赢利货币，称为"赢利货币Ⅳ"。

需要指出的是，"消费融资"与"资本要素"的差异在于："资本要素"创造价值，而"消费融资"只是预(透)支未来。

综上所述，赢利货币以三种存在形态和四种流通方式运行。

按赢利货币存在形态区分：

$$赢利货币＝资本要素＋投资交易＋消费融资$$

按赢利货币运行通道区分：

$$赢利货币＝赢利货币Ⅰ＋赢利货币Ⅱ＋赢利货币Ⅲ＋赢利货币Ⅳ$$

当赢利货币的概念、形态和运行通道被厘清后，便可以在此基础上进行各种理论分析和课题研究了。

2. 赢利货币的本质特征与作用机理

赢利货币运行的主要特点是追求利润(息)回报的最大化和相应风险的最小化。赢利货币作为资源配置介质，是价值规律发生作用的主要工具和介质物。

(1)赢利货币的本质特征

赢利货币以逐利为交换目的，通过资本要素与其他供给要素的组合，形成了生产力或供给力，创造了价值，因而使得"钱"能生"钱"。换言之，供给要素的有效组合，可以产生出新产品与新服务的价值，得到高于其他要素投入的回报，因而使"赢利货币"能够赢利，这就是赢利货币的本质特征。

依据该本质特征去观察，作为资本要素的赢利货币Ⅰ和赢利货币Ⅱ，是纯粹意义上的"纯赢利货币"；而作为投资交易的赢利货币Ⅲ，仅是派生性的"派赢利货币"；至于消费融资的赢利货币Ⅳ，则是另类的"另赢利货币"。为什么要下如此断言呢？可以再回到图21-2上去。

赢利货币Ⅰ和赢利货币Ⅱ均直接进入国民生产和服务的供给过程中，提供产出，获取销售收入，再通过要素收入机制，返回支付能力，实现交换货币与赢利货币的双循环流程。

赢利货币Ⅲ并没有进入国民生产和服务的供给过程中，只是在交易者之间流动，再回到支付能力这个起点。但是，投资交易的"产品"，诸如股票、债券、产权和所有权等，均会产生保值和收益效能，而且这些交易有助于资本要素的投入和组合。赢利货币Ⅲ用于交易活动是为了盈利目的，不是为了消费需要，所以还是符合赢利货币的本质特征，在供应要素组合中，发挥间接的影响力，是一种派生（Derived）性的赢利货币，可以简称它为"派赢利货币"。该赢利货币有自身的流通领域，与作为商品流通媒介的"交换货币"之间没有直接的转换关系。

而赢利货币Ⅳ既没有进入供给过程，组合供给要素；也没形成产出，创造价值。赢利货币Ⅳ作为消费信贷，从一开始，就转化为交换货币，发挥交换媒介的作用。可是，赢利货币Ⅳ却是以赢利货币的方式出现，要求取回本金，获得利息回报，又要通过消费者或政府组织，以未来的收入来偿还。此外，赢利货币Ⅳ在对消费资源的组合上，还是发挥着很大作用，所以我们还是把它列入赢利货币形态之一，只是要从本质特征上，将它与其他赢利货币区分开来，便于下一步的理论研究和运用分析。

赢利货币Ⅳ是以增加即期的需求购买力，进而通过增加经济活动总量的方式，来发挥它的效用，从而获得赢利性收入，事实上它是一种另类的赢利货币，所以简称为"另赢利货币"。

(2)配置资源的作用机理

赢利货币在与其他要素组合过程中，自动地调节了供给资源内的结构关系，调节了供给资源与需求资源之间的平衡。

赢利货币Ⅰ在相对充分的自由竞争,而且较少障碍的市场环境中,能够比较好地发挥资源配置作用。当一个行业投资不足或发展速度很快,便产生了高额回报,投资和借贷资本就会涌向该行业或领域,带动其他要素,例如土地、技术、信息、劳动力和管理等进入这个行业,使该行业产能增加,供需之间逐渐平衡,投资回报随之会趋于正常或平均化。"资本要素"获利的冲动带动了资源配置,培养孕育了新兴产业。其作用就像激素一样,刺激肌体,产生冲动。相反,如果该行业产能过剩,获利能力大幅下降,利润低少,则资本会逐渐流出,转向其他地方,使得该行业产能减少,之后利润再逐渐回升。资本在其逐利过程中,通过有效地调节市场供给,衔接市场需求,使得经济体能够在结构上趋于平衡,同时在总量上也能逐渐地趋于平衡,最终使经济发展处于一种均衡状态。这就是最原始的价值规律调节方式。

赢利货币Ⅱ通过其在金融市场上的规模化融资,能够较快地提升企业效益,扩大企业规模,加快资本的流入,对成长中的行业有极好的推动作用。金融市场中信息通畅,具有将各种分散资金快速组合的机制,可以高效配置经济资源。所以赢利货币Ⅱ相对于赢利货币Ⅰ,是一个更高层次和级别的资源配置工具,是价值规律的现代调节方式之一。

赢利货币Ⅲ在股票市场上的交易,能够让风险投资公司或投资人获取高额回报后全身退出,转投新的项目,加快了资本要素运行效率。资本产品交易可以增加资本要素的流动性,提高资本要素使用和配置效率,对实现价值规律的调节作用将起到积极效应。"投资交易"可以吸纳各方面资金,集中配置资金,引导资金合理流动,从而带动了供给要素的合理流动,调配供给资源和需求资源。金融市场上资金数额庞大,流动速度快,信息多,且又对信息敏感度极高,这使得赢利货币Ⅲ能够较好地发挥对供给资源和消费资源流动的直接性引导作用,以及间接性的调配作用。

赢利货币Ⅳ作为消费融资,能够相对地平衡供给资源的变化,在调配消费资源的同时,也调配了供给资源,达成经济发展在总量上和结构上的双平衡。

在上述三种形态和四种流通方式的赢利货币中,赢利货币Ⅲ主要是依托赢利货币Ⅰ和赢利货币Ⅱ,来实现其长期增值和保值的功能;赢利货币Ⅳ可以在特定的时间段内和在特定的产品范围中,促进其他赢利货币发挥作用。因为购买力增大,供应能力也要相对地增大。所以赢利货币Ⅳ在一定时期内,可以带动其他赢利货币的投入,特别是带动赢利货币Ⅰ和赢利货币Ⅱ的投入。由于有消费购买力的存在,供给资源创造的商品和服务才有价值。供给资源创造了价值,消费资源实现了价值,二者对应,相得益彰。

这四种赢利货币,加上交换货币,就像人的手掌,一面是拇指,另一面是其他手指,相辅相成。交换货币像拇指,与其他赢利货币的手指合起来,就可以发挥各种功效了。各种赢利货币与交换货币一起流动循环,才能真正地发挥生态价值规律对经济体的调节作用。赢利货币就是经济生态体中的"内分泌系统"介质,它能够刺激产生各种经济"激素"——诸如赢利的动力,来调配经济体中各种机能;也使得价值规律由"看不见的手"呈现为"看得见的手",成为用来调节市场的主要运行机制。赢利货币理论在经济运行的实践中可被广泛应用,同时,赢利货币理论自身也需要进一步发展和完善。

三、货币的运行促进介质职能

货币反映和比照出来的价值关系,不仅存在于商品交换和借贷投资活动之中,也存在于社会组织内部运行和管理活动之中,特别是组织中各部门间或各核算单位之间,需要借助一种内部货币或核算货币关系,来实行成本控制、预算管理、价值链管理以及目标管理,激励组织成员,推动组织运行提高效率,激发活力。

执行组织运行促进职能的货币是一种非流通的"隐形"货币,但不是观念中的货币,而是与交换货币和赢利货币相一致的现实货币,目前主要用于管理和计量领域,亦称为"促进货币"。其作用与人体中的唾液、肠道滑液、关节滑液以及生殖器滑液等体液的作用相仿,用于润滑和功能促进。货币在执行运行促进职能时,具有非权属转移特性和标准价值形成特性。因"促进货币"不进入流通领域,所以不存在权属转移,但"促进货币"在用于组织内部活动时,起到反映标准价值产生和形成过程的作用。此外,"促进货币"在组成各种社会组织各部门竞争机制,在实行合理分配的过程中,也发挥着重要作用。

货币的运行促进职能还处于非常初期或原始的阶段,较少为人们所认识和关注,在某种意义上讲,这还是货币的一种未来职能。因此本书对货币的这种职能就不做更多的探讨。

在结束本章前应该指出,货币的匀质性特征容易使人们忽略了它的社会存在形态。一个单独的货币,在流通过程中,往往会以交换介质形态、资本要素形态、投资交易形态、消费融资形态,以及运行促进形态等交替出现,扮演不同角色,不断地实行角色替换,即所谓"角色货币"。这就像一个人一样,其生物体虽然单一,但生活在人类社会中,却要经常地充当不同角色,在培训课上当学生,开车当司机,到商店是顾客,在单位是职业人,回家当父亲。人也要在不同社会存在形态上,即在"角色"中实行转换。社会治理主要是治理"角色中的人",而不是单纯治理"自然形态中的人",管理货币的道理亦然。

理解和研究货币的存在形态和各种职能,特别是赢利货币职能,对了解经济运行机理,制定经济对策,会有很大的帮助。执行不同经济职能的货币亦称"角色货币",而人们日常观察到的,并直接持有的货币,只是一种具有某种物理特质的"物理货币"。各国政府的货币管理当局,不仅仅应该管理好单一形态的"物理货币",更应该管理好执行具体经济职能的"角色货币"。生态货币理论将为此开辟出新思路和新领域。

第二十二章　赢利货币与经济运行

了解赢利货币的作用机理，就可以实施"精确制导"式的货币政策，有效调节经济活动，维护经济整体运行平衡。治理社会主要是治理执行各种角色中的社会人，而不是简单地去治理生物人。调节货币供求关系，主要是调节处于各种形态中的角色货币，而不只是调节处于单一形态的物理货币。"生态货币供应函数"有可能开创一个货币调控的新纪元。

在经历过2008年的金融危机后，西方发达国家又面临着债务危机和迟早要爆发的货币危机，世界经济开始进入"多事之秋"。人们逐渐认识到：如不去深入研究货币运行的机理，仅仅凭借着以往的经验去操弄这些工具性的金融杠杆，凭着主观意识去"拉抬"经济，往往会使经济体自戕，造成种种意外的危害。

值此之际，赢利货币理论开始萌发，这是否会给未来的经济运行带来新选择，实现别样生机呢？将有待于实践去检验。

以下我们分别就赢利货币与经济运行之间的关系进行扼要分

析,最后说明赢利货币学说对货币发行政策的影响和作用。

一、赢利货币Ⅰ和赢利货币Ⅱ与经济运行

赢利货币就像自然界的水一样,既是生态体不可或缺的物质,又会形成灾害,危及经济运行。以资本要素形态存在的赢利货币Ⅰ和赢利货币Ⅱ,在执行价值规律的调节职能时,由于多重原因存在,会带来许多裨益,也会引发一定程度上的运行风险。

1. 周期性生产过剩危机与滞涨

形成生产过剩的原因,是资本逐利的扩张性与市场需求的相对狭小之间的冲突。从表面上观察,也就是用于生产供应的赢利货币较多,而用于需求消费的交换货币相对地少。所以一些经济学家认为,只要改变分配机制,扩大支付能力,提高市场需求,就可以消除冲突。于是便提出给劳动者涨工资,提高社会福利,增加社会救助和转移支付等各项对策。可是多年来,世界资本主义福利制度的实行,并没有解决经济衰退问题,反而带来"滞涨"、"金融危机"和"债务危机"等新型风险。其中"滞涨"表现为:"交换货币"过多,引发通货膨胀;"赢利货币"无法盈利,丧失了资源配置机能。交换货币与赢利货币的各自数量和它们之间的比例是有规律可循的,二者之间的比例与特定的产出能力和需求结构相一致,是一种内在的有机的关系,它与创新活动相关联,不是完全靠外在力量,通过简单地调整货币供应量就可以解决。关键是要建立一个能保障赢利货币在追逐利润的过程中发挥其资源配置职能的合理机制。

2. 经营垄断弱化了赢利货币的资源配置机能

在自由竞争的市场上,强者更强,胜者通吃,容易发展成垄断性经营。如果再通过金融市场上的规模化融资,更容易形成大型企业,从而加速产生垄断性经营。当竞争者数量减少,企业规模过于庞大,行业门槛过高,价格被垄断者控制住,赢利货币Ⅰ和赢利货币Ⅱ这种因追求利润而形成的自动配置资源机制,就难以发生作用,无法实现其对经济运行的调节功能。所以,维护有序竞争,扶持微型和小型企业,降低准入门槛,保护市场运行机制,应该是执政者的长期目标。

3. 政府的行为阻碍了赢利货币的资源配置活动

赢利货币以追逐利润和回报为原则,来发挥对经济体的调节作用。所以实践中,必须在公开竞争的基础上,保证投资和借贷资金的回报最大化和风险最小化,促进赢利货币向着调节经济活动和配置生态资源的正向有效方向运行。反之亦然,如果不遵循获利回报这一价值取向,就会产生无效配置甚至是逆向配置资源的后果,危害经济运行,乃至危害整个社会。

政府机构和组织往往喜欢超越自身的定位,直接干预经济活动。这种行为方式会阻碍资源配置活动,甚至完全毁害赢利货币的机能。中国许多地方官员"闻风而动",不顾市场状况,不管出资人的利益,不遵循投资要取得利润回报,借贷资本要本利双双返还的规则,盲目上马各种投资项目,大搞重复建设。许多中国的大型国有企业也存在着类似情况。企业管理人员一味要进行"设备升级换代",宁愿耽误了市场机遇,也要上项目,而且专门买价格昂贵的设备,不以企业赢利为取向,只顾"实现个人价值"。另外举例说,中国金融主管机构于2009年初,迫使商业银行不顾市场实际需要,大规模释放贷款,形成大量坏账或潜在性坏账。期间,金融机构对实体经济的这些贷款,又转移到投资交易市场,炒高了房地产价格、股票和大宗产品价格,直接引发了通货膨胀。这种由政府主导的经济运行方式,无视赢利货币作用机制,违背客观规律,将贻害无穷。

此外,资源负向调配的现象已经从经济建设领域蔓延到公共关系领域,渗透到政府的管理体制当中去。美国的大型企业和财团通过资助选举和国会院外公共活动的方式,为自身牟取利益的情况就很普遍。中国的企业和利益团体也不落后,通过对政府部门、党务部门和司法部门的"公关"行为,牟取其在市场上竞争获得不到的好处。社会上把这种因政府行为导致的资源负向配置关系,称为"腐败"。客观地说,社会不必单纯指责这些官员的道德品行,而必须改变官场生态,改变这种用行政方式替代赢利货币运行机制的方式,从制度上、体制上、机制上,根本改变游戏规则,从而克服负向或无效配置资源的状况,使"资本要素"能够真正地产生经济效益和社会效益。

4. 增量货币的入口

顺便要指出,增量货币发行从赢利货币Ⅰ和Ⅱ注入市场相对比较安全。如果能维护充分竞争环境,赢利货币Ⅰ和Ⅱ应该是价值规律最好的作用介质和实现方式。赢利货币Ⅰ和Ⅱ在运行中要转化为交换货币,获得销售进项后才能支付要素的收入。要素获取收入后就可以继续用来消费或投资,实现货币循环。如果企业经营不善,无法产生回报,就无法由交换货币再转化为赢利货币Ⅰ和Ⅱ。此种情形发生后,虽然在微观上投资人损失了投资,但从宏观上看,只是部分赢利货币Ⅰ和Ⅱ转为交换货币,经济总量并没有变化,资源配置机制仍然健全。所以,国家鼓励人们自己创业,用优惠政策扶持微型和小型企业,既解决了就业问题,也有利于市场调节机制发挥作用,于社会整体是有益而无害。

二、赢利货币Ⅲ与经济运行

赢利货币Ⅲ是用于投资性产品交易活动的货币。在经济运行中,这种交易活动必须符合能对资源产生实际调配作用,有助于国民经济达到结构性均衡,直至总量均衡的原则。政府应该集中力量,去规范、监督、管理、控制和引导投资市场上的交易活动。

1. 交易产品的规范

投资交易的产品应该具有"所有权"、"保值性"和"受益性"三个基本特征。无论是股票、债券、房地产和艺术品,只要是作为投资市场上流通的交易产品,均应具备这些基本特征。十分遗憾,目前市场上的交易产品并不规范。例如:交易"股指期权",就是把综合股票指数的升与降,诸如"S&P 500"、"上证指数"和"恒生指数",作为交易的对象而下注,购买一份合约,根据合约而获得收益或失去权益。"股指期权"不具所有权和收益性质,怎么能够被交易?交易"股指期权"已经远离对实体经济资源配置的职能要求了,变成一种赌博活动。另外,房地产和艺术品虽然不能像股票和债券那样获得定期分红或利息,但也可以居住或享受,符合受益性特征。可是,在天津成立了一个文化艺术品交易所,把一张画分割成若干"股份",在市场上流通交易这些"股份",任何人都无法真正拥有该画的所有权,也无法实际欣赏该艺术品,从中获益。最为典型的负面例子是美国次贷危机时,市场上交易的"有毒债券",一种根本无法保值和收益的欺诈性"交易产品"。美国政府控制的两大住房信贷公司,房利美(Fannie Mae)和房地美(Freddie Mac)专门经营此类房贷,打包成"有毒"的债券,放到金融市场上去坑害世界投资人。

以上这类非规范"交易产品"造成的危害,被认真追究了吗?所以对交易产品的规范,还有很长的路要走。

2. 交易行为的监督

当今世界各主要发达国家,金融监管体系比较成熟,对交易行为的监督比较严格。例如各国政府对"内幕交易"、"虚假陈述"、"信息披露违法"、"操纵证券市场"、"关联交易"、"违反信托规定"和"违反受托规定"等证券交易违法行为的监督与处罚,也基本上到位。对其他资产交易行为,诸如房地产、艺术品等交易行为的监管,还有待于完善。但是,发展中国家,以及包括中国在内的新兴国家,仍需做极大努力,加强对交易行为的整体监督和治理。

3. 交易规则的管理

当今世界许多国家的金融监管当局,并没有依据赢利货币的资源配置职能来制定交易规则。一些背离资源配置职能的"金融杠杆",也被引入到中国。例如著名的"融资融券"便是代表。所谓"融资"就是允许客户存入少量担保金后,由证券公司借款给客户购买证券,客户到期偿还本息。客户用一万元保证金就可以"借"数万元,或数十万元的钱买证券,向证券公司支付大量佣金和手续费。所谓"融券"就是客户向证券公司"借证券"去卖,然后再在更低价位买回来,还给证券公司。做"融资"的人没有钱,但可以购买大量证券,所以便俗称为"买空"。做"融券"的人手中也没有任何证券(股票和债券),但可以"借"证券来卖,俗称"卖空"。证券公司利用投资人的暴富心理,用借钱或借证券的"优惠"来吸引人去炒股、炒黄金,结果是散客们的保证金在很短时间内就被耗光,而又被证券公司或银行要求去不断地"补仓"和追加投资,直到家产损失殆尽,而悻悻离去。"融资"与"融券"的后果,一方面是投资客哀鸿遍野,另一方面证券公司赚得盆满钵满。有评估说,"融资融券"的引入,会大大提高"交易的活跃性",为证券公司带来30%～40%的收入增长。

金融市场运行背离主体经济运行的"异化"现象,不仅出自于经营者的贪婪,也与政府监管部门缺乏经验,或者缺乏理论指导,而产生的茫然无措有直接关系。美国于2011年在纽约市发生的"占领华尔街"运动,很快地扩散到全美五十个州,也蔓延到世界许多国家,形成了一种政治运动,专门反对华尔街的贪婪和政府的无能,不得不引起人们的深入思考。

4. 交易资金的控制

对交易资金的有效控制非常重要。它事关金融体系运行的安危，事关国民经济整体运行的安危，不可掉以轻心。1997年至1998年期间发生的亚洲金融危机和俄罗斯金融危机，均与交易资金大量进出相关联，是由大规模的投机活动引发的。

对交易资金的控制，应当本着是否"有利于社会经济资源的合理配置"这一原则进行。赢利货币Ⅲ在其流通过程中，不会转化为交换货币，流入到普通商品（服务）供应和消费领域中，而是直接回到支付能力这个起始点，与实体经济不发生直接流通上的融合。所以交易资金流通量的多与少，一定要与资源配置的实际需要量相符合。美国1999年前后，中国2007年前后，均发生超量资金入市，股票市场大幅暴涨，一些股票的市盈率（P/E）当时达到数百倍甚至上千倍，随后股市又出现暴跌，大量资金撤离的情况。当今世界各国政府在交易资金管理上，均无大的作为，这与普通商品市场上"无序竞争"状况如出一辙。赢利货币理论应该对改变现状有所贡献。

对交易资金的控制应该是多方面的，要分析一些资金入市的实际效果。例如，传统的借贷资金主要是为实体经济服务的，当借贷资本又以赢利货币Ⅲ的方式出现在投资证券市场上后，情况则大不一样了，不仅不能直接配置资源，反而加大了投资产品市场的风险。借贷资本的加入，会人为地放大或缩小被需要调节资源的实际情况，误导投资人和市场。特别是借钱给投资人买卖有价证券，就更远远偏离赢利货币Ⅲ的实际作用机理了，对此应该严格控制。

5. 交易活动的引导

金融市场上的投机行为，以及金融市场运行的周期性，往往与实体经济运行情况发生偏离，加之普通投资人与大户或内部交易者的信息不对称,投资人容易被误导。金融监管当局有责任引导交易活动,避免投资市场向极端方面发展,形成市场泡沫,甚至发生崩盘状况。

如果监管恰当,资金在限度范围内流量合理,投资产品市场也具有赢利货币乃至整体货币蓄水池的效用。在较长的时期内,当货币发行量较于商品服务市场实际的需求量为多时,赢利货币就流向各种投资产品市场,抬高了资产价格,引来了更多的赢利货币,形成牛市,并继续抬升资产价格。投资产品市场上的资产价格过高,会引起货币发行当局的警惕,从而调控货币的发行量和回收量,特别是赢利货币Ⅲ的数量,逐渐压低资产价格的升速或资产价格的价格水平。当货币发行量收紧,投资产品市场的资产价格趋稳或者降低,同时商品服务市场又发生资金短缺时,赢利货币Ⅲ就会转为赢利货币Ⅰ和赢利货币Ⅱ,转为以借贷资本或投资资本的方式进入了供给资源领域,或者直接进入消费领域,或者再由金融机构转换进入消费领域。赢利货币的转换速度与各个投资市场上的产品交易特征和方式有关。一般而言,投资基金和证券交易转换的速度较快些,房地产转换速度慢一些。中国政府于2011年期间,对房地产交易市场的调控就做得比较好,既挡住与分流了投机资金,又稳住房地产价格,还疏通民间借贷渠道,把赢利货币引向急需资金的民营工商企业。这说明对交易资金的控制与引导,两者应该并举。

总之,只有在政府的严格规范、监管与控制下,作为投资交易的赢利货币Ⅲ,才有可能发挥其对资源的配置作用和对经济运行的调节作用。

三、赢利货币Ⅳ与经济运行

赢利货币Ⅳ是指用于"消费融资"的赢利货币。消费融资就是借钱消费,用将来的收入还本付息。它主要包括:政府用发行债务的资金支付消费性的开支,以及居民举债消费这两个方面的情况。

政府财政收入包括税费收入、财产收入(例如卖土地)和举债收入等;政府开支则可粗分为管理性开支、投资性开支、要素生成性开支、公共服务(产品)开支,以及消费性开支等。管理性开支与政府的职责相关,也产生了财政收入。投资性开支主要用于公共设施和工程建设,以及招商项目开支,运营后可产生收入,包括直接收入和更多的税费收入。要素生成性开支主要用于供应要素的形成,包括教育、培训、基础研究、技术研发、生态土地治理、信息收集处理和传播、就业指导等。公共服务(产品)开支包括社区服务、医疗服务、养老服务、安全保障服务等。而消费性开支主要是指各种福利开支、政府超基本需求的"三公"(公车、吃喝和旅行)开支、转移支付开支、资助计划开支、非防御性战争开支、冗员开支等。所以政府的消费融资主要是指用举债收入来支付自身的各种消费性开支部分。这其中不包括用正常的税费收入来支付消费性开支的部分。

居民的消费融资主要是指贷款买房产,用于居住性消费;贷款买耐用消费品,例如汽车、家具、家电等;以及使用信用卡等举债方式购物和消费。

融资消费不能创造价值和收入,还要支付利息,所以是一种风险性较高的消费行为。消费融资直接扩大了当期的购买力,等于增发了"交换货币",会给经济运行带来以下风险:

1. 通货膨胀的风险

赢利货币Ⅳ作为消费融资,从进入市场时起,就以"交换货币"形式出现,直接用于商品和服务的采购。大规模使用消费融资,会导致商品价格和服务价格,包括资产价格的迅速攀升,引发通货膨胀。美国 2007 年的次贷危机前,消费融资泛滥,房价扶摇直上,连带其他消费品和大宗商品的价格也随之上升。

2. 债务危机的风险

消费融资的过度使用,容易透支未来,造成消费者和政府举债过重,储蓄过低,使经济增长乏力。如果对发放消费信贷不严格审核还款能力,或者由于政府缺乏自制力和监管措施,滥用消费融资,则会造成真正意义上的债务危机,就像美国2008年由次级贷款引发的危机,以及当前欧洲政府的主权债务危机一样。

实践中,经常看到一些政府,包括美国联邦政府、地方政府,欧洲主权债务危机国的政府和中国一些地方政府,财政开支大于财政收入。他们不思削减开支,平衡预算,反而采用饮鸩止渴之术,违反举债资金应定向使用的原则,不断举债消费,逐步地将危机推向总爆发的边缘。

3. 泡沫破灭的风险

消费融资以流通货币形式出现后,会带动生产要素的相应组合,增加供应量,拉动整体经济成长。可是,这种经济成长与扩张,是建立在债务基础上的不可持续的增长,是一种牺牲未来成长换取当下成长的寅吃卯粮的行为。泡沫早晚会破灭,随之而来的是衰退、危机和坏账处理。

4. 金融危机与货币危机的风险

债务危机久拖不决,且不断扩散,形成连锁式反应,就会酝酿成金融危机,就像美国2008年由次贷危机转化成金融危机一样。债务危机和金融危机发展到一定程度,就会变成货币危机,这种情形已经在历史上多次出现,在可预见的将来还会出现。

赢利货币Ⅳ与其他赢利货币不一样,比较难以转换形态和用途。其道理很简单,持有货币的人,获取更多收入的人,比较容易地拿出钱来消费;而债务负担重的人,无钱的人,又怎样投资或交易呢?过多地举债消费,往往难以回头。在这个意义上说,增量货币发行如果通过消费融资的形式,大量地或超量地出现,则风险极高,危害极大。在制定货币政策的时候,对此不可不察。

四、赢利货币与货币发行

美国经济学家菲舍尔(Irving Fisher)于1911年提出货币供应恒等式:
$$MY=PQ$$
其中:M是国家货币供应总量;Y是每个美元每年周转的次数(货币周转率);P是一年内商品和服务的平均价格;Q是一年内各种资产、商品和服务的数量(又称为"T"——交易次数)。恒等式左边货币总量乘以货币周转率,等于恒等式右边的平均价格乘以商品服务量。

如果把货币周转率(Y)和价格水平(P)确定为常量,即
$$P/Y=a$$
那么,上述等式可以改写为:
$$M=aQ$$
其中:a是常量,Q是自变量,M是因变量。因此,货币供应量应该是随着资产量、商品量和服务量的变化而变化。当我们把货币供应量分为存量货币M和增量货币ΔM,那增量货币ΔM的供应也必须随着增量商品和服务ΔQ的变化和需要而定。

赢利货币Ⅰ和赢利货币Ⅱ主要用于供给要素的组合,用于商品和服务的产出,同时还要获取销售入项,支付供给要素报酬。这使得货币投入与商品服务的供给的增长能够同步形成,而且还产生了循环运转的流动。所以在本章第一节中,我们特别说明:增量货币供应

的最好入口是赢利货币Ⅰ和赢利货币Ⅱ。这也与菲舍尔的货币供应恒等式中所揭示的货币变动与商品和服务变动关系的原理相一致。

传统货币理论侧重于货币持有人利益上和心理上的分析。生态货币理论却侧重于对经济体的构成、组织功能和运行机制的分析,侧重于对经济活动规律和特征的分析,注重于满足社会对执行各种职能的货币和以各种形态运行中的货币的实际需求。

凯恩斯非常重视利率的作用,认为利率是传导机制的中心环节,货币量变动后首先引起的是利率的变动,货币供需和总体经济的均衡是通过利率的变化来调节的。我们知道,利率事实上是一种金融杠杆,是为经济利益服务的工具。

货币学派的代表人物弗里德曼比较重视从人们对货币需要的角度,来分析货币的需求量,例如从人们的经济收入,拥有的财富、持有的债券和股票,以及他们的预期收益率和预期的通货膨胀率等方面进行分析。弗里德曼认为,货币需求函数是一个稳定的函数。他认为:从平均统计数据观察,人们经常自愿在身边储存的货币数量,与为数不多的几个自变量之间,存在着一种稳定的,并且可以借助统计方法估算的函数关系。在货币供应方面,弗里德曼主张"单一规则",就是公开宣布并长期采用一个固定不变的货币供应增长率。他认为,这不仅是中央银行控制货币供应量的最佳选择,也应该是中央银行货币政策操作的基本规则。

生态货币理论主张从经济的整体架构、组织构成、系统功能、角色功能和运行机制上把握货币的供需关系和运行方式。

生态货币理论认为:货币需求在宏观上是一种来自经济活动的实际需要。它与创新活动的浪潮和经济扩张的趋势密切相关。货币供应必须反映经济过程发展中,整个经济体及其经济体的各组成部分对货币产生的实际需要。由于经济的快速发展,整体经济和经济体各组成部分,对货币的需求不会是"稳定"的,因而货币供应也不会稳定,需要经常地去调整货币供应量,与整体经济平衡过程中的各个市场和各种领域的货币真实需求相符合。例如:投资交易市场也与实体经济的创新活动相关联,通过资本收益机制和其他要素收入机制的运行,投资交易市场也需要适当的增量货币供应来满足其成长的需求,反之亦然。在整体经济较快的发展过程中,必要的消费融资也会具有一定的客观需要,反之亦然。当创新浪潮来临,经济扩张加快,货币需求和供应量就要增加;而创新浪潮过去,经济活动放缓,货币需求和供应也要相对放缓。此外,货币执行不同的职能,具有不同的形态和流通过程,作用方式也不尽相同,因而对各种货币数量的需要也不相同。2008年的世界金融危机已经证明,使用"单一规则"的货币政策,指望市场能够自行调节,维持稳定的时代已经终结了,必须采取更为精准的货币政策。

当然,考虑到时滞因素,货币供应一定要稳健,要根据经济活动的内在规律制定货币政策。因此,货币需求与供应的均衡关系,可以通过下述函数关系式来表达:

$$M = f(Y_I, Y_{II}, Y_{III}, Y_{IV}, M_E) \qquad (22\text{-}1)$$

其中:M 是均衡货币供应量;Y_I 是赢利货币 I 供应量;Y_{II} 是赢利货币 II 供应量;Y_{III} 是赢利货币 III 供应量;Y_{IV} 是赢利货币 IV 供应量;M_E 是交换货币供应量。Y_I、Y_{II}、Y_{III} 和 Y_{IV},既是自变量也是因变量。它们还受各自领域中的其他因素和各种相关因素的影响。

函数(22-1)称为生态货币供应函数,其特点是把不同形态和不同流向的货币区分开,单独研究各自的流向与运行,交换频率和交换速度,以及如何转换,转换后的走向等。例如作为工商企业的投资与贷款的流向和速度,就与证券交易市场不一样,与居民消费行为也不一样。函数中的五个自变量,都有各自独特的循环路线和运行方式。

如果要从动态角度运用该公式,把公式(22-1)中的自变量和因变量改为增量(减量),便形成一个增(减)量货币供应函数:

$$\Delta M = f(\Delta Y_{\mathrm{I}}, \Delta Y_{\mathrm{II}}, \Delta Y_{\mathrm{III}}, \Delta Y_{\mathrm{IV}}, \Delta M_{\mathrm{E}}) \qquad (22\text{-}2)$$

其中:ΔM 是增量货币供应量;ΔY_{I} 是增量赢利货币 I 供应量;ΔY_{II} 是增量赢利货币 II 供应量;ΔY_{III} 是增量赢利货币 III 供应量;ΔY_{IV} 是增量赢利货币 IV 供应量;ΔM_{E} 是增量交换货币供应量。ΔY_{I}、ΔY_{II}、ΔY_{III} 和 ΔY_{IV},既是自变量也是因变量。它们还受各自领域中的其它因素和各种相关因素的影响。

增量货币供应函数(22-2)会为货币政策的制定和货币发行工作提供基础性的分析研究帮助。可以更为精确地了解央行的"基础货币"和商业银行的"存款货币":通过何种方式进入货币流通领域?它们的作用方式与特点,需要多长时间,在多大程度上,影响收入和物价?各种形态的货币,以及它们的转换方式与特点等。例如,中国政府于2011年严格控制消费融资,把房地产贷款收紧;之后又稍许放开资本要素,放宽对微型和小型企业的贷款,促进民营企业的投资。这种区隔式的货币政策运用,比较符合生态货币倡导的"精确制导"理论。当然对整体货币供应量还要控制住,否者通货膨胀还要反弹。

增量货币供应主要与赢利货币相关,而四种赢利货币对经济的作用方式又各不相同。概括地讲,赢利货币 I 和赢利货币 II 主要是增加商品和服务的供给,以及证券等投资产品的供给;赢利货币 III 和赢利货币 IV 主要是增加需求方面的支付能力,直接拉抬需求。增加供给会增加竞争,而降低物价会使得一部分竞争者被淘汰,一些投资人或项目会失败,该富裕人群的钱将受到损失。随着生态经济的发展,工业生产逐步向接订单和按需定制方向过渡,增加供给带来的损失和危害则会越来越低。但是,增加需求则不然,赢利货币 III 的增加,会导致证券和房地产等投资交易市场的产品价格上涨。投资市场的特点是价格越涨,老百姓越买,很容易形成泡沫,最终受损失的主要是中等收入人群。赢利货币 IV 的增加,会拉抬商品和服务市场的产品需求和价格,容易形成另类的泡沫,诸如美国的次贷危机和欧洲的主权债务危机。消费融资引发的泡沫和泡沫的破灭,会带来大批破产者,受损失的主要是较低收入的人群。所以说,有区别的货币供应政策和调控方式,是未来发展的一个方向,各国的货币管理当局对此应该予以足够的重视,主政者对不同货币供应政策的区别性后果也要了解。

美国经济学家费舍尔 100 年前提出的货币供应恒等式,是以交换货币为主要对象的。英国经济学家凯恩斯对利率作用的研究,则说明了赢利机制对货币发行与流通的直接影响。弗里德曼研究时滞因素,主张长期采用一个固定不变的货币供应增长率。他们均是从整体上研究单一形态的货币,并说明货币的需求和供应规律。在信息技术快速发展的当代,从不同货币形态的较为精细的机理研究入手,实行精确制导调控,将会更有利于实现国民经济的"整体协衡"。

治理一个社会,主要是治理处于各种社会形态中的"社会人",而不是单纯治理处于生物状态的"自然人"。换句话说,社会治理方式是要明确角色分工和角色关系,通过协调与管理角色间和角色中各种"社会人"来达到治理的目的。同样的道理,对货币供应的管理,也不应该仅仅是对"单一形态货币"的管理,而应该是对处于不同社会状态中的"角色货币"实行管理。要区分处理和协调好交换介质货币、资本要素货币、投资交易货币、消费融资货币等角色货币及其之间的关系,这样才有可能对货币发行与运行,实施恰如其分的社会生态化的管理。

生态货币理论把赢利货币学说和生态价值学说有机地结合在一起,开辟出新的研究领域——对客观均衡条件下各种形态货币需求与供给的分析。这与当前实行的银行货币体系和货币供应测算方法相辅相成。无论是基础货币(高能货币)的供应方式,存款货币供应的协调与控制,还是非银行经济部门的货币流转,以及对"货币乘数"(Money Multiplier)的测算,均可参考生态货币理论的研究成果,而有所创新和发展。

赢利货币与交换货币的关系,赢利货币占总流通中货币的比例,赢利货币之间的关系和比例,以及不同的赢利货币的运行速度和运行节奏,赢利货币与国民经济的总量均衡以及结构均衡之间的关系,都具有很大的理论研究价值,其成果具有广阔的应用前景。

赢利货币在经济生态体中执行资源配置职能,发挥着价值规律的调节作用。了解赢利货币在经济体中的运行机理,把握住赢利货币运行原则,就可以成功地利用这一特殊的资源配置介质,促进经济健康成长,维持生态体的运行平衡。

第二十三章　货币发行与全球经济

　　伴随着工业文明的陨落,旧有的货币体系必然解体,新的货币体系将要生成。货币的尺度属性客体化、信用属性生态化以及流通属性网络化,会成为新币种的主要特征。在新的区域性"硬通货"崛起后,世界经济格局将发生重大变化,全新的世界货币体系将会再次形成。

　　如今,以美元为核心的世界货币体系正在衰亡之中。贵金属货币黄金和白银老而弥坚,但是其世界性储备的全部价值已萎缩成一个很小的贵金属市场。一直以来,商品市场上的金银货币的数量和价值远远无法满足世界经济的需求。贵金属货币已经淡出货币体系,黄金和白银逐渐演化成一种特殊的投资对象。

　　后美元时代的新兴客体化的货币正在孕育或崛起。货币信用本位的生态化趋势已获得支撑,将日益占据主导地位。货币流通性的市场网络化时代已经到来,网络发展和细密布局,将为新型货币的发行提供了便利渠道。

　　在全球经济一体化过程中,生态货币将首先从区域经济合作当中兴起,进而会把货币发行独立化的尺度属性、货币发行本位生态化的信用属性,以及货币发行网络密集化的流通属性三个方面有机地结合起来,演变成为新的世界性生态货币。

生态货币运行系统将与全球经济一体化进程相一致,成为未来稳定型全球经济生态体中的一个主要循环系统。

一、后美元时代的客体货币

当前世界上作为国际货币流通的美元,由美国联邦储备以中央银行的地位来发行。

美国联邦储备(Federal Reserve)由12个地区银行组成,总部设在政治首都华盛顿。美联储纽约银行是美联储系统的主要运行控制者之一。联邦咨询委员会(Federal Advisory Council)是美联储另一个运行控制者一。该委员会由12家联储地区银行各推选一名代表组成,每年在华盛顿与美联储董事会成员会谈四次,提出各种货币政策的建议。

美联储主席的候选人由董事会推荐,经国会听证会讨论批准通过后,再由美国总统任命。美国联邦储备与英国中央银行的英格兰银行一样,其股本由私人银行投资人组成,所以美联储主席在经国会听证和总统任命后,就不再受到政府系统和政府首脑的控制,具有完全独立的货币发行和货币供应自主权,自行制定国家的货币政策。

美联储发行美元以政府公债为抵押,每一元流通中的美联储券(Federal Reserve Note)即美元,都代表着政府欠美联储的债务。所以美元发行是政府这个公权机构,以它在未来通过税收收入做担保,由此形成了以国债作抵押而产生的信用基础。可以想见,美国国债于2012年已经达到16万亿美元,而且还以极快的加速度继续攀升。

美联储印制钞票的速度也骤然而起,全球性通货膨胀已不可避免。美国国债将有可能随着通货膨胀而相对地缩小,最后会留给债权人一堆垃圾债券。美元也将随其信用抵押品的垃圾化逐渐地消亡。替代性货币的出现将不可避免。

虽然美元还没有寿终正寝,但并不妨碍我们去借鉴那些将导致它失败的教训和过去已经取得的成功经验。简单地说,美元失败在于政府收支不平衡,寅吃卯粮,透支未来。美元过去的成功在于独立运行,较少受政治干预,比较稳健地控制货币发行总量,并能利用市场机制调节交换货币和赢利货币之间的比例。作为以政府未来收入的债券为抵押品来发行货币的"美联储",将无可避免地在历史上逝去。但是,作为由专家组成的独立运行体制,美联储却给人类社会留下了宝贵财富。无论当今的欧洲银行相对地独立发行欧元,还是今后其他新兴地区发行区域性的国际货币,抑或是主权国家发行货币,都会从美联储的经验中吸取营养,迎风沐雨,茁壮成长。

组成未来生态货币的第一个要素是货币尺度属性"客体化",即货币的发行和供应机构应该独立于政府部门之外,凌驾于社会各利益团体和组织之上,不涉及政党政治的利益和理念诉求,不为政府对选民的承诺作背书,只依据市场经济规律,依据生态体的平衡规律、协衡规律和变衡规律,制定符合社会客观需要的货币政策,调控货币发行量,成为真正意义上的"客体化货币"。

二、货币信用生态化趋势

人类经过了农业耕作时代和工业机械化时代,犹如其社会的肌体和骨骼已经发育形成。在进入信息技术时代后,其神经系统又渐发育成熟。而现代金融体系,就如同人体血液循环系统的形成一样,能够帮助供给资源和需求资源实现充分的转换,为经济生态体供给"营养和氧气",输送并排出"二氧化碳"。

在金融体系中,承担货币发行和货币供应的中央银行,应该独立于各种社会势力和利益团体之外,将以独立客体方式运行,就像人体血液循环系统中的心脏一样,不直接受命于大脑动物性的指令,只依据人体的生态规律自行工作,满足各种社会组织和个人的需求。一旦承当货币发行任务的中央银行被角色化为社会生态体的"心脏",负责协调社会金融系统、保证社会生态体的正常运行后,货币的信用属性就开始从金银信用、实权信用、抵押信用向"生态信用"过渡和转移了。新的"生态信用本位"将成为未来生态货币的主要信用基础。

生态信用体现了生态体的运行三大规律。具体而言,生态信用至少应该保持以下五个方面的平衡:

(1)赢利货币Ⅰ、Ⅱ、Ⅲ、Ⅳ各自供应量的平衡。该平衡应该以"月"作为时间单位,保证每种赢利货币供应量与经济运行中对货币的实际需求量相一致,从而使经济运行保持整体的协调性,使供给资源与需求资源之间交换的通畅。对赢利货币的调整,应该形成制度性机制,开发出一些必要的"工具",以内生变量方式来自行控制。当然,货币发行机构也可以基于客观规律和政策规则,与其他监管机构联合行动,外在性地干预或调整各种赢利货币的数量、比例、运行速度和节奏等,维持经济运行的整体平衡。

(2)交换货币量和赢利货币量保持平衡。该平衡应该以季度为时间单位,因为大多上市企业均采用季度财务报表形式。交换货币和赢利货币之间的关系,虽然可以通过 M1 和 M2 货币之间的差额部分,反映出来一些端倪,但还远远不够,人们仍然需要更多指标和经验数据来找到二者之间的正常比例,找到二者运行的正常效率和节奏等关系。维持交换货币和赢利货币的平衡,可以促进经济结构性平衡,有效地发挥价值规律的调节作用,让市场机制更充分地自行运动,保持经济体的生命活力。

(3) 货币供应总量与需求总量间的平衡。该平衡以半年为时间单位较好。货币供应总量需要保持相对稳定,要考虑到时滞影响和调整传递效用,不能过于频繁地调整货币供应总量。即使经济出现巨大危机或问题时,也不要超限度地改变货币供应总量。货币供应量应该基于一个符合客观规律的政策与规则体系,以把通货膨胀率长期稳定地控制在一个区间值为首要目标。只有在稳健的货币供应总量政策下,价格机制才能较好地发挥作用。而且,作为支持价值规律发生作用的资源配置介质——赢利货币,也只有在稳定环境中,才可以充分有效地执行其职能。货币供应量的调整与经济体的大小和资源组成有关。对于跨国家和地区的"国际货币",其调整周期会更长一些,影响因素也会多一些。

(4) 政府财政收支平衡。该平衡应该以年度为时间单位,因为多数政府预算和收支状况报表均以年度为主要财政控制方式。政府收支平衡对货币政策影响很大,特别是中央政府和主要地区的政府收支平衡。美联储与美国财政部的关系就是一个例子。在新的生态信用中,政府债券与货币发行保持一定的分离状况,政府要对其自身收支平衡承担责任,自己买单。一个公司由于经营不善而入不敷出,可能引发公司裁员,收缩经营规模,出卖资产,或者宣告破产。政府在新的货币生态环境中也不例外,要自我削减开支,裁去冗员,降低竞选承诺,少开政治支票。如果该政府不能实现法律规定的平衡预算,无力完成运营政府的职责,该届政府官员就得集体辞职,或者在最糟糕时,寻求破产保护,不能把财政赤字转嫁到货币发行上。政府财政收支平衡应该从法律上予以规定,由议会、监察院、国策机构或人民代表大会监督执行。

(5)国际收支平衡。该平衡应该以若干年度为单位,国际间的贸易与资本的输出输入是在一个更广阔的领域内实现的经济活动,其平衡过程也远较一个国家内政府的财政收支和经济运行的平衡过程长久。国际收支对一个国家内部的货币发行影响也很大。例如,中国作为贸易劳务顺差国和资本输入国,拥有大量外汇储备,该外汇储备由国家控制,必然需要增加发行相应的人民币来"对冲"外汇储备,以满足出口企业和资本输入方在中国市场的营运需要。外汇储备过多,会引发人民币超量发行,形成另类的输入性通货膨胀。又例如,美国作为主要贸易逆差国和资本输出国,将大量美元输往外国的商品卖方和资本输入方手中,引发了美元在国内短缺,而形成了长时期的通货紧缩状况。但是随着美国政府用债券把输往中东的石油美元和输往中国的外贸美元吸引回美国,又把政府公债卖给了美联储,再通过美联储银行体系以若干倍的放大作用增加美元的发行,就会造成通货膨胀情况。一旦通货膨胀产生,美元国债势必失去对购买者的吸引力,国债持有者就会转向购买实体性的美元资产,如购买房地产、股票、贵金属、大宗商品,等等,而引发资产价格上涨,并且进一步加剧通货膨胀。如果美国政府大幅提高国债利率,又将进一步恶化债务危机,推动美元走向更大的通货膨胀和危机。所以国际收支平衡与否,对一国内的货币发行和货币供应政策影响很大。在全球经济一体化高度发展的今天,很难把一国的货币政策与国际收支平衡区隔开来。

从以上五个方面的平衡分析,可以得出货币生态信用的基本要素公式:

货币生态信用＝四种赢利货币自身内部的平衡＋交换货币量与赢利货币量之间的平衡＋货币供应总量与需求总量间的平衡＋政府财政收支平衡＋国际收支平衡

从上述公式中可以看出，货币的生态信用一方面要依靠货币发行单位对货币发行量和比例的专业性运作，另一方面也要依靠政府的财政收支平衡以及国际收支平衡政策的实施。中央银行货币政策的专业性和稳定性，与财政收支政策的灵活性和前瞻性相配合，形成了货币生态信用的基础。

货币生态信用有别于抵押信用的是：政府对中央银行的最初投入和信用保证一旦到位，政府自身的财政状况恶化将由政府自身承担责任，而不会引发整个货币金融体系的崩溃。如同母公司和子公司一样，只要投资到位，母公司倒闭不会引发子公司的法律连带责任。

生态信用将使货币政策具有更大的自主性、科学性和灵活性，更加符合生态体的运行规律。

三、货币流通网络化时代

在人类的漫长历史中，黄金白银货币以其自身特有的稀缺性价值吸引人们去接受它和使用它；以实力和权力信用基础制造出来的货币，凭借统治者的强力推广，迫使人们去使用它。与此相适应，货币发行也一般采用由点到面，由近至远的渗透法和扩散法，在市场上逐步推行，从而逐渐地实现货币自身的流通属性。这个过程比较缓慢，也不易引起大范围的关注。

到了金融体系健全，金融市场发达，各种投资银行、商业银行、储蓄和贷款银行、信用社等金融网络组织密布的时代，情况已出现明显变化，渠道的重要性已广为人知。货币的发行和供应，完全依赖这个网络化的货币流通渠道体制来实现。中央银行实行部分准备金制度，调整准备金比率，就可以扩大或缩小货币的供应量。所以，一个新的币种没有渠道作支持,也难以为社会接受,从而无法具备和实现货币的流通属性。

"渠道为王"已成为公认的事实。国内各商业银行近年来不停地设网布点,扩张经营区域,抢夺客户资源。目前货币发行渠道的网络化布局还在发展进行之中,需要向中小企业,向民营企业提供更多服务。向经济生态体中的这些末端部分输送血液和营养,已经受到政府和银行家们的关注。

在金融体系网络化新时代,货币的流通性与渠道建设和渠道控制之间密不可分,成为货币发行和货币供应的关键因素。货币发行渠道的网络化布局而产生的"渠道为王",与占有市场资源即占有财富的生态主义时代潮流相适应。

四、生态货币在全球经济中雄起

从以上讨论中可以得出结论,生态货币取决于货币三个基本属性上的创新,即取决于:尺度属性的客体化、信用属性的生态化和流通属性的网络化。可以用一个简单公式表述:

生态货币＝尺度客体化＋信用生态化＋流通网络化

生态货币只是人类进入信息化社会,在全球经济快速融合条件下的一种新生货币形式。其中,欧元只是一个雏形,而且它仍然处于"调试"阶段,其他新生货币的产生和发行将不断充实这种新型货币的发行与供应方式,并在实践中逐渐地完善。"欧元"事实上有两个主要功能:区域统一货币和国际货币。作为区域统一货币,因为各国财政不统一,欧元发行的条件没有完全具备。作为国际货币,由于它的区域发行基础不稳定而导致其币值不稳定,也使欧元难以成为可靠的世界性货币。这个教训应该汲取。

生态货币的崛起将改变世界的格局。若干年后，美联储事实上也要面临抉择。它可以选择与政府债券脱钩，将自身改造成一种生态货币发行机构，或者为联邦政府的庞大债务殉葬，在通货膨胀激烈爆发中陨落，而"灰飞烟灭"。无论如何，以美元为中心的原世界货币体系都将解体，后美元时代行将出现。后美元时代短期内难以再出现全球统一的货币体制。区域性货币将会逐步推出，促进区域内各国家和地区间的经济交往，推动区域经济合作体制的产生。

五、中国在后美元时代的选择

后美元时代是一个国际间各经济体分化组合的新时期，也是一个英雄辈出，百家争鸣的新时代。其特征与中国历史上的春秋战国非常相似。明智的选择应该是顺应全球一体化的趋势，抢占有利先机，推动世界经济体的形成。

在这个世界性快速进步的时代，中国应该怎么办？首先，中国应该不拘一格选人才，吸引各国的智者、资本和管理人才到中国来，为中国建设服务；同时，还要有计划地整合世界与中国的各种生态资源，不断地拓展和扩大中国的影响力。中国历史上的秦国，以地处边塞的穷乡僻壤之国土，尚能礼贤下士，迎来百里奚、商鞅、张仪、李斯等各国才俊，充任重臣和宰相，大力变法，富国强兵，最终一统天下。此历史经验值得借鉴。其次，中国应不断地推动改革开放政策，持续地发展。停顿容易使人生成惰性，不思进取，腐败和糜烂之风兴起，既得利益集团之间的争权夺势加剧，贻害百姓，荼毒社稷，形成社会痼疾之患。停顿"改革开放"会阻碍中国经济发展和社会进步，会使中国在全球性的变革时代迅速落伍。在中国近代史上，因闭关自守，国家落后而挨打的教训言犹在耳；前苏联和东欧各国，以及当今中东和北非地区的国家,因不思进取而引发的社会动荡,也历历在目。此情况不得不为执政者引以为戒。再次,中国应判明自身拥有的资源和可驾驭以及关联的资源优势,制定有效策略,成为全球经济体形成进程中的优胜者和获益者。

中国拥有全球最多的外汇存底,是世界第一大贸易国,正在吞进和消费主要能源产品和矿产品。中国不能坐等美元贬值,让手中的财富消失殆尽;中国也不能再搭欧元便车,成为欧元的附庸。中国需要将人民币国际化,使人民币成为国际间经济交往的计量、结算、投资、交易、支付和储藏货币。但是,要想将人民币国际化还有很长一段路要走,难度非常大。人民币的流通,包括存贷利率的确定,还没有实现市场化;在一定时期内,也无法开放资本项下的人民币自由兑换,无法完全拆除外汇管制的防火墙。此外,由于日本财政赤字太高,政府债务余额太大,发行"亚元"的条件也不具备。

中国在逐步推进人民币发行的生态化和国际化进程中,也应该同时考虑第二方案。例如,可以利用自身财政收入和外汇盈余的优势,利用大中华经济圈近年来经济蓬勃发展的机遇,迅速行动,把香港货币——港元,改造成为以大中华经济圈或亚太经济圈为主体,以香港为基地和基本市场,面向全世界,具有国际结算和投资功能的区域性货币。在不拆除人民币防火墙条件下,迅速拥有可以在世界范围内,既可用于贸易上的计价、结算、储藏,又可用于国际资本市场上进行投资和借贷的硬通货,把手中的美元、欧元等外汇资产逐步替换出去,实现人民币国际化的"B方案"。香港的金融产业发达,资本市场规模庞大,商业环境好,经济自由度连续18年称冠全球,其金融健康状况已经超出美国和英国,居于世界领先地位。同时大中华经济圈外汇储备大,可以起到大规模"蓄水"的作用,可以抵御金融投机冲击的风险。此外,亚太经济圈活跃的经济往来,会保障"新港元"的发行规模。以上这些条件,在世界其他国家和地区很少具备,可以说中国是得天独厚,机会难遇,如不去加以利用,实为可惜。当然,实行"B方案"仍须周详准备,需要在理论和实践上实现双突破。

这个新型货币可以借鉴生态货币理论,考虑由大中华经济圈中各中央银行与政府合资共同组建,并把那些在世界主要经济区拥有分支机构的大型商业银行,例如让拥有流通渠道的中国国有商业银行和英国民营商业银行,以及美国、日本、法国、德国等国家符合条件的民营商业银行等,以小股东身份加入,把各方面的资源组合起来,共同为新型国际货币的发行服务。由此,生态货币关于"尺度客体化,信用生态化和流通网络化"的理论,将会在实践中再次得到检验。

在后美元时代,在全球一体化进程中,新型货币引领的新型经济合作模式将百花齐放,争奇斗妍,为新的世界经济生态体,提供了"生物多样性"。

随着区域硬通货的崛起,世界经济格局发生变化,新的世界货币体系将会诞生。

名词解释

1. 生物体

凡具有生长、发育、繁殖等能力，能通过新陈代谢作用与周围环境进行物质交换，有生命的物体，包括动物、植物、微生物，都是生物体。

处于同一生物体中更小的单位生命物体，例如人体中的细胞（包括血液中的红细胞和白细胞）、器官、精子和卵子等，也是生物体。众多生物体还可以集合起来，形成新的生物体。种群是生物体，作为人的群体组织、公司以及民族，也是生物体。生物群落（在一定时间和自然区域内，相互之间有直接或间接关系的各种生物个体的总和）是生物体。国家也是生物体，这里主要是指国家作为一个整体，对外竞争、扩张、宣示或维护主权，进行战争等。生物体依据生物体法则行为。

2. 生物体法则

生物体法则是指有生命力物质所具有的活动特点、方式与准则。生物体具有五种基本行为法则，即需要法则、活性法则、竞争法则、适应法则和遗传法则。生物体法则不仅说明了人的自然生存方式，也

为研究人的社会行为方式提供了基本依据。（详见本书第二章内容）

3. 生态体

生态体是指在一定空间范围内，所有生命物质和非生命物质，通过能量流动和物质循环过程，形成彼此关联、相互作用的统一整体。"生态体"自身就是一个运动循环体，它由不同的功能组织部分和流程化的系统功能组织部分构成。这些功能组织部分在运行中要保持自身平衡，也要保持彼此之间的平衡。当生态体内部组织成分发生变化，其运行中的平衡关系也往往会发生变化。

生态体功能组织的主要部分，是由众多次级生物体或更小的生物体构成，而大多数生物体（包括各种次级生物体）的自身内部，也往往会形成了一个生态体。所以在理论上就需要区分出"子生态体"和"母生态体"。子生态体属于次一级的生态体，自成体系，依赖于外界的生态资源。母生态体是包括各个子生态体在内的，更高一级别的生态体，也须依赖于外界的生态资源。

对人类生存而言，主要有三个层次的生态体：人体生态体是最基本的子生态体。人类社会中的各种组织、民族、国家等等之类的生态体，包括全人类本身，均属于第二层次的生态体——社会生态体，其中还可以区分出不同的子生态体和母生态体。自然生态体或地球生态体是第三层次的生态体，是上述其他层次各种生态体的母生态体。（详见本书第一章第三节内容）

4. 生态体法则

生态体法则是指生态体组成或构成的原理，运行的方式和规则。生态体有七个法则，分别是：依存法则、制约法则、秩序法则、组合法则、冲突法则、限定法则和角色法则。生态体的角色法则是一个大法则，把"生物体法则"也融合进来。将角色法则运用到人类社会领域与经济领域之中，则能说明相互依存和相互制约的社会组织结构，是如何与充满生机活力的竞争机制相统一,从而奠定了生态社会治理与运行的理论基础。"生态体法则"适用于人体、社会组织和自然界等各种层次的生态体。(详见本书第三章内容)

5. 生态体内系统

在生态体结构中,功能性角色往往通过一个系统化的流程来发挥作用。流程中还有不同的作业环节,每个环节均需要不同的,更为具体的"小角色"来发挥作用,并保证系统流程的通畅与效率。无论在人体、公司、国家和自然等各个层次的生态体中,都可以发现这种"系统化的大角色",我们把它称之为"生态体内系统"(Eco-inner-system)。

人体生态体内具有九大系统:运动系统、消化系统、呼吸系统、泌尿系统、生殖系统、内分泌系统、心血管系统、免疫系统和神经系统。公司有销售系统、供应链系统、财务系统、人力资源系统、生产制造系统和研发系统等。国家有财政税收系统、司法执法系统、行政人事系统、金融系统、交通运输系统、能源供应系统、信息通讯系统、工业生产系统、农业生产系统、商业供应系统、卫生保健系统、教育系统、文化系统、外交系统和国防军事系统等。地球生态体具有多种循环系统,其中包括食物链系统、水循环系统、气态循环系统和沉积循环系统。

生态体内系统把生态体中的组分、角色与结构关系,演变成为流程和循环的运动状态,将空间与时间有机结合起来,使得生态体理论与复杂的现实活动更为贴近。(详见本书第六章内容)

6. 生态体运行规律

生态体内的组分、角色和系统,在运行中要彼此协调,形成特定的动平衡关系。这个平衡过程要依据生态体内部组分和生态体赖以存在的限制条件而调整。因此,需要区分出三种不同类型的规律,既生态体运行的平衡规律、生态体运行的协衡规律和生态体运行的变衡规律。

生态体平衡规律(Eco-entity Balance Law)可以表述为：生态体中的各组分资源，相互依存，相互制约，在限定条件中发挥特殊功能，保持一定比例、节奏、速率和效率，形成有序运动，具有整体性动平衡机制。

生态体协衡规律(Eco-entity Co-balance Law)可以表述为：基于内生性原因或由外力作用结果，使得生态体中的一部分组分资源发生较大变化，影响了整体平衡时，其它组分资源的功能和运动速率等被迫调整，从而形成新的变向动平衡轨迹，但生态体的整体性平衡约束机制仍然有效。

生态体变衡规律(Eco-entity Re-balance Law)可以表述为：在外界突发性的强力作用下，或因内生性突变，造成生态体平衡约束机制突然失效或持续性失效，迫使生态体各组分资源重新组合，在新的机制下达到新的平衡，形成了新的动平衡运动方向。

"生态体运行规律"为人们在社会治理过程中或在社会组织运行过程中，有效地把握运行的速度、节奏与稳定，合理地实施各种调整、改良和变革措施，清醒地应对重大转变（例如当今出现的工业文明陨落与生态文明来临等重大社会发展转换状况）等，提供了理论指导。（详见本书第七章内容）

7. 生态体运行机制

把生态资源对生态体的影响，以及生态资源在生态体内的流转循环过程，简化出几个最基本的要素，考察之间相互关系和各种流程走向，就可以描述出适用于各种生态体的运行机制。为了区分不同的运行机制，我们把生态体划分为"稳定性型生态体"和"非稳定性型生态体"两种。稳定性型生态体主要有资源拥有、整合配置、利用维持和转换回馈,这四个相互关联作用机制。非稳定性型生态体主要有资源拥有、整合配置、利用维持和开拓增殖,这四个相互关联又相互作用的机制。把生态体的内在循环和平衡机制,与外在生物体式的拓展、增殖活动一并地结合起来,就可以了解现代国家的扩张活动以及世界经济的一体化过程。(详见本书第八章内容)

8. 生态文明

生态文明是继人类社会的农业文明和工业文明之后,将要出现的一种新的文明形态。生态文明将人类活动与自然生态循环系统结合起来,明确人类活动在地球生态体中的功能角色,以追求人与自然、人与社会、人与人之间的和谐共生为使命,建立可持续的生产方式和消费方式。生态文明致力于构造一个与自然环境和自然资源相适合的、依据自然规律而运行的社会。生态文明主张通过激励引导的方式,达成人们的自觉与自律;通过有序竞争的方式,保持社会组织的活力;强调人与自然环境的相互依存,实现人类社会运行的整体协衡。生态文明是一种将自然生态、社会生态和人体生态融为一体的人类文明形态。

9. 机治社会

机治社会(Supremacy of Organicist)是以自然规律和社会运行规律为主导,以平等竞争和自由竞争为特征,通过激励引导、有序竞争和整体协衡的方式,实现治理的一种社会运行形态。"机治社会"依据能符合自然规律和社会规律发展需要的要件,来选择社会领导人。领导人要保证并维护公民竞争地位的平等和竞争选择的自由,在此基础上推行施政办法,实现社会全面协调、整体平衡和可持续的发展。在生态社会治理过程中,虽然立法机构和司法机构仍然存在,但其作用会逐渐边缘化,而国策机构、执行机构和监察机构将会发挥更为经常性或主导性的作用。(详见本书第十章内容)

10. 机理论

机理论（Organicistic Theory）是研究社会生态体的整体构成和范围；社会生态体内在组分、功能及之间的联系和作用关系；社会生态体其整体与其内在系统和角色的运行方式等及其相关方面的理论。机理论包括"机体"、"机能"、"机制"、"机理"和"机建"几方面的内容。"机体"系指社会生态体的整体构成和范围，既从整体角度，理解社会的构造、组成（内在成分或组分）、关联方式以及存在的条件与环境。"机能"系指社会生态体内的组分、系统和角色自身的组织功能及之间的联系和作用关系。我们把机能又分成系统机能和角色机能两种。"机制"系指社会生态体整体与系统和角色的运行方式。"机制"是把生态体内系统和各个角色联系起来，使它们能协调运行，以此而发挥作用的过程和运作方式。

对客观存在的机制、机能和机体，进行认真地分析、研究与描述，从而得出具有客观内在性和规律性的理论成果，可以把它们称之为"机理"。把这些理论成果运用到社会实践中，依据机理这一自然和社会规律，建立起适合于这个特定生态体运行的架构、系统、角色等，形成符合客观规律的运行机制，可以称之为"机建"。（详见本书第十章第二节的内容）

11. 激励引导

激励引导是机体组织在运行中，实现系统功能和角色功能的一种运行机制。社会公民们沿着预定的通道和方向、按社会系统和社会角色要求，在竞争追逐中认识自己，提升自己，接受自己，满足自己，显示自己和实现自己，与此同时，而能高效达成所承担的社会角色功能。实施激励引导要采用平等和自由的竞争原则，每一个公民具有竞争地位的平等、机会的平等、过程的平等、适用规则的平等，要尽可能地把社会资源和机会平等地配置给每一个公民，其中包括教育资源、工作培训资源、工作机会、升迁的机会、从事社会公共服务的机会等等，同时也给与每个公民自主选择权，提供自由加入和退出的条件。机治社会主要靠在竞争与激励中的引导方式，来实现社会治理。（详见本书第十章第三节的内容）

12. 有序竞争

有序竞争运行方式是指生态文明社会中，规范一个行业里各种企业、公司、社团组织、以及相关个人之间的相互关系，形成能够维持该行业正常而又持久活动的特定运行机制。

有序竞争是指市场规则的制定者和市场运行的监控者，通过各种方式，维护竞争者之间的地位较为平等，资源的获取较为均衡，实力的量级较为相当；因地制宜地规划出相应的市场空间，保证竞争过程和适用规则的公正性；调动竞争参与者的积极性和潜能，高效与持久地进行有秩序的竞争；在可控的范围内实现角色（行业或系统）功能，维持社会机体组织的新陈代谢。（详见本书第十章第四节的内容）

13. 整体协衡

整体协衡主要是指：合理规划资源、环境与需求；协调与平衡行业之间、角色之间、系统内和系统之间的关系；合理配置各种资源和供应要素；调节社会经济的结构与比例；控制各组分和行业的产出效率；把握住各组分和行业间的运行节奏与发展的速度；将各种市场竞争和各种社会竞争维持在恰当水平和范围内；以保证社会生态整体能够在"平衡"或"协衡"的轨迹上运行。整体协衡的流程起始于对自然规律和社会规律的认识。整体协衡为有序竞争提供了必要与约束条件，也为有序竞争设定了目标和要求，还设置了制约办法。（详见本书第十章第五节的内容）

14. 生态资源

生态资源是指在一切能够被生物体的生存、繁衍和发展所利用或与之相关联的物质、能量、信息、时间、空间,包括各种各样有机物质和无机物质,有生命的物质和无生命的物质,有形物质和无形物质(思想、精神、知识、能量等)。

生态资源是人类生存的基础和依托,与人们的日常生活和工作息息相关。生物体是生态资源的一个主要有机组成部分。生物体来自生态资源,作用于生态资源,最终又回归于生态资源。生态体是由生态资源组成的。生态资源的存在构成了生态体的存在,但是生态资源又受制于生态体。生态资源在生态体中依据一定规律运行。相较于生态体而言,生态资源应用范围会更加广泛。(详见本书第十一章的内容)

15. 生态资源一元论世界观

生态资源作为一个新的哲学范畴,从不同的角度诠释了"精神与物质"以及"思维与存在",这些被传统哲学争论的"根本问题",提出基于人本理念的生态资源一元论世界观。

人类生活在精神与物质相统一的,用哲学语言是"一元化"的生态资源世界中。各种形式的生态体,在人面前,均是以多种多样的生态资源(包括生物体)的方式呈现出来,被人所认知,被人所作用。生态资源学说认为:意识及其相应的思维与精神活动,均是生命物质(生物)的固有属性特征和活动方式,是生态资源的组成部分和一种特定的表现方式。

生态资源主要是指与生命活动相关联的一切物质,包括有生命的物质和非生命的物质,例如阳光和水。对于那些与生命物质相距甚远,与生态资源毫无关系的其他物质,诸如宇宙黑洞等等,则不能视为生态资源。因此,生态资源应该是宇宙整体物质存在中的一类物质。在这个意义上,我们可以概括地讲:宇宙物质包括了生态资源;生态资源包括了生物意识;生物意识包括了人的意识、人的思维和人的精神活动。

人作为生物体，无论是其内在的物质、能量、精神、思想、文化、经验、知识、能力，还是其外在拥有的各种物质财产和知识产权，以及其他相关联的社会关系、社会支持力量、追随者、管理团队、权力、影响力、经济收入、货币资本、自然资源、人力资源、技术创新力等各个方面，对人这一生物体而言，均为"生态资源"。按"人"这个生物体为坐标中心来划分，可分为"内在资源"和"外在资源"、"拥有的资源"、"可支配的资源"或称"可驾驭的资源"（通过间接方式来利用的资源）、"关联资源"、以及"非关联资源"。（详见本书第十一章第三节的内容）

16. 生态资源正负二分法

生态资源正负二分法，是建立在生态资源一元论世界观基础上的，适用广泛的一个新方法论。生态资源正负二分法可适用于人生奋斗、管理过程、政治活动、军事斗争、国家对外交往、国家发展以及生物体和生态体相关学科的研究等方面。该方法更多地用于生物体的活动，也适用于生态体的运行过程。生态资源正负二分法包括：客观原理、判别原理、认知原理、度量原理、主导原理、差异原理、转化原理、限定原理、互置原理和积累原理等十个原理。（详见本书第十二章的内容）

17. 生态资源战略管理

生态资源战略管理，是全面地利用各种资源，以达成长期目标的方法论体系。战略管理是企业管理和国家管理的核心部分，是管理学说的起始点。生态资源的战略管理吸取了生态资源学说、生态体学说和其它管理学说的相关内容，形成一个富有实践特色的，且又具系统性的管理理论。生态资源战略管理主要用于整体性的综合管理过程中。它把生态资源世界观和方法论，与生态体的"机理论"有机地结合起来,形成了"指导原理"、"战略形成"、"战略制定"、"战略实施"与"战略控制"这五部分内容,具有较强的实用价值。(详见本书第十三章的内容)

18. 生态经济学理论

生态经济学理论是将生态体学说和生态资源学说及其方法,应用到宏观经济学研究领域后,而产生的,有别于传统经济学的新兴宏观经济学理论。生态经济学理论采用整体结构、系统流程和角色分析的方法,以此建立起宏观经济理论学说,可以对社会经济活动进行全面地解释与说明。生态经济学理论注重于全局性、动态性和全息性的相互关系,这与传统经济学理论着重于交换行为分析、效用分析、效益分析与交换心理分析的方法,形成了主要的区别。生态经济学理论着重研究人类经济体自身的平衡关系,以及人类社会与生态资源之间的平衡发展关系,追求人与自然生态的和谐,希望建立可持续的生产方式和消费方式,引导经济走上健康成长道路。

生态经济学理论主要由几方面内容组成:(1)经济体构成,包括鉴定经济资源的组成,描述经济体的架构,说明经济资源在经济体中的流转与循环过程;(2)价值和价值规律,说明宏观经济体各组成部分和各系统在运行中,无论是其自身内部还是相互之间以及在经济总量上,均需保持均衡的作用机制;(3)政府与市场,国家生态体中的不同角色,双方相互依存,相互关联,又相互制约,共同服务于一个有机整体;(4)生态经济成长,确定了经济成长的公式,解释了经济成长的起始点、作用方式、作用机理和作用机制,以及普通商品市场和资本产品市场的相互依存,又相互制约的关系,并具体说明了资本要素在其中的特殊性质;(5)国别经济,运用生物体行为方式和生态体的运行方式原理,探讨国家经济体的发展和扩张问题,分析面临的机遇和挑战,提出新的见解和建议;(6)生态货币,改造与创新了传统货币理论,建立赢利货币学说,提出生态货币供应函数和生态货币理论。

19. 商品(服务)价值

商品(服务)具有受用性、竞争性、实现性和协同性质。商品(服务)价值是:供给资源通过自由竞争的市场,在整体经济协同和供求均衡条件下,与需求资源相交换而实现的,基于单位商品(服务)而获得的收入。

就实质而言,商品(服务)价值是一种循环再生性的社会交换关系;是一种处于公平竞争条件下,供应要素的形成、要素的组合、要素组合后的产出、产出成果得以实现的循环过程;是一种经济体自身的综合平衡与稳定机制。(详见本书第十六章的内容)

20. 生态价值规律

生态价值规律可表述为:在特定的生态资源条件下,通过健全的市场竞争机制,使国民经济供给与需求之间在总量上达到平衡,同时在各产业及其细分市场的结构上也协同地达到平衡,从而实现生态资源最优配置的经济规律。

态价值规律对市场经济的调节作用,起始于"供应要素组合成果"的实现阶段,即商品(服务)的市场交换阶段。以商品价值被实现了为出发点,去影响和决定"供应要素的产出",继而影响和决定"供应要素的组合",最后影响和决定"供应要素的形成"。其作用力运行方向与"价值"形成方向正好相反,与货币运行方向一致。换句话讲,生态价值规律的作用起点、方向和程序是:市场需求决定产出(包括品种和效率);产出决定要素组合;要素组合(包括要素的质量和数量)决定要素的收入;要素的收入决定要素的形成;而要素的形成,又在一定程度上影响或决定消费方式,以及人口的生育和教育方式;消费方式、人口数量和质量、以及收入和其他支付能力,又决定了市场需求,包括需求倾向、结构和数量;从而形成了一个循环往复的运行与发展过程,同时这个循环流程又在整体上推动并调节国民经济活动。生态价值规律是角色法则和生态资源运行的三个规律在宏观经济领域内的具体应用。生态价值规律主要是通过执行不同职能的两种货币("交换货币"和"赢利货币")在经济体内的循环流转过程中,去实现生态价值规律本身对国民经济的内在调节作用。当人类社会真正认识了"赢利货币",生态价值规律就会从"看不见的手",现身成为"可见的手",其作用机理便会广为人知。(详见本书第十六章第三节和第四节的内容)

21. 生态经济成长理论

生态经济成长理论在供给资源中区分出代谢性和增殖性两种不同的资源,在需求资源中也区分出代谢性和增殖性两种不同的资源,并着重研究增殖性资源。在供给资源中,不仅满足了市场上的需求,而且自身还能创造出新需求的这部分供给资源,被称之为"增殖性供给资源"。与一般的扩大再生产活动不同,增殖性供给资源不是靠扩大现有产品生产规模和产能来实现增产和发展的,而是通过各种创新方式来拉动经济成长。在需求资源中,其支付能力在满足消费者需要后,还能够保值、增值,能够再生并扩大再生支付能力,则称为"增殖性需求资源"。例如买房地产,买股票债券,到银行储蓄,买贵金属,买古董,买高档硬木家具,集邮,接受教育和职业培训,投资办企业,为个人新职业或再就业置办与投入等等。

生态经济成长理论认为,生态经济体的健康成长方式,主要依靠内在的成长要素,靠内在因素引发的动力和能量,维持自身可持续地发展和成长。增殖性供给资源能够创造出新的需求;增殖性需求资源可以再生或扩大再生支付能力,提高或扩大需求购买力,二者构成生态经济体可持续发展的内在因素和内在动力。

经济成长的原生动力首先来自于增殖性供给资源,要找到或者开发出，能让投资获得丰厚或合理收益的新需求和新市场，然后通过资本收益机制，去补充需求资源（支付能力），再让"增殖性供给资源"和"增殖性需求资源"同时发挥作用。"资本"是供给（生产）要素的综合体现。较高投资收益是一个指标，是一个桥梁，也是一个机制，它把增殖性供给资源和增殖性需求资源连接起来，即能回馈主体经济，增强各种作用方式，也支撑了资本产品市场的发展，维护了未来购买力。（详见本书第十八章的内容）

22. 货币的基本属性

任何货币，必须同时具备尺度属性、信用属性和流通属性后，才能充当其在经济体中被赋予的角色，发挥其特定作用。（1）尺度属性，货币是从商品交换中演化出来的一种介质，具有可以衡量其它商品价值的功能作用。从货币发展的历史上看，无论采用何种介质，作为衡量其它商品和服务的一般等价物，作为价值尺度属性的货币都必须具备可度量、质地均、可持有、可储运和客体性特征。（2）信用属性，货币之所以能够流通，为市场中各方所接受，并不是完全基于它自身的"商品价值"，而是基于它所依托的社会信用保证体系和一个相对稳定的社会循环交换系统。货币的本位制只是货币信用属性的一种表现形式。任何货币都具有信用属性，来保证该货币能够为交换的另一方所接受、并愿意持有它，而且还能在将来转让出去，换回自身需要的商品和服务。没有"信用"保障的货币是无法进入流通领域的。历史上货币的信用主要有金银信用、实权信用、抵押信用、物资信用和生态信用。（3）流通属性，货币的流通属性不仅在于它能够被商品交换各方面接受，在经济活动中被广泛地使用；还在于货币的发行，仍需借助特定的金融网络组织功能，来发挥其流通和服务客户的作用，满足社会活动和经济运行各方面的需要；同时，又在于货币拥有特定的流通方向和流通通道，可以循环往复，持续运行，发挥调

节经济活动的作用。(详见本书第二十章的内容)

23. 货币的主要职能

货币有三个主要职能：(1)商品交换媒介职能。货币在充当一般等价物时，实行等价交换原则和所有权属随交换而转移的原则，充当此角色的货币被称之为"交换货币"。(2)资源配置介质职能。当货币充当赢利载体时，则实行利益回报原则和所有权属不转移原则，此时的货币可称之为"赢利货币"。赢利货币具有三种形态，分别是"资本要素"、"投资交易"和"消费融资"，还可分为Ⅰ、Ⅱ、Ⅲ和Ⅳ四种类型。"赢利货币"充当财富增值角色，在经济体中执行资源配置职能，也是价值规律调节经济活动的直接作用介质。(3)运行促进介质职能。当货币充当促进组织运行和管理活动介质时，则称之为"促进货币"。在社会组织内部运行和管理活动之中，需要借助一种内部货币或核算货币关系，来实行成本控制、预算管理、价值链管理以及目标管理等，用以激励组织成员，提高效率，激发活力。"促进货币"具有非权属转移特性和标准价值形成特性，它在分配过程中也发挥着重要作用。(详见本书第二十一章的内容)

24. 生态货币

生态货币取决于货币三个基本属性上的创新，即"尺度属性的客体化"、"信用属性的生态化"和"流通属性的网络化"。(1)货币尺度属性的客体化系指，货币的发行和供应机构应该独立于政府部门之外，应该凌驾于社会各利益团体和组织之上，不涉及政党政治的利益和理念诉求，不为政府对选民的承诺作背书，只依据市场经济规律，依据生态体的平衡规律、协衡规律和变衡规律，制定符合社会客观需要的货币政策，调控货币发行量，成为真正意义上的"客体化货币"。(2)货币信用的生态化系指，各种赢利货币自身内部以及它们之间平衡、交换货币与赢利货币间的平衡、货币供应总量与需求总量的平衡、政府财政收支平衡和国际收支平衡。(3)流通属性的网络化是指货币发行渠道的网络化布局,在金融体系网络化新时代中,货币的流通性与渠道建设和渠道控制之间密不可分,成为货币发行和货币供应的关键因素。

生态货币是人类进入信息化社会,在全球经济快速融合条件下的一种新生货币形式。欧元只是生态货币其中的一个雏形,而且它仍然处于"调试"阶段,其它新生货币的产生和发行,将不断充实生态货币的发行与供应方式,并在实践中逐渐地完善。(详见本书第二十三章的内容)

25. 生态主义

生态主义认为,人类社会的活动应该符合,并满足大自然赋予人类的职责。人类社会应该明确其在地球生态体中,特别是在在自然生态循环系统中的功能角色,通过自身有组织和有秩序的活动,充分发挥其在自然界的功能作用。人类应该尊重并维护自然生态,在可持续发展和生存过程中有效地利用资源。生态主义认为,以市场需求为导向的新兴生产方式,以及与之相适应,借助市场而形成的网络化供应式的社会生产关系,是实现生态文明社会的经济基础。新兴生产方式和生产关系彻底改变了以工厂生产为主导,以工业资本利润为导向的工业社会运行模式。

生态主义主张构造一个与自然环境和自然资源相适合的、依据自然规律而运行的社会;主张在平等竞争和自由竞争的基础上,实现社会的公平与正义;主张通过激励引导、有序竞争和整体协衡的方式,实现社会的治理与运行。(详见本书第九、十章和第十九章第三节的内容)

参考文献

1. 陈鼓应著.老子注释及评价.北京:中华书局,1985.
2. 巴拉克·奥巴马(Barack Obama)著.无畏的希望(*The Audacity of Hope*).罗选民,王璟,尹音译.北京:法律出版社,2008.

第二版后记

《社会生态通论》从研究生态体的运行法则和运行规律入手，提出了生态体和生态资源学说的基本理论，以及生态经济学理论。本书第一版出版后，作者把研究范围拓展到促进社会变革和改进国家治理等方面，还涉及管理学内容和更为专业的货币理论。在此基础上，增补了七章又三节的内容，文字篇幅扩大近一倍。这使得本书内容更为丰富，基本上涉及原出版计划涵盖的全部领域，让"通论"可以名实相符了。

生态体、生态社会、生态资源、生态经济学和生态货币学是一个全新的研究领域，如果有更多的耕耘者加入，必将硕果累累。

作者今后将从事更多的研究与实践工作，力求把生态体和生态资源学说的基本理论与各社会科学领域的实际情况结合起来，有所创新、有所发展。希望能够得到社会各界和广大读者的支持。

《社会生态通论》始构思于"阿拉善SEE生态协会"创始人，宋军先生的私家牧场。该牧场位于内蒙古自治区锡林郭勒盟蓝旗上都湖。宋军先生一直致力于生态资源保护事业，遵循生态效益、经济效益和社会效益三者统一的价值观念，亲体力行，以推动人与自然的可持续发展为愿景。宋军先生继斥资五千万元在内蒙古阿拉善盟建成月亮湖生态旅游景区之后,又一次倾注个人家产,在内蒙古蓝旗上都湖建立新的牧场,希望通过综合发展的方式解决荒漠化问题,推动环境保护与可持续发展建设,同时推动中国企业家群体承担更多的环境责任和社会责任。2010 年 7 月,宋军邀请我和我母亲前去上都湖生态牧场度假。那里湖光陵色、落日霞云、星空广阔而清晰,令人浮想联翩。宋军的理想与信念,大自然的壮观,使我能够超然尘世,静心思索。希望此书的出版,可回报宋军先生的盛情,帮助他实现理想。

感谢金雪军教授对本书第二版内容的指教以及特别为本书撰写了第二版序言。金雪军现任浙江大学应用经济研究中心主任,浙江省公共政策研究院执行院长,浙江省国际金融学会会长,浙江大学求是特聘教授、博士生导师,国务院政府特殊津贴专家,全国百优博士论文指导教师、国家社科基金重大项目首席专家。

感谢蔡艾明董事长在繁忙之中细读本书,对本书第二版内容提出十分中肯而有见地的建议。蔡艾明毕业于南开大学中文系,曾供职于新华通讯社。

感谢杨思澍先生对本书第一版和第二版的指正。杨思澍是中国著名中医专家,曾任国家医药局医药文献编审委员会总编辑。杨思澍先生学贯中西,在古代中文文字上造诣颇深。

感谢冼国明教授,拨冗阅读本书,提出指导意见,帮助完善了理论。冼国明教授还特别为本书第一版撰写了序言。冼国明现任南开大学教授、博士生导师,南开大学校长助理,南开大学泰达学院院长,南开大学跨国公司研究中心主任,国务院学位办学位评审委员会理论经济学评审组委员。

感谢马中教授,审阅本书,并欣然动笔,为本书第一版作序。马中现任中国人民大学教授、博士生导师,中国人民大学环境学院院长,北京环境与发展研究会理事长,中华人民共和国环境保护部科技委员会委员。

感谢苏青云研究员认真审阅本书,提出了多处修改意见。苏青云任国防科工委新闻宣传中心党委书记,直属机关党委巡视员,《中国军工》报执行总编辑,中国军工文化协会常务副理事长兼秘书长。苏青云曾任兵器工业经济研究所所长,《中国兵工报》总编辑。

感谢熊永健博士审阅了本书全部稿件,包括第一版和第二版内容,并多次耐心地提出了修改意见。熊永健博士早年获上海医科大学医学学士学位,后获得美国 South Carolina 医科大学分子生物学和生物化学博士学位,现任美国通用生物医学公司(General BioMedix Corp.)副总裁,加拿大爱天然公司独立董事。

感谢程怡方博士对此书进行的专业指导。程怡方博士于1989年获得瑞典 Uppsala 大学博士学位。程怡方博士是国际知名的临床药理科学家,是美国药物科学家协会会员、瑞典药物科学学会会员、瑞典医学学会会员,同时兼任加拿大爱天然公司独立董事。

金建方
2012年5月3日